KB265586

도서출판

Sun Young Publishing Co.

Sun Young Publishing Co.

성공 서바이벌

김상헌 편저

선영사

성공 서바이벌

2000년 4월 10일 1판 1쇄 인쇄
2000년 4월 20일 1판 1쇄 발행

지은이/김상헌, 펴낸이/김영길, 펴낸곳/도서출판 선영사
본사/부산시 중구 중앙동 4가 37-11, 전화/(051)247-8806
서울사무소/서울시 마포구 서교동 480-1
전화/(02)338-8231, (02)338-8232, 팩시밀리/(02)338-8233
등록/1983년 6월29일 제 카1-51호
© Korea Sun-Young Publishing Co., 2000
잘못된 책은 바꾸어 드립니다.

ISBN 89-7558-323-6   13300

머리말

새 천 년을 맞이하여 우리는 한 치 앞도 예측할 수 없는 격랑 속에 휘말려 있다. 또한 변화의 속도는 말로 표현할 수 없으리만큼 우리를 초조와 불안에 떨게 하고 있으며, 이미 준비된 미래는 없어진 지 오래이고, 오직 살아남기 위한 처절한 투쟁만을 요구하고 있는 시대가 되어 버린 것이다. 무한 질주와 경쟁만이 그 어느 시대보다 절실히 요구하고 있다.

이 책은 이러한 현실 상황 인식에 의해, 지금까지 무엇을 어떻게 할지 몰라 방황하고 있는 사람들과, 좀더 자기 계발을 위해 번민하고 있는 사람들, 그리고 다른 사람들보다 한 발 앞서 가기 위한 사람들을 위해서뿐만 아니라, 기필코 성공하고야 말겠다는 사람들을 위해 꾸몄다. 따라서 《적극적으로 산다》《자기를 세일즈하는 법》 등의 저술로 너무나 유명한 휠러(Elmer Wheeler)를 비롯해, 《신념의 마력》의 저자 C.M. 브리스톨, 《적극적 사고 방식》의 저자 노먼 V. 필 및 경쟁의 과학 이론을 체계화하여 승부의 냉혹한 면을 여실히 밝혀 '란체스터(Lanchester)의 법칙'을 만들어낸 항공 공학자인 F.W. 란체스트 등의 세계적인 저술 속에서 가장 기초적이고 쉽게 행할 수 있는 익스트랙트만 뽑아 엮었다.

이 책의 사용법은 그냥 한 번 읽어나가는 것으로 끝내서는 안 되는 이유가 있다. 왜냐 하면 위에 열거한 성공인들 모두가 자기 계발을 위해 전인생을 맨발로 뛰면서 투혼을 불태웠던 사람들이기 때문이다. 그러므로 이 책을 읽어나가는 독자 여러분은 페이지마다 비어 있는 '실천 사항'과 '자기 암시'란에다 그때 그때 느끼는 바를 직접 쓰봄으로써 실천의 의지를 더욱 공고히 다져나갈 수 있으리라 확신한다.

제아무리 삶이 고달프고 외롭다 해도 쓰러질 수는 없는 일이다. 어차피 한 번밖에 주어지지 않은 삶을 화려하게 꽃피울 수 있는 주인공은 바로 자기 자신이다. 아무쪼록 독자 여러분은 이 책의 내용을 자기 것으로 소화하여 틀림없이 성공해 주기를 바라 마지않는다.

2000. 3. 25.

편저자

차례-1

차례-3

제6장 정보를 활용하여 성공하는 방법

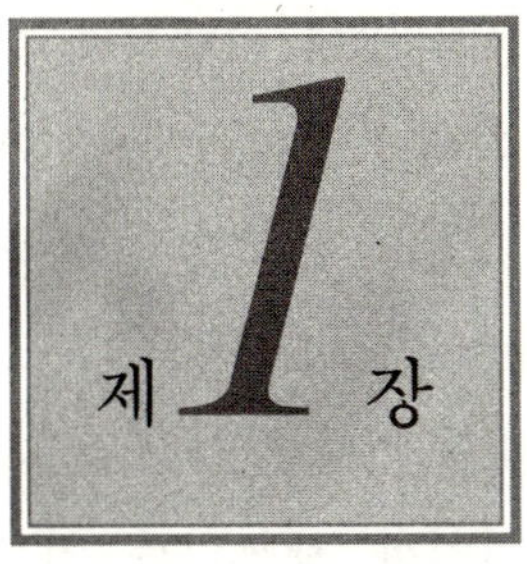

자기 이상(理想)을 관철시키는 방법

1. 먼저 무엇을 이룰 것인가를 결정하라

　자기 이상을 관철시키기 위한 첫걸음은 이 세상에서 무엇을 먼저 이룰가를 결정하는 일이 가장 중요하다. 무엇을 이룰가를 모른다면 결코 그것을 성취할 수가 없다. 이것은 너무나 당연한 일이다.

　그것은 부자이거나 권력자이거나 상관없이 자신의 이상에서 비롯되는 것이다. 당신이 갖고자 하는 욕망의

자기 이상을
관철시키기 위한
첫걸음은
이 세상에서
무엇을 먼저
이룰가를
결정하는 일이
가장 중요하다.

▶ 실천 사항:

양은 당신의 이상의 양에 의해서만 결정되는 것이다. 큰 결과를 얻기 위해서는 따라서 큰 이상을 가져야 한다. 만약 어떠한 이상도 갖고 있지 않다면, 자기에게 가능한 이상을 만들어 내야만 한다.

'이 세상에서 내가 가장 원하는 것은 무엇일까? 보다 더 전망 좋은 사업일까, 행복일까, 건강일까, 매상액의 증가일까? 크나큰 집일까, 여행일까?'

이렇듯 자신에게 물어 보아야 한다. 그리고 상상력을 앞뒤 가리지 않고 발휘해야 한다.

야심이 너무 크다거나 지나친 욕심을 부리는 것은 좋지 않지만, 아무튼 자기 중심에서 '앞으로'의 시야를 내다보아야 한다. 그리고 큰 이상을 가져야 한다.

이상이 만들어질 수 있는 정확한 장소는 당신에게서 불과 1인치쯤 떨어진 곳이다. 이 말은 당신의 이상이 실현되는 곳은 극히 가깝게 있다는 뜻이다.

일상적인 이해력만 갖고 있다면 당신의 힘이 미치지 않는 것은 아무것도 없는 것이다.

그 좋은 예로, 은행의 취체역이 되고 싶다고 꿈꾸던 과일 장수 소년이, 캘리포니아의 은행가 중에서 가장 큰 거물급 인사가 된 유명한 기아니니인데, 그는 아무리 열악한 환경에 놓여진다 해도 그 생애를 불행하게 끝내는 일은 절대로 없었을 것이다.

이상이
만들어질 수 있는
정확한 장소는
당신에게서 불과
1인치쯤
떨어진 곳이다.

▶ 자기 암시:

레비 시토라우스는 세계의 어떤 바지보다도 오래 입을 수 있는 바지를 만들려고 오랫동안 매우 열심히 원했기 때문에, 그 결과 지금은 미국 서부의 사람들은 절대로 다른 바지를 갖고 싶어하지는 않는다. 서부의 사람들은 '나는 레비의 바지가 좋다'고 말한다. 그리고 작업복 바지를 구해 간다.

그러므로 당신은 당신 자신의 이상을 갖고 앞으로의 시야를 내다보아야 하는 것이다. 이것이 이상을 실현하기 위한 첫걸음이다. 걷잡을 수 없는 이상을, 이를테면 실생활상의 일에 대한 승진이나, 밍크 코트를 갖고 싶다거나, 왕자나 왕녀로 변모하고 싶다는 것은 단순히 허황된 절차나 생각에 지나지 않는다.

이상의 실현은 우선 당신이 갖고자 하는 것을 앎으로써 시작되는 것이다.

무엇을 원하고 있는가를 모르거나, 그때 그때 되어가는 형편대로 아무런 계획성 없이 행동하는 것은 절대로 잘 되지 않는다.

그러므로 당신은 분명해야만 한다. 왜냐 하면 그래야만 당신의 모든 생각들이 바람직한 행동으로 빈틈없이 준비되는 것일 뿐만 아니라, 다가오는 미래를 꽃피울 수 있기 때문이다.

그리고 이상은 같은 종류끼리 서로 부르게 마련이다.

▶ 실천 사항:

적극적인 이상은 적극적인 행동을 가져다 주게 된다. 또한 이상은 야생 동물과 마찬가지로 불운도 행운도 한데 뭉쳐 여행길을 떠나는 법이다.

당신의 이상에 관해 좀더 구체적으로 말한다면, 당신이 만드는 마음의 그림이 강렬하면 강렬할수록 빨리 실현되는 것이다. 흐릿한 꿈은 어리벙벙한 반응을 가져올 뿐이다.

당신이 원하는 것이 무엇이건 간에, 당신이 원하는 것의 색깔을 실제로 볼 수 있는 것처럼 그것을 실제로 냄새 맡고, 먹고, 손에 잡을 수가 있는 것이다. 따라서 될 수 있다면 이상의 채색도 다채롭게 천연색으로 만들어야 한다.

아무튼 당신은 당신이 갖고자 하는 것을 당신의 마음의 눈으로 실제로 보아야 한다. 그렇지 않으면 당신은 저 멀리 있는 이상에 실제적인 옷을 입힐 수는 없을 것이다. 실현시키고자 하는 것을 볼 수 있을 때까지는 이 방식을 활용할 수는 없는 것이다. 그러니까 당신의 이상을 가지고 있어야 한다.

어떤 이상을 오랫동안 실현시키고자 한다면, 마침내 최후에는 당신의 두뇌에 점점 선명하게 받아들여져서, 그 복잡한 움직임에 의해 그것은 점차로 덧없는 것으로 여겨지던 실제가 육체를 갖춘 이상으로 변해 가는 것이

▶ 자기 암시:

다. 그래서 당신은 당신의 이상을 거의 제2의 천성으로 만들어 버리는 것이다.

성공하고 싶다고 생각하는 것을 제2의 천성으로 해야 한다. 그렇게 하면 틀림없이 성공 쪽에서 당신에게 접근해 올 것이다. 그것은 오로지 기계적인 일인 것이다. 마음이 갖고자 원한다. 그리고 그 소망이 기계적으로 같은 것을 끌어당긴다. 그것은 같은 종류끼리 서로 부르는 것이다.

따라서 당신은 틈만 나면 계속해서 원하는 바를 생각하고 있어야 한다.

2. 나는 가장 큰 부자이다

사람은 누구나 큰 부자이다. 하지만 그런 엉터리 같은 말이 어디 있느냐고 생각할 것이다. 당신 역시 그 정도로 생각할 것이다.

왜냐 하면 어떻게 큰 부자가 되는 일이 누구에게나 가능한 것일까? 누구나가 엄청난 부를 갖고 있는 거라면 도대체 누가 일하려고 들 것인가?

▶ 실천 사항:

성공하고 싶다고 생
각하는 것을
제2의 천성으로
해야 한다.

이것은 논리적이긴 하나, 필자가 말하는 것도 그와 같을 정도로 논리적일 것이다.

'누구라도 큰 부자이거나, 큰 부자가 될 수 있는 것이다!'

먼저 무엇이 당신을 큰 부자로 만들 것인가? 하는 것을 생각해 보라. 다른 사람은 이렇게 말한다.

"결혼하여 행복해지고 싶다."

거리에서 가장 호화로운 자동차를 가질 수 있으면 '어떤 억만 장자보다도 행복하게' 될 거라는 사람도 있다. 어떤 광고에서는 이렇게 말하고 있다.

'설령 억만 장자라 할지라도 이것보다 더 좋은 전기 면도기는 구할 수 없습니다.'

부자는 부자대로 이렇게 말한다.

"몸만 건강할 수 있다면 백만금을 낸다 해도 아깝지 않겠다."

따라서 생각하는 바와 같이 당신이 가장 원하는 것을 손에 넣음으로써 당신은 바로 큰 부자가 될 수 있는 것이다.

당신은 컴퓨터를 수리할 수 없다. 당신은 그 점에서는 가난한 사람이다. 하지만 나는 그것을 수리할 수 있는 기계공이므로 큰 부자인 것이다.

당신은 구두를 만들 수 없다. 그러나 그것을 할 수 있

생각하는 바와 같이 당신이 가장 원하는 것을 손에 넣음으로써 당신은 바로 큰 부자가 될 수 있는 것이다.

▶ 자기 암시:

는 나는 부자이다.

우리가 다른 사람보다 뛰어나 있는 것에 대해서는 어느 누구라도 거금을 가진 부자인 것이다. 뛰어나 있으면 당신은 부자가 될 수 있는 것이다.

그러므로 당신은 큰 부자가 될 수 있다. 누구나가 자기 나름의 부자이다. 어떠한 점에 있어서는 아무도 자기를 능가할 수 없다.

자, 이제 당신은 그 무엇인가를 찾아내면 되는 것이다. 그렇게 하면 당신은 큰 부자가 될 것이다. 돈이 당신을 큰 부자로 만드는 것은 아니다. 왜냐 하면 건강이니 행복이니 안전이니 하는 것은 돈으로는 살 수 없기 때문이다.

비록 수억 원을 갖고 있는 사람이라도 당신과 같은 건강, 당신과 같은 행복, 혹은 당신과 같은 안전은 갖고 있지 않을지도 모른다. 그러므로 그가 아니라 당신이 억만 장자인 셈이다.

바꿔 말하면 나는 피아노를 칠 줄 아는 사람들이 부럽다. 그들은 큰 부자이다.

나는 작곡하는 사람에게 매혹된다. 나로서는 작곡자 같이 도저히 할 수 없는 일이다. 그 점에서는 나는 작곡자보다 가난뱅이이다.

여기서 정리를 해 보면, 나는 가난하며 동시에 또 부

우리가
다른 사람보다
뛰어나 있는 것에
대해서는
어느 누구라도
거금을 가진
부자인 것이다.

▶ 실천 사항:

자이기도 하다. 내가 숙달하고 있는 일에 대해서는 나는 부자이다. 나에게 잘 할 수 있는 것에 대해서만 생각한다면, 나는 큰 부자인 것이다.

그러나 수학이니, 회계 사무니, 경리 사무에 대해서는 가난한 사람인 것이다.

큰 부자란 도대체 어떤 것일까? 만약 돈이 당신을 부자로 만든다면, 당신은 그것을 손에 넣을 것이다. 또한 당신이 건강이라는 점에서 소홀했다면 건강을 구하라. 머지않아 당신은 건강이라는 점에서 틀림없이 큰 부자가 될 것이다.

큰 부자란 행복한 사람들을 말한다. 셀만 A. 왁스만 박사는 결핵을 고치는 경이적인 약 스트렙토마이신을 분리하는 데 성공했다. 그는 이 발견을 무상으로 세계에 제공했다. 그리고 금전상으로 큰 부자가 되기를 거부하였지만, 행복이라는 점에서 큰 부자가 된 것이다.

가난과 부자는 함께 존재하는 것이다. 즉, 우리는 모두 거지이며 큰 부자이기도 하다.

요리를 하려다가 그것을 할 수 없었으므로 거지이다. 그런데 이웃 사람이 그것을 솜씨 있게 잘 한다. 그는 실로 큰 부자이다.

하지만 수영에 관해서는 나는 수영 선수에 못지 않지만, 그는 전혀 못한다. 그는 가난하고, 나는 부자이다.

큰 부자란
행복한 사람들을
말한다.

▶ 자기 암시:

쓰레기 수집을 하려면 나는 도무지 못 한다. 그 점에서는 쓰레기 수집 인부가 부자이다. 특히 일거리가 없어서 공원 벤치에서 하릴없이 뒹구는 불쌍한 부랑자에 비교했을 경우에는 더욱 그렇다.

그래도 어떤 면에서는 부랑자를 부자로 만들 수가 있다. 그에게는 말도 필요하지 않고, 가족도 필요치 않으며, 자동차도 필요하지 않다. 큰 부자와 같을 정도로 행복해지기 위해서는 다만 어느 철학자처럼 그에게 햇빛이 있으면 충분한 것이다.

세일즈가 전혀 되지 않고 집으로 돌아올 때 그래도 나는 부자이다. 왜냐 하면 그것은 내가 마음으로 행복하기 때문이다.

몇 번이나 왔다갔다 하는 것이 인생이다. 대다수의 사람들은 처음엔 가난하다가 천신만고 끝에 부자가 된다. 그리고 다시 가난하고, 다시 부자가 되기도 한다. 그렇게 반복되는 인생도 있다.

부랑자에서 큰 부자에 이르기까지, 모두 같은 날에 경험할 수도 있다. 그것도 약간 손목을 비틀기만 하는 것으로 경험할 수 있는 것이다.

내가 말하고 싶은 포인트는 다음과 같은 점에 있다. 돈을 목표로 부를 꾀하지 말고, 행복을 목표로 꾀하라는 것이다.

> 큰 부자와 같을 정도로 행복해지기 위해서는 다만 어느 철학자처럼 그에게 햇빛이 있으면 충분한 것이다.

▶ 실천 사항:

큰 부자의 연약한 위장을 다치게 할 것 같은 험한 음식을 맛있게 먹는 당신을 보았을 때, 그들은 가난함을 느끼는 것이다. 그리고 실제로 커다란 자동차를 가지고 있는 사람은 부자인 것처럼 보이지만, 당신이 작은 자동차를 수리하여 몰고 다닐 때의 즐거움을 본다면 그렇게 생각하지는 않게 될 것이다.

이 세상에서 당신을 행복하게 하는 것은 무엇인가 하는 것부터 찾아내어라. 그렇게 하면, 큰 부자가 될 수 있는 방법도 찾아낼 수 있을 것이다. 이 얼마나 지극히 간단한 일이 아닌가!

3. 성실한 생활 속에서
이상은 반드시 이루어진다

성공을 입증하는 것은 금전만이 아니다. 성공한 사람이 모두 억만금의 돈을 번 사람인 것은 아니다.

예컨대 최근 필자가 들은 가장 성공한 사람 중의 한 사람은 예순여덟 살의 노인으로 1주일에 단 50달러를 벌고 있을 뿐이다.

이 세상에서
당신을
행복하게 하는
것은 무엇인가
하는 것부터
찾아내어라.

▶ 자기 암시:

그의 이름은 프랭크 워러라고 하며, 오하이오 주의 미들 타운에 살고 있다. 이 프랭크 워러는 한 대의 자동차를 갖고 있었다.

그는 30년 전에, 미들 타운에 있는 몇 집의 점포에서 버리는 쓰레기 중 종이를 청소해 줄 계약을 맺었었다. 그리하여 그는 그것을 사 주는 그 지방의 헌종이 중개인에게 그것을 팔았다. 그러기를 30년 동안, 이것이 프랭크의 직업이었던 것이다. 그는 지금까지는 그것을 자신이 천직으로 생각하고, 잘 경영하고 있었다.

오랜 세월이 걸려서 종이를 팔아 모은 돈으로 그는 2층 건물인 집을 샀다. 내가 생각하는 방식에 따르면, 프랭크 워러는 진정으로 성공한 사람이다. 아마도 크랭크 워러는 그 2층집에서 살며, 방이 스무 개 이상이나 있는 호화 주택에 사는 큰 부자보다도 훨씬 행복할 것이라고 믿는다.

당신은 자신이 돈이라는 점에서나, 행복이라는 점에서나, 큰 부자가 될 수 있다는 점에서 찬성할 것이다, 비록 물질적으로는 가난하게 살고 있을지라도!

이상을 실현시키자면 자기 암시를 사용하는 것도 한 가지 방법이다. 이를테면,

"나는 5만 달러를 갖고 싶다."

라고 자신에게 말하는 것이다.

▶ 실천 사항:

"온 세계를 여행하고 싶다."
라고 말하는 것이다.

당신의 이상이 마음 속에서 매우 또렷하게 무르익으면, 그것이 화학 작용에 의하여 머리를 끌어당길 수 있게 된다. 음식물에 관한 것을 매우 열심히 소망했기 때문에 '어쩐지 그것을 맛보고 있는 것 같다' 하는 일은 흔히 있는 일이다.

그렇다. 바로 그대로인 것이다. 열심히, 그리고 오랫동안 계속해서 그 생각만을 하라. 그렇게 하면 당신은 그것이 몸 안에 가져다주는 화학적 반응에 의하여 그것을 맛보게 되리라.

하나의 동그라미를 오랫동안 가만히 보다가 눈을 벽 쪽으로 돌리면, 그 원이 마술처럼 벽 위에 나타나는 법이다. 그러므로 이상의 경우도 정말로 열심히 한 가지 이상을 계속해서 가진다면, 그것은 실생활 속에서 서서히 그 실체를 드러낼 것이다.

그러나 잊지 말아 주기를 바란다, 이 성공의 기본 방식을 배우는 당신의 첫걸음은, 먼저 무엇보다 소망하는 것이 무엇인가를 알아야 한다는 것을.

당신의 이상을 목표가 있는 것으로 만들어야 한다. 그렇게 하면, 남들에게 허황하게 비칠지 모르는 이상일지라도 그것이 실현될 기회가 반드시 돌아오는 것이다.

▶ 자기 암시 :

4. 종이에 당신의 소망을 기록하라

이제 자기가 원하는 일이 무엇인가를 알았다면, 그 다음에 해야 할 일은 그것을 종이에 기록하는 일이다. 그 원하는 것을 써보는 것이다.

이것은 마음 속의 보이지 않는 눈으로부터 당신의 실제의 눈이 닿는 곳에 그것을 기계적으로 꺼내는 것이다. 이것이 이상을 사실로 옮겨 놓는, 즉 눈 깜짝할 사이의 공중 누각을 잡아, 그것을 벽돌과 몰타르로 단단하게 실생활 속에 지어 주는 올바른 방법인 것이다. 다시 말해 그것이 1플러스 1은 2가 된다는 바로 그것이다.

당신은 그 이상을 분류하고, 요약하여 종이 위에 쓰는 것인데, 그렇게 하면 당신은, 마음 속으로 정처도 없이 떠도는 꿈 대신에, 종이 위에서 그 이상을 볼 수 있게 될 것이다. 당신이 그 눈으로 볼 수 있는 것은 머릿속에서 걷잡을 수 없이 날아다니는 것보다도 실현할 기회가 보다 더 많아질 것이다. 그러므로 당신은 이상을 종이 위에 기록해 두어야 하는 것을 잊어서는 안 된다.

당신의 이상을 목표가 있는 것으로 만들어야 한다.

▶ 실천 사항:

5. 이상의 청사진을 만들어라

이상을 종이에 써보는 것은, 신비적인 두뇌의 성 속에 살고 있는 당신의 공상과 현실의 차디찬 벽 사이에 있는 문을 여는 크나큰 첫걸음이다. 그렇게 함으로써 당신은 이제야말로 공상적인 이상을 위한 실생활의 청사진을 만들고 있는 셈이다.

어떤 집이건 간에 그것이 실제로 지어지기 전에는 먼저 청사진이 필요하다. 그러므로 솜씨 좋은 건축가가 하는 것을 흉내내어, 당신도 당신의 이상의 청사진을 만드는 것이다.

이상이 떠돌아다니고 있는 당신의 잠재 의식의 경지의 문을 여는 이 간단한 기술을 한번 당신이 익히기만 한다면, 그 꿈은 롤러 코스터 위를 달리는 것처럼 빠르게 당신에게로 올 것이다.

마치 그것은 급류에 휩쓸려 굴러떨어지는 것 같은 형태로 '나는 갖고 싶다'로부터 '나는 가질 수가 있다'로 변해 올 것이다. 따라서 이상의 청사진을 만들도록 하라. 그리고 여기서 분명 유의할 것은 그것을 언제라도

당신은
이상을
종이 위에
기록해 두어야
하는 것을
잊어서는
안 된다.

▶ 자기 암시:

보이는 곳에 걸어놓는 것이다.

많은 몽상가들의 좋지 않은 점은, 그들의 이상이 분명치 않은 일이다. 그들은 이렇게 말한다.

"아아, 만약에 나는 백 달러, 천 달러, 아니 백만 달러를 가졌다면 좋겠다. 그렇다면 지금 하는 일 따위는 그만두고 말 터인데……."

혹은 또 이런 말도 한다.

"만약 내가 머리가 검은, 혹은 금발 머리의 부자와, 아니 머리 빛깔은 아무래도 좋다. 어찌 되었건 부자와 결혼할 수만 있다면, 가정과 아이를 가질 수 있을 터인데……."

이 경우, 분명하지 않은 것이 결점이다. 이상이란 당신이 그것을 구체적인 것으로 하지 않는 한, 당신의 이상의 성 속에서 언제까지나 목적도 없이 떠돌고 있는 것이다. 분명히 해야 한다. 명확히 해야 한다.

그러므로 당신이 원하는 정확한 금액이 설사 얼마가 되건, 2만 5천 달러, 5만 달러, 백만 달러라고 분명 써야 한다. 다만 이 경우, 왜 그만큼 필요한가에 대해 이치가 닿아 있어야만 한다. 이것이 이 때 필요한 유일한 조건이다.

당신이 원하고 있는 정확한 집·남자·여자·일거리를 쓰는 것이다. 그 청사진을 만드는 것이다. 그것을 명

이상이란
분명히
해야 한다.
명확히
해야 한다.

▶ 실천 사항:

확하게 하는 것이다.

만약 그것이 흐릿하고 애매하며, 뚜렷하지 않은 것이라면, 아무리 당신의 수단이 좋더라도 그 이상을 실현케 할 수는 없을 것이다.

"훌륭한 양복이 갖고 싶어."

라고 해서는 안 된다.

"ＸＸ회사의 양복을 갖고 싶어."

라고 해야 한다. 다만, '부자가 되었으면' 하는 생각으로는 '나는 10만 달러가 있었으면' 하는 만큼의 효과는 없는 것이다.

뭐든지 써놓으면 가장 잘 기억하는 법이다. 몇 번이나 그것을 거듭해서 써보면, 가장 잘 기억하고 있을 것이다. 왜냐 하면 그것을 씀으로써 당신의 기억필름 속에 그것을 새겨 넣는 것이 되기 때문이다. 다시 말해 한 마디로 쓰는 것이 기억에 새겨 넣는 것이 되는 것이다.

《생각하라, 그리고 부자가 되어라》고 하는 나폴레옹 힐의 저서 속에서, 이 문제에 대해 여러 가지로 쓰고 있는 저자가, 자신이 원하는 것을 날마다 되풀이하여 보기 위해, 거울 위에 그것을 쓰기를 독자들에게 권하고 있는 것은, 여기에서 온 것이다.

멀지 않아 당신은 실제로 그 이상을 '맛볼' 수가 있게 될 것이다. 당신은 자기가 입고 있는 밍크 코트를,

만약 그것이
흐릿하고
애매하며,
뚜렷하지 않은
것이라면,
아무리
당신의 수단이
좋더라도
그 이상을
실현케 할 수는
없을 것이다.

▶ 자기 암시:

캐딜락의 편안함을, 혹은 언젠가는 앉아보고 싶은 중역실의 의자의 호화로움을 거의 느낄 수 있게 된다. 당신의 꿈을 되풀이하여 생각하라. 그렇게 하면 그것은 기억 속에 새겨지게 된다.

여러 가지 일을 종이 위에 쓰는 이 사나이는 친구를 만들 것을 원하고 있었다. 그리고 이 생각을 쓰면서, 동시에 자기의 고객의 꿈과 욕망도 썼다. 그의 이름은 톰 놀란이라고 했는데, 그의 성공의 비밀은 여기에 있었던 것이다.

톰 놀란은, 하나하나의 고객을 위한 개인별 카드를 가지고 있어서, 물건을 판 뒤에 그 고객이 좋아하는 빛깔·재료·스타일·값·치수에 대한 기호, 그리고 그의 사업·집·가족 등의 정보를 거기에 써놓았다. 고객이 오면 톰은 미리 그에게 이렇게 묻기로 계획하고 있었다.

"두 달 전에 사가신 그 회색의 옷은 댁에서 어떤 평판을 하고 있습니까?"

그렇게 묻는 것을 손님은 기뻐했다.

그러나 톰 놀란이 한 것은 그것만이 아니었다. 새로운 손님이 올 때마다, 물건이 팔린 지 1주일이나 2주일 사이를 두고, 그 고객에게 개인적인 편지를 보냈던 것이다. 오래 된 단골 고객이 친구라도 한 사람 소개해 보

당신의 꿈을
되풀이하여
생각하라.
그렇게 하면
그것은 기억 속에
새겨지게 된다.

▶ 실천 사항:

내면, 그는 두 사람에게 편지를 써서, 한 사람에게는 물건을 사준 데 대한 고맙다는 말을 하고, 다른 한 사람에게는 좋은 고객을 소개해 준 것을 고맙다고 했다. 이렇게 하니 고객들은 톰 놀란의 진심에서 우러나는 감사와 친절을 어찌 고맙게 생각하지 않았겠는가?

바로 그렇다. 1년 동안에 서로의 친구라든가, 만족한 고객에게 소개받고 권해서, 톰 놀란에게로 찾아온 새로운 고객은 무려 천 명을 넘었다.

어떤 고객은, 수년 동안에 백 명이나 넘는 사람을 톰에게로 보내어, 그 중의 대부분이 고마운 단골 고객이 되었다.

6. 일의 순서를 알아야 한다

수레를 말 앞에다 맬 수는 없다.

고기를 낚기 전에 먼저 어디서 낚싯밥을 구하는가, 보트를 어디서 구하는가, 낚싯줄을 어디에다 던지는 것인가를 알지 않으면 안 된다.

당신의 이상을 실현시키기 위해서는 먼저 일의 순서

한 사람에게는 물건을 사준 데 대한 고맙다는 말을 하고, 다른 한 사람에게는 좋은 고객을 소개해 준 것을 고맙다고 했다.

▶ 자기 암시:

를 아는 것이, 이상을 종이에 쓰기 시작한 뒤에 오는 다음번의 당연한 단계이다.

당신은 당신의 꿈에 논리적인 절차, 즉 우선 순위를 주지 않으면 안 되는 것이다. 올바른 순서를 준다는 것은 가만히 있다는 뜻이 아니다.

빌딩의 청사진이 완성되었다면 기초 설계도를 그리고, 다음에 기초 공사를 하고 바깥 벽을 만든다. 이것들은 모두 지붕을 얹기 전에 하는 일이다.

당신의 공중 누각을 세우는 데도 똑같은 논리적 순서라는 것이 있다. 그것을 꼼꼼히 해부하여 책상 위에 놓으라.

부엌이나 책상 위라도 좋고, 차고 안의 작업 책상이라도 좋고, 어디고 상관은 없다. 그리하여 자신에게 이렇듯 물어 보는 것이다.

"이상을 실현하기 위해 어떤 순서로 이것을 벌여놓으면 좋을 것인가? 어느 것을 제일 먼저 하지 않으면 안 되는 것일까?"

예를 들어 세일즈 맨인 당신이 회사 사장이 되고 싶다는 생각을 갖고 있다고 가정하자. 그 경우 제1의 단계는, 당신이 하는 현재의 일을 분석하는 것이 될 것이다. 그것은 담당 지역의 확장을 보증하는 것부터 시작된다.

당신은
당신의 꿈에
논리적인 절차,
즉 우선 순위를
주지 않으면
안 되는 것이다.

▶ 실천 사항:

"만약 지금 내가 하는 이 일이 좋은 기록을 내게 되면, 상사는 내게 좀더 큰 담당 지역을 주지 않을까? 그가 그렇게 해 주면 나는 열심히 일해서 그로부터 얼마 동안만 견디면 내가 과장 대리의 지위를 차지하게 될 것이다."

'만일 그것이 이뤄졌다면, 나는 손님을 다루듯이 부하를 다룰 수 있을까? 과연 세일즈 매니저의 책임을 감당할 수 있을까? 그럴 경우에는 내가 하는 일은 어쩌면 세일즈 맨을 훈련하는 일이 되리라. 마침내 이것에 성공했다고 한다면 중역 회의에서는 나를 부사장으로 앉힐 거야.

그리고 시간이 지남에 따라 내가 하는 일이 성공을 거두고, 사장이 회장이 되거나 은퇴하거나 하면 내가 사장 자리에 앉게 되겠지.'

이것이 이상을 분석하는 방법이다. 이렇게 함으로써 비로소 당신은 그것을 순서가 바로잡힌 것으로 할 수가 있는 것이다. 이상이 마음 속에서는 순서가 되어 있지 않은 것처럼 보이지만, 청사진 단계에서는 아주 실제적이고 질서 정연한 것으로 될 수 있는 것이다.

이상을
실현하기 위해
어떤 순서로
이것을
벌여놓으면
좋을 것인가!

▶ 자기 암시:

7. 《리더스 다이제스트》 이야기

　D. 웰리스는 제1차 세계 대전에서 부상을 당했다. 그것은 아주 오래 전의 일이다. 병원에서 그는 책을 읽으려 했지만, 읽을 것은 많은데 읽을 시간이 별로 없었다. 그래서 '뉴스의 다이제스트를 내면 어떨까?' 하는 생각을 하게 되었다.

　그는 이 아이디어를 여러 모로 시도해 보았다. 자기 손으로 몇 권인가 간추린 기사를 써 보기도 했다. 퇴원하자 말자 그는 피츠버그에 있는 웨스턴 일렉트릭 회사의 퍼블리트 부서로 돌아가게 되었는데, 그는 거기서도 틈만 있으면 이 아이디어를 떠올리면서 시간을 보냈다.

　그는 '일의 순서를 알아야 한다'라고 한 세 번째 단계를 발견하려 하고 있었던 것이다.

　그 뒤 1921년의 경제 공황을 만나 그는 그만 직장을 잃었다. 하지만 아내의 도움을 받아 그는 스크랩 북을 만들고, 오려낸 것을 다시 기사 체제로 하나하나 붙여 나갔다.

　이윽고 1922년 2월, 1천3백 달러의 빚을 얻어 그는

그는
이 아이디어를
여러 모로
시도해 보았다.
자기 손으로
몇 권인가
간추린 기사를
써 보기도 했다.

▶ 실천 사항:

《리더스 다이제스트》를 창간했다.

성공하기까지는 시간이 걸렸다. 꽤 많은 시간이 걸렸다. 그러나 한번 성공한 뒤에는 일이 순조로웠다. 지금은 헤아릴 수 없이 많은 편집자를 고용하는 신분이 되어 있다. 그리고 이 잡지는 미국판만으로도 천만 부 이상이 팔리고 있는 것이다.

겐 고스는 1주일에 8달러 50센트로 커피숍 접시닦이를 하고 있었다. 그는 주인이,

"이봐, 이 유리컵도 씻어!"

하고 소리치면 그 명령하는 태도가 마음에 거슬렸다. 그래서 고스는 언젠가는 주인으로부터 가게 권리를 사들일 것을 생각하고 있었다.

그는 그 생각을 종이에 쓰고, 어디서부터 손을 댈 것인가를 안 다음 행동을 개시했다.

그래서 그는 얼마 되지 않는 그의 저금을 어느 커피숍에 투자했다. 그리고 남은 돈으로 중고차 주차장에도 투자했다. 주차장에 그가 가지고 있던 세 대의 헌 차 중 한 대에다 그는 다음과 같은 쪽지를 써 붙였다.

'도둑 물건이니 누구든 이것을 찾아가 주시오.'

정말 도둑놈이 그것을 가지고 가버렸다. 다행히 보험회사는 보험금을 치러 주었다.

작은 커피숍에서 나오는 얼마 안 되는 수입으로 산

그는 그 생각을 종이에 쓰고, 어디서부터 손을 댈 것인가를 안 다음 행동을 개시했다.

▶ 자기 암시:

세 대의 차를, 다시 큰 주차장으로 바꿔 나가는 데는 단순한 운이나 배경만으로는 안 되었으므로 수입을 올릴 수 있는 노력이 필요했다.

그리고 가게를 사고 말겠다는 생각을 지녔던 소년은, 어느 날 마침내 그 커피숍을 사서 어엿한 주인이 되었던 것이다.

이 사실을 안 〈달라스 뉴우스〉지는, 그가 10달러의 돈으로 세 대의 중고차 주차장과 캐딜락과 6만 5천 달러의 집과 바꾼 이야기를 보도하였다.

운명의 장난이라고나 할까, 그의 주인이었던 사람은 입장이 뒤바뀌어 고스의 가게에서 경리 일을 보고 있다고 한다.

8. 이상의 순서를 정하라

지금보다 큰 담당 지역을 넓혀, 과장 대리란 직책의 순서를 건너뛰어, 세일즈 매니저가 되려고 하는 것은 수레를 말 앞에 두는 격과 같다. 단순히 그렇게 바라는 것만으로 털가죽 외투를 손에 넣으려 하는 것은 별로

다시 큰 주차장으로 바꿔 나가는 데는 단순한 운이나 배경만으로는 안 되었으므로 수입을 올릴 수 있는 노력이 필요했다.

▶ 실천 사항:

효과가 없다. 따라서 당신은 이렇게 생각하지 않으면 안 되는 것이다.

'어떻게 하면 나는 내 외모를 더 훌륭하게 만들 수 있을까? 만일 그것이 성공하게 되면 나는 내게 밍크 코트를 사줄 만한 돈을 가진 사람을 가깝게 친할 수 있을지도 모른다.'

아니면 또 당신은 이렇게 생각해야 할 것이다.

'나는 예쁘지는 않다. 그러나 나는 재주가 있다. 나는 우리 회사의 구매계 조수가 된 다음, 그 뒤에 구매계 담당이 될 생각이다. 나는 드레스에 대한 것이면 무엇이고 공부할 수 있을 것이다. 그리고 나는 디자인도 공부한다. 곧 나는 메이커의 사람들과 만나게 되고, 그들을 도와 멋있는 옷을 디자인하게 될 것이다. 왜냐 하면 나는 소매점 구매계로서 여자들이 어떤 것을 좋아하는지 잘 알고 있기 때문이다.'

이 생각은, 그의 꿈을 계통이 서 있는 순서대로 꾸미는 일이다. 그것은 어디서부터 손을 대면 좋을 것인가를 아는 일이며, 자기 이상을 순서 있게 하는 일이다.

유명한 디자이너가 되는 그 날, 당신은 갖고 싶은 밍크 코트를 틀림없이 살 수 있을 것이다. 그렇게 되면 말은 있을 자리에 있게 되므로, 수레를 끄는 데 아무런 지장도 느끼지 않을 것이다. 내가 만난 천 명의 성공자들

나는 예쁘지는 않다. 그러나 나는 재주가 있다. 나는 우리 회사의 구매계 조수가 된 다음, 그 뒤에 구매계 담당이 될 생각이다.

▶ 자기 암시:

도, 실은 이와 같이 하여 그들의 이상을 실현시켰던 덧이다.

최근 로렌스 헬무스에 대해 기사를 쓴 어느 비즈니스 잡지에 따르면, 그는 몇 년 전에는 겨우 17달러밖에 가지고 있지 않았다. 지금 그의 재산은 2백만 달러에 달하고 있다.

가난했던 소년 시절, 그는 딸기를 따서 그것을 팔고 있었는데, 언제나 부자가 되는 것을 꿈꾸고 있었다. 그는 자동차의 라지에터 그릴이 큰 시장성을 가지고 있다는 것을 발견했다. 그는 자기가 가지고 있는 17달러 외에도 간신히 5백 달러의 빛을 얻었다.

그래서 자기 꿈의 설계도를 꾸미면서 그는 아주 작은 가게를 얻은 뒤 그릴을 만들었다. 그러나 거의 성공 단계에 이르러 실패하고 말았다. 왜냐 하면 디자인이 나빴기 때문이었다.

그 뒤 그는 척추를 다쳤다. 그러나 그 때문에 정신까지 꺾이는 일은 없었다. 그는 그의 꿈을 안고 전진했다. 그의 의지가 얼마나 강했는지 그는 의사가 믿지 않을 정도로 빨리 회복했다.

그는 지금 자동차 제조업자에게 그릴을 파는 데 성공하여 돈을 모으는 등, 계속 부를 쌓아가고 있다.

그것은 어디서부터 손을 대면 좋을 것인가를 아는 일이며, 자기 이상을 순서 있게 하는 일이다.

▶ 실천 사항:

9. 이상에 시동을 걸어라

이상을 종이에 적고, 그것을 계통 있는 순서대로 배열함으로써 당신은 마침내 그 이상에 시동을 걸 준비가 끝난 것이 된다. 이 행동이 없으면, 꿈은 언제까지고 정체된 그대로 있는 것이다. 아무리 뛰어난 아이디어나 발명품도 그대로 두면 아무런 쓸모가 없다. 오늘날 워싱턴에는 이러한 녹슬고 있는 발명품이 백만 건이 넘는다고 한다.

그러므로 어디서부터 손을 대면 좋을 것인가를 알았으면 무조건 시작해야만 한다. 이상이란 활을 떠난 화살처럼 그런 상태에 있는 것이다. 눈에도 보이지 않고, 행동도 따르지 않는 백일몽 상태에서 실제의 행동으로 옮겨가기 위해서는, 한 가지가 필요하다. 그것은 다른 것이 아니다. 바로 신념이란 것이다. 신념을 갖는다는 것은 한마디로 말한다면, 그 꿈을 시동시켜 공중 누각처럼 보이는 것을 실제 행동으로 출발시키는 셀프 스타트를 갖는다는 것이다.

당신은 그것을 손에 넣을 수 있다고 믿어라. 그러면

▶ 자기 암시:

당신의 모든 육체는 그 꿈을 실현시키기 위해 화학적으로 활동을 시작하게 될 것이다.

자전거는 내리막길을 가려면 느리게 달려가는데, 이상의 경우도 그것과 마찬가지이다. 무엇인가가 일어난다고 믿게 되면, 그렇게 되는 일이 많다. 왜냐 하면 당신의 온몸이 그 신념을 실현시키는 쪽으로 기울기 때문이다.

꿈을 실현시키는 데는 무엇보다 신념을 갖는 것이 중요하다. 의사들은 당신이 살고 싶다고 너무나 간절히 원할 때에는 자연의 법칙을 무시하고 회복하게 되는 것을 잘 알고 있다.

대부분 의사들이 비록,

"그 사람은 석 달을 넘기지 못한다."

라고 했더라도 그 환자는 그런 말을 믿으려 하지 않는다. 그리고 살아가는 것이다. 그는 자연 법칙에 반항하는 것이다.

'나는 내가 누구 못지 않게 성공하리라는 것을 확실히 알고 있다.'

라고 하는 생각은 당신을 성공시킨다.

당신은 당신의 잠재 의식에 당신의 불타는 욕망을 쏟아넣는다. 그러면 그것이 화학 작용을 일으키고, 그것이 다시 성공을 불러오는, 눈에 보이지 않는 전기를 방

꿈을
실현시키는 데는 무
엇보다
신념을 갖는
것이 중요하다.

▶ 실천 사항:

사하게 되는 것이다.

레이더의 전파가 목표를 포착하듯이, 당신의 의지로 키워온 잠재 의식이 불타오르며, 그 욕망의 목표를 발견하게 되는 것이다.

언젠가 우리는 우리의 잠재 의식은 수신 장치와 동시에 송신 장치도 갖추고 있는 것이란 것을 알게 될 것이다. 우리는 컬러의 영상을 공중을 통해 보내고, 텔레비전 세트로 그것을 수신하듯이, 그 힘을 이용할 수 있게 될 것이다. 그러므로 잠재 의식은 텔레비전 세트와 같은 것이다.

10. 열심히 그리고 오래오래 생각하라

언젠가 우리는 우리의 잠재 의식은 수신 장치와 동시에 송신 장치도 갖추고 있는 것이란 것을 알게 될 것이다.

폴 코라루카는 캘리포니아 주의 가디난 시에 살고 있었다. 그는 불타는 꿈을 가슴에 안고 마치 초조하게 적을 기다리는 참호 속에 앉아 있는 것처럼 전의를 불태우고 있었다.

지금 그는 다이렉트 메일로 직접 비타민을 팔려고 생각하고 있었던 것이다. 그가 최근 친구에게 말한 것에

▶ 자기 암시:

따르면, 처음에는 사람들로부터 그런 일은 도저히 될 수 없는 일이라고 충고를 받았다는 것이다. 하지만 그는 그것이 불가능하다고는 생각지 않았다.

그러나 경험이 풍부한 다이렉트 메일계의 전문가들은,

"근처 약방에서 얼마든지 팔고 있는데, 사람들이 무엇 때문에 우편으로 주문을 해서 사 갈 턱이 있겠는가?"

하고 말했다는 것이었다.

폴은 그래도 여전히 신념을 가지고 있었다. 그는 우선 비타 클럽을 계획했다(제1단계). 그는 비타 클럽을 출발시켰다(제2단계). 그리고 세일즈가 시작된 것이다. 돈을 버는 시대는 포드 · 록펠러 · 몰간 · 메이시 등의 사람들과 함께 영원히 지나갔다고 감히 누가 말할 수 있겠는가?

유진 R. 파니와 아이더 W. 퍼시벌은 독립해서 장사를 하려고 결심했다. 그들은 텔레코인 사라는 회사를 만들었다. 단계1,2,3,4를 사용해서, 그들은 자기들이 먼저 무엇을 바라고 있는가를 알고, 그것을 종이에 적은 뒤, 어디서부터 손을 대면 좋을까 하는 것을 검토했다. 그리고 우선 코인을 넣으면 쓸 수 있게 되는 세탁기에서부터 시작했다. 그러고 나서 신념을 갖고 그 계획

그는 불타는 꿈을 가슴에 안고 마치 적을 기다리는 참호 속에 앉아 있는 것처럼 전의를 불태우고 있었다.

▶ 실천 사항:

을 시동시켰다.

이어서 그들은 3천 건의 부업을 만들었다. 기계의 독점 취급권을 줌으로 해서 3천 명의 사람들에게 자기 사업을 갖게 한 것이다.

그로부터 그들은 다시 한 걸음 전진해서 과일 주스를 배급하는 텔레주스 회사를 창립했다.

마침내 겨우 1년 동안, 파니와 퍼시벌의 사업은 놀랍게도 2백만 달러나 되어 돌아왔던 것이다.

이상을 팔 수는 없다고 도대체 누가 그런 말을 했단 말인가. 그런 것은 꿈 같은 소리라고 실현될 수 없는 것이니 어쩌니 하면서 말이다.

자동차를 똑바로 운전하는 데도 두 손이 필요하다. 진로를 벗어나지 않게 하기 위해서라도 자전거 핸들 위에 두 손을 놓지 않으면 안 된다. 즉, 당신의 이상을 올바르게 실천해 가도록 하기 위해서라도 당신의 '신념' 위에 두 손을 놓지 않으면 안 된다.

열심히 그리고 오래오래 생각하라. 그렇게 하면 그것은 현재로서는 아직 우리들이 레이더처럼 강력하다는 것 외에도 우리가 잘 모르는 잠재 의식이란 힘의 공장을 통해서 행동하도록, 자기 자신에게 동기를 부여할 수 있게 되는 것이다.

▶ 자기 암시:

11. 조그만 성공에 만족하지 말아라

이상이 일단 시동하기 시작했으면, 그것을 멈추지 않고 계속 움직여야 한다.

당신의 온몸의 메커니즘이 지금은 당신의 꿈을 목표로 향해 움직이고 있는 것이므로, 조그만 성공으로 만족하고 말려는 유혹에 걸리지 말아야 한다. 심리적으로 당신은 결심한 것이다. 그 결심을 지속시켜야 한다.

우리들은 가끔,

"이젠 그만 됐어! 이렇게 반만이라도 있는 것이 없는 것보다는 낫다."

하고 생각하는 등 조금만으로 만족해 버리는 경향이 있다.

이래서는 안 되는 것이다. 당신은 반을 전부라고 자신을 속이고 있는 것이다. 잘 가고 있던 길을 반만 가서 그것으로 만족하는 일은, 자기 주머니에 구멍을 뚫어 놓고 있는 것이나 마찬가지이다.

만일 당신이 밍크 코트를 꿈꾸고 있었다면 거친 곰털로 만족해서는 안 되는 것이다. 기차가 한번 멈추게 되

이상이 일단 시동하기 시작했으면, 그것을 멈추지 않고 계속 움직여야 한다.

▶ 실천 사항:

면 그것을 다시 움직이는 데는 많은 증기가 필요하다. 그러므로 당신의 꿈을 정지시켜서는 안 된다. 그것을 다시 움직이는 것은 여간 힘들지 않은 것이다.

철저하게 그것을 이용하라. 매몰차게 그것을 움직여라. 만일 당신이 유럽에 석 달 휴가 여행하는 것을 계획하고 있는 것이라면,

"나는 한 달이라도 행복하다, 대부분의 사람들은 그것마저도 못 하는 형편이니까."

하고 돌연 말을 꺼내서는 안 된다.

비록 그것이 사실일지도 모르지만, 대부분의 사람들은 당신이 가지고 있는 것 같은 전속력으로 달리는 생각을 갖지 않았기 때문인 것이다. 처음부터 그들은 그런 것은 염두에 두지 않았는지도 모른다. 그러나 당신은 전속력으로 달리는 생각을 가지고 있는 것이다. 그렇다면 그 길을 계속해서 달려라. 그렇게 하면 당신의 친구들보다 앞장 설 것이다.

만일 당신이 언젠가 회사 사장이 되는 꿈을 꾸고 있는 것이라면,

"여기까지 이르게 된 것도 운이 좋았던 것이다."

하고 부사장으로 멈추고 마는 일은 하지 않아야 한다. 그런 생각이야말로 운이 좋은 것이 아니라 더없는 어리석은 짓이다. 한창 달리던 기세를 스스로 꺾는 어

철저하게
그것을 이용하라.
매몰차게
그것을 움직여라.

▶ 자기 암시:

리석은 짓이다. 그러므로 정상에 오르지 못한 채 그만두고 만다면, 당신은 한계 의식 및 불행하다고 생각하는 것 자체가 나약한 패배자의 자위 행동인 것이다.

그리고 당신의 욕구는 최대한 질서를 세워야만 하겠으나, 당신의 눈높이는 높이 유지해야 한다.

뿐만 아니라 성공을 보지 않고서 체념하지 말아야 한다. 탐광하는 사람들 대부분은 금광의 불과 3피드 못 미처에서 단념을 하고 만다.

성공을 습관이 되게 하라. 왜냐 하면 버릇이란 좀처럼 벗어던지기 어려운 것이기 때문이다. 그리고 명심할 것은, 성공을 습관화하기란 불행을 습관화하는 것만큼 쉬운 것이다.

12. 남에게 무조건 자신을 낮추지 말라

인터내셔널 플라스틱 하모니카 회사의 사장인 핀 R. 마그나스가 만약 자신의 일을 너무 쉽사리 단념하고 말았다면, 지금과 같은 재산을 모을 수는 없었을 것이다.

제2차 세계 대전이 벌어지는 동안 그는 하모니카를

성공을 습관이
되게 하라.
왜냐 하면
버릇이란
좀처럼 벗어던지기
어려운 것이기
때문이다.

갖고 싶었지만, 한 개도 손에 넣을 수가 없었다. 왜냐하면 그 부속품이 군수용으로 쓰이고 있었기 때문이다. 그래서 그는 자신이 그것을 만들어 보기로 결심하고, 거기에 3년을 소비했다.

그리하여 마침내 그는 전시 중에 손에 넣기 어려웠던 지금까지의 80개나 되는 부속품 대신에 다섯 개의 부속품을 가진 하모니카를 만들어 내었던 것이다. 오늘날 그의 회사는 세계 최대의 하모니카 메이커로 급속한 성장을 계속하고 있는 중이다. 그는 하나에 하나를 더해서 둘을 만든 것이었다.

누구나가 큰 부자가 될 수 있는 날이 분명 찾아온다. 즉, 메이커나 포드와 플로밍데일이나 아스타스의 시대와 함께 가버리지 않았다고 하는 것을 실증하여, 리처드 네이슨 하리스는 콜드 웨이브의 아이디어로 백억 달러 이상의 재산을 만들었다.

1936년 예일 대학을 졸업한 뒤, 그는 부자인 아버지 밑에서 모직업에 종사하는 것을 거절하고 아버지로부터 5천 달러를 차용했다. 그의 자신감 뒤에는 아이디어를 가지고 있었다.

그는 그것을 종이에 적었다. 대여섯 번 시험을 해도 잘 되지 않은 뒤에, 어디서부터 손을 대면 좋을 것인가를 알았다.

▶ 자기 암시:

그로부터 얼마 후 그는 그 아이디어를 실천으로 옮기는 방법을 발견했다.

그러나 그 아이디어는 아직 시초에 불과했다. 그 밖의 많은 메이커들이 콜드 웨이브의 아이디어를 실험하고 있었지만 아직 기계 생산비가 너무 비쌌던 것이다.

그리하여 마침내 하리스는 비용이 적게 들면서 누구나 사용할 수 있는 가정용 퍼머넌트의 방법을 발견했던 것이다. 그래서 곧 기계를 만들어 특허를 내었다. 이 미용 기계는 날개 돋친 듯 팔려나가자 질레트 안전 면도기 회사가 하리스의 특허를 2천만 달러로 사들였다.

"아이디어에는 돈이 한푼도 들지 않는다. 우리가 실행해야 할 일은, 우리 주변에 있는 일에 항상 마음을 열어 두고 있어야 한다. 이 같은 일은 우리에게 단순히 도움이 된다는 것만이 아니고, 가치 있는 일이 되기도 하는 것이다."

이 말은 펜실베이니아 주의 어느 도시에서 백화점을 경영하고 있는 막스 헤스가 그에게 최고의 지위를 가져다 준 성공의 비결을 요약한 말이다.

헤스는 그가 스무 살 때, 거의 파산 상태에 빠진 아버지의 회사를 상속받았다. 그 뒤 그는 이 회사를 연간 천 5백만 달러의 상품을 파는 큰 회사로 만들어 낸 것이다.

누구나가
큰 부자가 될 수
있는 날이
분명 찾아온다.

▶ 실천 사항:

그는 우선 회전이 느린 상품의 월간 매상고를 늘이는 것을 목표로 세웠다. 이 목표를 추진함으로써 그의 가게에서는 연간 여섯 차례나 재고를 회전시킬 수 있도록 되었다. 다른 회사에서는 연간 4회전이 고작이었을 때이다.

그리고 헤스는 그 도시에 새로 옮겨 오는 사람들을 환영하는 환영 위원이 되었다. 어느 집이 그 도시로 옮겨오면 그는 언제나 한 상자의 과자를 선물로 보내 주었던 것이다.

그런데 그 상자의 포장에는 어느 길이건 간에 그의 백화점으로 통할 수 있도록 한 그 도시의 지도가 붙여져 있었다.

또 하나 성공의 비결은, 헤스가 리스 플랜이라고 부르고 있는 것이다. 이 방법에 의해 손님들은 일주일에 겨우 몇 센트라는 돈을 가지고 은으로 만든 식탁용 기구들을 살 수 있었다. 따라서 그 덕분으로 헤스의 가게에서는 전국 어느 백화점보다도 많은 양의 은 식기를 취급하게 되었던 것이다.

그리고 머리를 깎으러 온 어린아이에게 과자를 주는 아주 하찮은 일도, 가게의 인기를 높이는 데 도움이 되었다.

또 젊은 고객에게는 그의 생일날을 알아두었다가 선

아이디어에는 돈이 한푼도 들지 않는다. 그는 우선 회전이 느린 상품의 월간 매상고를 늘이는 것을 목표로 세웠다.

▶ 자기 암시:

물을 함으로써 매상을 올리는 데 크게 도움이 되었던 것이다.

그야말로 인생의 성공에의 길을 오직 하나에만 국한하지 않았던 사람이다. 그는 수많은 수단으로써 이상을 실현시킨 사람이었다.

13. 이상이 달성되면 그것을 인정하라

한 번 이상이 달성되거든 그것을 인정해야 한다. 그런 뒤에 편안히 지켜보고 있어야 한다.

야심을 억제해서는 안 되지만 탐욕도 생각해 봐야 할 문제이다.

당신이 노력해서 얻은 것을 즐겨야 한다. 보다 많은 성공, 보다 많은 달성에 대한 쉴 줄 모르는 충동에 사로잡히지 말아야 한다. 지금부터는 조금 휴식을 취하라. 그리고 당신의 공중 누각의 실현을 즐겨라.

목표를 달성한 것, 도중에 그치지 않았다는 것, 꿈이 충족된 것이 인정되거든, 이번에는 그것들을 즐기는 방법을 배워야 한다.

▶ 실천 사항:

인생의
성공에의 길을
오직 하나에만
국한하지 않았던
사람이다.
그는 수많은
수단으로써
이상을
실현시킨
사람이었다.

무엇 때문에 꿈을 찾아 일하는 것인가를 알았으면, 그것이 달성된 것을 어째서 즐기지 않을 수 있겠는가?

마치 그것은 맛있는 불고기를 다 구워 냈으면, 잠시 그것을 그대로 놓아 두고, 강낭콩 요리도 할 수 있다는 것을 보여 주기 위해 다시 한 줌의 강낭콩 요리를 하는 것과 같은 이치이다. 여기에서 우리는 앞으로 나아가는 큰 물결을 멈추게 하는 시기를 알 아야 한다.

야심에 불탄다고 하는 것과 탐욕스럽다고 하는 것과는 틀린다. 야심을 갖는 것은 훌륭한 일이지만, 그것에는 그 야심이 달성된 것을 인정하고, 그것이 남김없이 실현되었을 때는 거기서 멈춘다는 것을 전제로 하고 있는 것이다.

보다 위대한 성공자가 되겠다는 충동이 당신을 전진하게 만드는 것은 틀림없는 일이겠지만, 언제까지고 그러고 있으면, 결국 당신은 너무 많은 세계를 정복하려고 한 군인처럼 자멸하고 말지도 모른다. 의사가 당신을 붙들게 될 것이고, 장의사가 좋은 손님인 양 당신을 반기게 될 것이다.

그러므로 탐욕은 파멸밖에 가져올 것이 없다. 당신은 더 이상 사물을 정당하게 평가할 수 없게 된다.

예의 밍크 코트도 검은 담비 코트에 비하면 싸구려로 보이는 것이다. 당신이 그토록 원하던 캐딜락도 롤스웨

목표를 달성한 것, 도중에 그치지 않았다는 것, 꿈이 충족된 것이 인정되거든, 이번에는 그것들을 즐기는 방법을 배워야 한다.

▶ 자기 암시:

이스에 비하면 못 해 보인다.

　당신은 또다시 마음의 가난 속에 빠지고 만다. 그 탐욕이 당신을 죽이고 말 것이다.

14. 인형 박사

　필자가 만난 천여 명 중의 한 사람인, 버지니아 주 리치먼드 시에 살고 있는 T.E. 버튼이라는 사람이 있었다. 그의 직업은 의사이었다.

　필자가 볼티모어에 있는 메릴란드 예술 대학의 학생이었을 무렵, 버튼 씨는 인형에 흥미를 가지고 있었다. 그 사실을 안 것은 그가 자기 아이들을 위해 두 개의 인형을 고쳐 주었기 때문이다.

　그래서 부숴진 인형을 가진 친구들이 찾아오게 되었다. 그들로부터 소문을 듣고 또 다른 친구들이 찾아오게 되었다. 이윽고 그는 우편으로 주문을 받기 시작했던 것이다.

　이젠 환자를 돌보는 것은 뒷전이고 그는 인형을 고치는 직업에 몰두해야만 했다. 조금 고치는 데는 3달러를

탐욕은 파멸밖에 가져올 것이 없다. 그 탐욕이 당신을 죽이고 말 것이다.

▶ 실천 사항:

받고, 크게 고치는 데는 20달러 정도까지 받기도 했다.

버튼은 자기가 좋아하는 일로써 마침내 성공을 거두었다.

거슬러올라가면 그것은 그가 버지니아에서 교통국에 근무하고 있을 때 이미 꿈꾸고 있던 일이었다. 그리고 그는 꿈을 즐기는 방법도 알고 있었다. 하지만 그는 엠파이어 스테이트 빌딩에 큰 사무소를 차리는 것을 생각하고 있지도 않았거니와, 본업인 의학 박사가 되는 것도 생각지 않고 있다. 그뿐만 아니라 그는 '만일 내가 인형을 훌륭하게 수리하는 기술자가 되었으면' 하고 생각도 하지 않았다.

그 대신 '어떻게 하면 훌륭한 기술자가 될 수 있을까?' 하고 생각했던 것이다. 그리고 그 목표를 달성했을 때, 그는 그 성공을 남김없이 다 즐길 수 있도록 긴장을 풀고 쉴 수 있었던 것이다.

과거 몇 해 동안에 성공한 천 명 가운데, 코네티컷 주 노 비치타운에 살고 있는 바트 워드라는 사람이 있었다. 바트는 경련성 병에 걸려 있었으므로, 팔과 다리가 부자유스러웠다. 그는 자기 꿈을 잘 생각해 보고, 자신은 라디오 수리공이 되었으면 좋겠다는 것을 알았다. 즉, 그는 자신이 바라는 것이 무엇인가를 알았던 것이다. 그는 그것을 종이에 쓸 수는 없었지만, 그것을 마음

버튼은 자기가
좋아하는 일로써
마침내
성공을 거두었다.

▶ 자기 암시:

속에 적어 두었다. 그래서 그는 라디오 수리하는 책을 읽음으로써 어디서부터 손을 대면 좋을까 하는 것을 알았다.

하지만 그는 자기 팔이 부자유스러웠기 때문에, 그가 시키는 대로 일할 수 있는 손 재주 있는 사람을 고용함으로써 그의 아이디어를 가동시켰다.

그는 라디오 수리업을 결코 도중에 단념하지는 않았다. 그리고 그가 그것을 달성한 것을 인정했을 때 그는 탐욕을 부려 체인 가게를 만들려고도 하지 않았다. 오직 그는 그의 꿈, 즉 라디오 수리의 일터를 가짐으로써 만족하고 있었다. 그는 그의 조수로 그의 오른팔이기도 한 유진 레이몬드가 그 손으로 일하고 있는 것과 마찬가지로 자기 머리로 수리하고 있었던 것이다.

그는 자신이
바라는 것이
무엇인가를
알았던 것이다.

▶ 실천 사항:

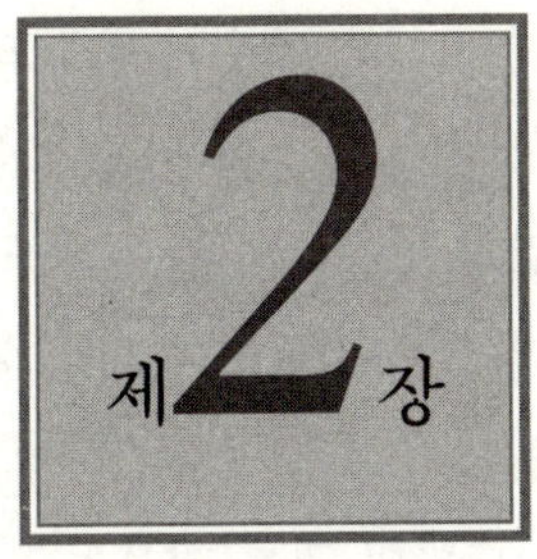

제 2 장

화술로써 상대를 설득시키는 방법

1. 이야기의 목적을 분명히 하라

사람이란 누구나 무슨 일을 하려고 할 때 반드시 목적을 가지고 행동한다. 특히 말을 할 경우도 마찬가지이다. 일상 생활에서의 잡담이나 인사말은 별도로 하고서라도, 상담이나 대화는 모두 분명한 목적을 가지고 있다.

이것은 참으로 당연한 일이다. 그러나 어떤 목적으로

사람이란
누구나 무슨 일을
하려고 할 때
반드시 목적을
가지고 행동한다.

▶ 실천 사항:

말을 하고 있는지 고개를 갸웃거리게 되는 경우가 종종
있다. 대화라는 것은 상대방이 귀를 기울이면서 의식적
으로 말하는 사람의 뜻을 받아들여야만 성립된다. 상대
방이 듣거나 말거나 무턱대고 지껄여 대는 것은 단순한
잡음에 불과하다.

대화는 우선 상대방이 귀를 기울여 듣게 하는 일부터
비롯된다. 그러려면 '무슨 이유로 말해야 하는가?' 하
는 목적을 말하는 사람 스스로 자신이 분명히 파악하고
있어야 한다. 그 목적에 따라 말하는 법과 내용도 자연
히 달라지게 된다. 대체로 여러 사람들 앞에서 말을 하
는 경우, 보통 다음과 같은 목적을 염두에 두어야 한다.

1) 전한다(보고 · 전달)

회사 내의 소식을 알리거나, 필요한 지시 사항을 전
하거나, 또는 명령을 받은 부하 직원이 명령을 받고 행
동한 결과를 윗사람에게 보고할 때에는 그 자체가 목적
을 가진 이야기이다. 분명하고 올바르게 전한다는 것은
말을 하는 데 있어서의 기본 요소이다.

2) 이해시킨다(설명)

어떤 일을 말을 통해 알리려면 먼저 첫단계로 이해를
시켜야 한다. 그러기 위해서 필요한 것이 설명이다.

▶ 자기 암시:

"이 상품의 사용법은 이러이러합니다."

"이 상품의 특징은 바로 이러이러한 점과 이러이러한 점입니다."

라는 분명한 내용이 있어야 한다.

3) 납득시킨다(설득)

단순하게 설명하는 일로 끝나지 않고, 설명을 통하여 상대방에게 어떤 태도나 마음의 태세를 준비시키려면, 설명에서 한 발 더 나아가 '과연 그렇군' 하는 생각을 갖게 해야 한다. 바로 그것이 설득이다. 비즈니스에 있어서 이 설명→설득의 단계는, 명령이니, 세일즈니 하는 경우에서 흔히 볼 수 있다.

4) 이해하고 공감이 가게 한다(알린다)

설명→설득을 해서 이야기의 목적을 달성하려면, 귀로 듣고만 알게 하는 것이 아니라, 머리로 알고 마음으로 느끼게 하여 공감을 갖게 하는 것이다.

5) 고치게 한다(질책 · 충고)

부하 직원이 잘못을 저질렀거나, 복무 규율을 위반했거나, 또는 동료가 도박을 했거나 할 경우에 질책과 충고로 본인의 기분을 돌리게 하는 목적이 있다.

▶ 실천 사항:

6) 인간 관계를 갖게 한다(인사 · 대화)

하루하루의 직장 생활을 보다 즐겁게 해 가는 일이 결국은 회사를 위하는 일이고 본인과 가족을 위한 일이기도 하다. 그러려면 무엇보다 좋은 인간 관계를 맺는 일이 중요하다. 평소의 인사나 대화는 그러기 위해서 필요한 것이다.

이 밖에 상대방의 기분을 즐겁게 하고, 위로를 주며, 흥미를 돋구게 하는 등 이야기의 목적은 헤아릴 수 없이 많다. 그 목적이 상대방에게 제대로 전해지고, 또한 그 효과가 있어야만 비로소 말을 잘 한다고 할 수 있다.

그리고 아무리 상대방이 자기의 말에 귀를 기울여 잘 들었다 해도 역효과가 생긴다면 결과적으로 오히려 말하지 아니함만도 못 하게 된다.

말하기 전에 '무엇 때문에 이 말을 하는 것인가?'를 분명히 의식하는 습관을 평소에 붙여야 한다.

하루하루의
직장 생활을
보다 즐겁게
해 가는 일이
결국은 회사를
위하는 일이고
본인과 가족을 위한
일이기도 하다.

▶ 자기 암시:

2. 말은 적절하면서도
요점과 규칙이 있어야 한다

말을 잘 한다. 이를테면 대화의 효과를 올리기 위한 첫번째 조건은 대화 그 자체의 내용이 충실해야 된다는 데 있다. 다시 말해서, 이야기의 내용이 요점을 충분히 파악하고, 특히 잘 정리되어 있어야 한다는 것이다.

또한 그 내용을 말하는 경우에 있어서도 때로는 거드름을 피우고 말한다든가, 떠벌려서 말한다든가, 암시적으로 말한다든가 하여 이야기의 내용을 이해시키지 못할 때는, 자신의 단점을 고쳐 상대를 납득시키는 연구가 필요하다.

특히 유념해야 할 것은 유효 적절한 말을 택하여 간단히 말하도록 해야 한다.

그렇게 하지 않으면 이야기의 내용이 아무리 소중한 것일지라도 아리송한 이야기가 되어 이야기의 흥미가 반으로 줄어들고 만다.

1) 요점을 파악하라

▶ 실천 사항:

특히 유념해야
할 것은
유효 적절한 말을
택하여
간단히 말하도록
해야 한다.

요점을 파악하는 일을 피추어 업이라고 한다. 피추어 란 초점 또는 포인트라는 뜻으로 쓰인다. 즉, 상대방에 게서 취할 주요한 요점을 말하는 것인데, 무대에서 스 포트라이트를 비추거나 백화점에서 특정 상품을 눈에 띄도록 진열하는 일 등이 바로 피추어 업이다. 말을 할 때 이 피추어가 많아지면, 상대방의 주의가 산만해져 이야기의 효과를 올릴 수 없다. 이 말도 하고 싶고 저 말도 하고 싶다는 식으로 이야기의 재료가 많으면 아무 래도 이야기가 길어지게 되는 법이다.

그러므로 누가, 언제, 어디서, 누구에게, 어떻게, 무 엇 때문에 말하는 것인가를 생각해서 거기에 맞는 화재 만을 택하여 '이 점이 중요하다, 이 점을 꼭 이해시켜 야겠다' 하는 데에 중점을 두고 말해야 한다.

2) 솜씨 있게 정리하라

솜씨 있게 정리하려면 이야기 전체를 순서 있게 짜야 한다. 주제가 아무리 훌륭하고 요점이 잘 간추려진 이 야기라 하더라도, 발표 순서가 뒤죽박죽이라면 무슨 말 을 하는지 듣는 사람은 이해할 수 없게 된다. 무엇보다 도 전체를 순서 있게 짜서 이야기를 간소화하는 일이 중요하다.

또 이야기 전체를 통하여 주제가 일관하여야 하며,

솜씨 있게
정리하려면
이야기 전체를
순서 있게
짜야 한다.

▶ 자기 암시:

일반적으로 서론·본론·결론으로 맺어야 한다. 그러나 때와 상대방에 따라 꼭 그런 순서로 말하지 않고, 먼저 결론을 말하고 난 다음에, 그 이유와 방법을 말하는 편이 효과적인 경우도 있다.

3) 적절한 말을 쓰라

이야기를 언제나 간결하고 알기 쉽게 하려고 스스로는 유의해도 여전히 이야기가 길어져 효과가 오로지 않을 경우가 있다. 그것은 적절한 말을 쓰지 않았기 때문에 생기는 수가 많다.

말이란, 말하는 상대방에 따라 그 때와 장소와 경우에 따라 저절로 달라지게 된다. 특히 우리말은 영어와 달라 한 가지 뜻을 나타내는 데도 여러 가지의 낱말이 있다.

이를테면 '너' 라는 2인칭 단수를 나타내는 데도 '너는' '당신은' '자네는' '댁은' '임자는' 하는 식으로 수많은 낱말이 있다. 그런 여러 가지 말 속에서 그 자리에 가장 적합하다고 생각되는 말을 쓰도록 노력하여야 한다.

말이란,
말하는 상대방에
따라 그 때와
경우가 저절로
달라지게 된다.

▶ 실천 사항:

3. 말하는 데는 규칙이 있다

말을 잘 하는 사람이 말하는 것을 분석해 보면, 대부분 그 사람들에게만 공통된 기교가 있다. 이야기의 내용이나 강조해야 할 점을 충분히 파악하여, 듣고 있는 상대방을 감동을 주고, 공감할 수 있게 납득시키고 있다. 선천적으로 그런 사람들도 말솜씨가 으레 좋게 타고 난 사람은 극히 드물고, 대부분 연습을 게을리하지 않고 수많은 경험 속에서 조리 있는 말솜씨를 익힌 것이다.

그러면 조리 있는 말솜씨의 비결은 무엇이며, 마음가짐은 어떻게 하여야 하는가 살펴보자.

첫째, 나중에도 말하게 되겠지만 말을 하는 데는 일정한 규칙이 있다. 즉, 말의 속도, 목소리의 높고 낮음과 크고 작음 등이 그것이다. 이것은 스스로 의식하지 않아도 효과가 오르게 될 때까지 연습에 연습을 거듭해야 한다.

둘째, 자기 자신은 썩 잘 한다고 생각해도, 듣는 쪽에서는 과연 자신처럼 느끼고 있는지는 알 수 없는 것이

자기 자신에게
말하는 것이
아니라 상대방에게
말하는 것이므로,
듣는 사람이
감동하고
납득하게끔
말을 해야 한다.

▶ 자기 암시 :

다. 그러나 자기 자신에게 말하는 것이 아니라 상대방에게 말하는 것이므로, 듣는 사람이 감동하고 납득하게끔 말을 해야 한다.

셋째, 그러기 위해서는 말 이외의 여러 가지 수단을 사용하는 일도 필요하다. 태도나 동작 및 제스처 등 듣는 사람에게 보일 수 있는 것을 두루 활용한다.

넷째, 다음으로 말을 잘 하기 위한 여러 가지 문제 중 가장 어렵고 가장 중요한 일은, 말하는 데 자신을 갖는 일이다. 듣는 사람이 한 사람이거나, 여러 사람이거나, 흥분하지 않고 자기가 말하고자 하는 점을 상대방에게 충분히 전할 수 있다는 자신감이 있어야 한다. 그 자신감은 말하는 데 있어서의 기본적인 규칙을 잘 지키고 연습하고 경험을 쌓음으로써 우러나오는 것이다.

다섯째, 듣는 사람은 말하는 사람의 첫인상에 따라 크게 좌우된다. 그러므로 이야기를 시작하기 전에 이미 의사 전달이 시작되고 있다고 생각된다. 말하는 사람의 몸차림 · 몸가짐이나 자신 있는 태도 등에 따라 듣는 사람은 상대방을 판단하고 있다. 듣는 사람이 이야기를 듣기 전부터 상대방에게 매혹당하는 인상을 받게끔 하는 일이 중요하다. 그러면 여기서 좀더 구체적으로 살펴보자.

말의 속도는 이야기의 내용에 따라 변화시켜야 한다.

▶ 실천 사항:

1) 말의 속도

말의 빠르기는 빨라도 안 되고 느려도 안 된다. 그렇다고 처음부터 끝까지 같은 빠르기로 말하면 이야기가 단조로워서 매력이 없다. 그러므로 말의 속도는 이야기의 내용에 따라 변화시켜야 한다.

2) 목소리의 높낮이

일반적으로 조용하고 낮은 목소리로 하는 말은 말하는 사람의 자신과 신념이 엿보여 듣는 쪽에서도 믿음직하게 느껴진다. 또 특정한 사항을 강조할 경우에는 특별히 낮은 음성으로 말하는 것이 보통이다. 따라서 연습을 충분히 해두지 않으면, 얼토당토않은 데서 목소리가 높아져 이야기의 흐름을 망치게 되는 수도 있으므로 조심해야 한다.

3) 목소리의 강약

목소리를 크게 내거나 또는 작게 내야 할 경우에도 조심해야 한다. 처음부터 끝까지 덮어놓고 큰 소리로 말하면, 말하는 사람이나 듣는 사람 모두가 귀를 기울이느라고 긴장하므로 역시 지쳐 버린다.

말을 잘 하면 말하는 데 필요한 어휘를 많이 알아야 하고, 그 어휘들 중에서 최소한 올바른 어휘를 골라 구사할 수 있어야 한다.

▶ 자기 암시:

4. 충분히 자기 말을 활용하라

　말을 잘 하면 말하는 데 필요한 어휘를 많이 알아야 하고, 그 어휘들 중에서 최소한 올바른 어휘를 골라 구사할 수 있어야 한다. 들은 풍월로 자기도 잘 모르는 말을 쓴다면, 상대방은 이해하기는커녕 오히려 혼란을 느끼게 될 것이다.

　그런데 무엇보다도 어휘를 풍부히 하는 일은 하루 아침에 이루어지는 것이 아님을 알아야 한다. 태어나면서부터 통용되는 말을 풍부하게 갖기란 그리 쉬운 일이 아니다.

　그러므로 요구되는 사항은, 어휘를 풍부히 하도록 노력함과 함께, 지금 자기가 지니고 있는 말을 유효 적절하게 사용해야 한다는 것이다.

　그러려면 우선 '구체적인 말'을 사용하는 일이 바로 자기가 지닌 말을 활용하게 되는 셈이 된다. 특히 교양 있는 말씨나 전문적인 말을 쓰지 않더라도, 보통 때에 부담없이 쓰고 있는 자기 말로도 충분히 상대방에게 자기의 뜻을 알릴 수 있는 것이다. 공손히 그것을 구체적

어휘를 풍부히 하도록 노력함과 함께, 지금 자기가 지니고 있는 말을 유효 적절하게 사용한다는 것이다.

▶ 실천 사항:

으로 말하기만 하면 되는 것이다. 이를테면,

"당신은 운동을 좋아하십니까?"

"예, 좋아합니다."

"무슨 운동을 좋아하십니까?"

"야구를 가장 좋아하십니다."

"야구를 하기를 좋아합니까? 아니면 보는 것을 좋아하십니까?"

"다 좋아하십니다."

이런 식으로 하는 대화는 분위기를 딱딱하게 만드는 서투른 대화이다.

"당신은 운동을 좋아하십니까?"

"예, 굉장히 좋아합니다. 특히 야구는 보기도 좋아하고 직접 하는 것도 좋아합니다."

"참, 좋은 취미이시군요. 쉬는 날을 유용하게 보낼 수 있어 즐겁겠습니다."

"예, 특히 야구는 건강에도 좋고 팀 워크의 훈련도 되어 퍽 좋다고 생각합니다."

전문 용어나 직업 용어 같은 말은 보통 사람들이 알아듣기 쉬운 말로 고쳐서 사용하는 편이 더 잘 통하게 된다.

이런 식으로 대화가 이루어지면 서로간의 대화에서 받는 느낌이 상당히 달라진다.

비즈니스면에서도 마찬가지이다.

"잠깐 나갔다 오겠어요. 곧 돌아옵니다."

라고 말하기보다는,

▶ 자기 암시:

"잠깐 ××상점까지 갔다 오겠습니다. 한 시간이면 돌아옵니다."
라고 말하면 더 확실해진다. 별로 어려운 말을 쓰지 않더라도 상대방이 잘 알아들을 수 있도록 말할 수 있다. 전문 용어나 직업 용어 같은 말은 보통 사람들이 알아듣기 쉬운 말로 고쳐서 사용하는 편이 더 잘 통하게 된다.

그런데 어휘를 풍부히 하려면 어떤 방법이 있을까 살펴보자.

우선 가장 좋은 것은 독서이다. 평소에 책을 가까이 하면 저절로 언어 감각이 높아진다. 물론 말을 잘 하는 일과 직접적인 관련은 없지만, 어휘를 풍부하게 하는 일은 말을 잘 하게 되는 기본적인 요소이다. 또 일기를 쓴다든가, 편지를 쓴다거나 하는 식으로 글 쓰는 일을 계속하는 일도 효과가 있다. 또 어설프게 아는 말을 사용하기보다는, 분명 자기가 이해할 수 있고, 언제나 익숙하게 쓰던 말을 사용하는 것이 최상의 방법이다.

그 사람의 마음을 움직여야 할 경우이면, 더욱 상대방이 알아들을 수 있는 말을 써야 할 것이다.

▶ 실천 사항:

5. 어려운 말을 쓰지 말라

남과 대화를 나눌 때, 상대방에게 뜻이 통하지 않는, 이를테면 상대방이 알아들을 수 없는 말을 쓰면 안 된다는 것은 누구나 다 아는 사실이다. 그것이 단순히 상대방에게 말을 전달하는 데서 그치는 것이 아니라, 그 사람의 마음을 움직여야 할 경우이면, 더욱 상대방이 알아들을 수 있는 말을 써야 할 것이다.

그런데 자기도 모르게 어려운 말이나, 뜻이 분명치 않은 말을 쓰는 사람이 흔히 있다. 일반적으로 어려운 말을 쓰는 사람은 중년층에 많은 것 같다. 지난 날에 익혔던 한문 지식이 있기 때문에 무의식 중에 튀어나오는 것이겠지만, 일상 생활에서나 직장 생활에서 생각나는 대로 한자 말을 쓴다면 오늘날의 젊은이들에게는 통하지 않는다.

그런데 중년층 사람 중에는 의식적으로 어려운 말을 쓰고 싶어하는 사람도 있다. 그 말이 적당히 쓰인다면 또 몰라도, 유식해 보이려고 쓰는 말이 무식함을 드러내게 되면 난처할 일이다. 듣는 사람은 그 말하는 뜻을

말을 한다는 것은 자기 의사를 상대방에게 전달하는 것이므로, 상대에 따라 쉽게 알아들을 수 있는 말을 쓰는 것이 가장 무난하고 기본적인 일이다.

▶ 자기 암시:

알 수 없을뿐더러,

"그렇게 어려운 말을 과연 쓸 필요가 있을까?"

하고 아니꼽게 생각하게 된다.

말을 한다는 것은 자기 의사를 상대방에게 전달하는 것이므로, 상대에 따라 쉽게 알아들을 수 있는 말을 쓰는 것이 가장 무난하고 기본적인 일이다.

또 말 중에는, 하나의 말이 두 가지나 세 가지 뜻으로 들릴 수 있는 애매한 말이 있다. 다음은 윗사람의 지시로 물건을 사러 나갔던 부하 직원이 회사로 전화를 걸어 왔을 때의 예이다.

"계장님, A사의 제품은 품절입니다. B사의 것은 있는데, 어떻게 할까요?"

"뭐, A사 것이 없다고. 그것 야단났군, B사의 것밖에 없단 말인가?"

"예, 당분간 A사의 제품은 입하될 가능성이 없다고 합니다."

"큰일이군, B사의 것밖에 없단 말이지. 그럼, 됐네."

이럴 경우에 계장이 "그럼, 됐네"라고 한 말은 사지 않아도 된다는 뜻인지, B사의 것이라도 좋으니 사오라는 뜻인지, 부하 직원의 판단으로는 이렇게 들을 수도 있고 저렇게 들을 수도 있다.

또 동음 이의어(同音異義語)라는 것도 있다.

뜻이 확실하지 않으면 이런 실수도 벌어지는 법이다.

▶ 실천 사항:

어느 제품집에서의 일이다. 하루는 재봉사에게 친구가 찾아왔다. 재봉사는 견습공에게 "술을 사와라" 하였더니, 얼마 뒤 그 견습공은 주로 여자의 옷 따위에 색실로 꼬아 만든 술을 사왔다. 그 제품집에서는 마침 그 때 술끈이 달린 여자 옷을 다량으로 만들어 내고 있었다.

그래서 재봉사는,

"아니, 누가 그 술을 사오랬느냐, 마시는 술을 사오랬지."

하며 입맛을 다셨고 한다.

이렇듯 뜻이 확실하지 않으면 이런 실수도 벌어지는 법이다.

6. 쓸데없는 말은 하지 말아라

대화를 할 때 흔히 '아아' 라든가, '에에' 라든가, 또는 '저어' 라든가, '즉'과 같은 쓸데없는 감탄사나 부사·형용사 등의 말을 쓰는 사람이 있다. 이러한 쓸데없는 말은 할 필요가 없다.

어째서 그런 말이 입에서 자기도 모르게 자꾸만 튀어

쓸데없는
말은 할
필요가 없다.

▶ 자기 암시:

나온단 말인가. 물론 그 사람의 말이 서툴고, 성격이 소극적이며, 어휘가 부족하기 때문이겠지만, 일반적으로 보면 다음과 같은 사람에게 그런 버릇이 있는 것 같다.

이를테면 수줍음을 잘 타거나, 남의 흉내를 잘 내거나, 아는 체하거나, 듣는 사람에 대해 신경을 쓰지 않거나, 다른 생각을 하며 말하거나, 당황하기 잘 하는 이런 종류의 사람들이다. 그러므로 쓸데없는 말을 하지 않도록 하기 위해 미리 초고를 준비한다든가, 메모를 보며 말 한다든가, 등 자기에게 맞는 대책을 강구해 둘 필요가 있다.

그렇다면 여기서 흔히 잘 쓰는 불필요한 말을 몇 가지 알아보자.

1) '저어', '음'

얼른 생각하는 말이 나오지 않으면 '저어', '음' 하는 말을 입 밖에 내며 다음 할 말을 머릿속에서 필사적으로 생각하는 사람이 있다.

"저어…… 오늘의 의제는, 음…… 우리 회사의 새로운 제품인, A제품이 저어……."

이런 식으로 말했다가는 듣는 쪽에선 무엇을 말했는지 알 수 없을 뿐만 아니라, '저어', '음' 하는 말이 귀에 거슬리게 된다.

쓸데없는 말을 하지 않도록 하기 위해 미리 초고를 준비한다든가, 메모를 보며 말 한다든가, 등 자기에게 맞는 대책을 강구해 둘 필요가 있다.

▶ 실천 사항:

2) '즉', '말하자면'

'즉', '말하자면', '요컨대', '다시 말해서' 이런 말 등은 무언가 추상적인 말을 한 다음 구체적인 설명을 할 때 쓰이는 편리한 말이다.

그러나 "요컨대 이번의 새 점포 설치는 이른바 라이벌인 B사와 경쟁하여, 즉 판매고의 확장을 도모하고, 말하자면……." 하는 이런 식으로 너무 자주 사용하면 그런 말이 나올 때마다 점점 무슨 말을 하는 것인지 알 수 없게 된다.

3) '그래서', '더구나'

직장에서의 이야기 및 사교적인 이야기에 있어서나, 이제 끝나는가 하면 다시 이야기가 계속되어 듣는 사람이 짜증이 날 때가 있다. "그래서……, 결론으로서 말하면, 더구나……." 이런 식으로 말을 한다면 이야기가 맺고 끊어지는 맛이 없어 듣는 사람은 "도대체 결론이 뭔가?" 하고 외면을 하게 된다.

4) '바야흐로'

"바야흐로 이번에 직장에서 낭비 배격 운동을 실시하게 되어, 바야흐로……" 말끝마다 바야흐로가 튀어나온다면 듣는 쪽은 그야말로 바야흐로 골치가 아프게 될

이야기가 맺고 끊어지는 맛이 없으면 듣는 사람은 "도대체 결론이 뭔가!" 하고 외면을 하게 된다.

▶ 자기 암시:

것이다.

5) '아아, 애애', '애애…… 또'

"이 달은, 아아…… 본사의 방침에 따라 애애……재해 방지의, 애애 또……' 이런 식으로 말끝을 길게 뽑는 사람이 있는데, 이와 같이 수없이 말끝이 늘어지면 이야기가 맥없이 늘어지게 된다. 이 밖에 '마아' 니 '에에 또' 니 하는 말을 붙이는 사람도 있는데, 어딘가 모르게 가벼운 느낌을 주게 된다.

7. 빈정거림 · 욕 · 자기 자랑,
이 세 가지는 당장 버려라

이야기를 할 때 주의할 점은 많지만 특히 유념하여야 할 세 가지 나쁜 버릇을 들어보자.

1) 빈정거림, 독설은 삼가자

빈정거린다는 것은 상대방의 결점과 약점을 슬쩍 돌려 헐뜯는 것이므로 웬만큼 유머가 따르지 않는 한 상

수없이 말끝이 늘어지면 이야기가 맥없이 늘어지게 된다.

▶ 실천 사항:

대방이 불쾌하게 생각하거나 화를 내게 된다. 물론 빈정거린다는 것은 순간적으로 우러나오는 재치 있는 말이므로 부하 직원을 나무라거나 격려하는 데 효과를 올릴 수도 있다. 하지만 진지한 대화나 일반적인 대화에 있어서는 절대로 삼가야 한다.

사람이란 누구나 빈정거리는 말을 듣거나 독설을 들으면, 웬만한 호인이 아니고는 화를 내게 되며, 때로는 강한 적개심까지 품게 된다.

그렇게 되면 그 사람과의 인간 관계는 그것으로 끝장이 나 버리는 것이다. 어떤 경우에라도 자기 입장과 상대방의 입장을 생각하여 충분한 주의를 하여야 한다.

2) 욕은 하지 말자

누구와 이야기를 나눌 때 다른 사람의 욕은 하지 말아야 한다.

"A씨는 늘상 약속을 어기는 게 큰일이야."

"B씨는 게으름뱅이라 회사에서 평판이 나쁜 모양이야."

하는 식으로 제삼자 앞에서 남을 헐뜯는 사람이 있다. 그렇게 하면 듣는 쪽에서는 말하는 사람에게 자기 이외의 사람과 말을 할 때는 자기 욕을 하지 않을까 하는 불신감을 갖게 된다.

부하 직원을 거느리는 사람은 상사 앞에서 부하 직원의 욕을 하거나, 부하 직원 앞에서 다른 부하 직원의 욕을 하는 일은 절대로 삼가야 한다.

▶ 자기 암시:

특히 부하 직원을 거느리는 사람은 상사 앞에서 부하 직원의 욕을 하거나, 부하 직원 앞에서 다른 부하 직원의 욕을 하는 일은 절대로 삼가야 한다. 어느 위치에서 부하 직원을 거느리는 사람은 부하 직원을 통해 일을 하게 되는 것이므로, 그 부하에 대한 언동에 특히 조심하여야 한다.

3) 자기 자랑은 삼가자

흔히 자기 자랑을 늘어놓고 우쭐거리는 사람이 있다. 자기 자랑을 한다는 것은 대부분의 경우 자기를 높이 평가받고자 하거나 으스대 보려는 생각에서 나오는 말이다. 그리고 자부심이 강한 사람도 곧잘 자기 자랑을 하고 싶어한다.

따라서 이는 완전한 자기 주장에서 이루어지는 것이므로 웬만큼 신중을 기하지 않으면 상대방에게 불쾌한 감정을 주게 된다.

더욱더 나쁜 버릇은 자기 자랑을 하며 상대방을 경멸하는 태도로 불손하게 말하는 일이다. 이렇게 되면 불쾌로 끝나는 것이 아니라 상대방이 강한 반발심을 갖게 된다.

대화를 하다보면 자기 자랑이 될 것 같을 때는 이야기를 하기 전이나 말하는 도중에,

▶ 실천 사항:

"내 자랑이 될지도 모르지만……."

하는 말을 전제하든가, 말이 끝난 뒤에,

"결국 자랑을 한 셈이 되고 말았지만……."

하는 식으로 이야기의 끝을 맺어야 할 것이다.

이상의 세 가지 나쁜 버릇 외에도 남의 이야기를 가로채거나 분수도 없이 자기 말만 내세우는 일, 바쁜 사람을 잡고 긴 이야기를 하거나 쓸데없는 말을 늘어놓는 나쁜 버릇이 있다.

이런 나쁜 버릇을 지니고 있으면, 그 사람이 아무리 화술이 능하여도 결과적으로는 상대방을 불쾌하게 하므로, 결코 말을 잘 하는 사람이라고 할 수 없다. 이것은 오히려 말솜씨가 없는 부류에 속하게 된다는 점을 유념하자.

8. 자세와 동작에도 신경을 써야 한다

항상 말하는
사람의 움직임을
듣는 사람은
귀로 들으면서
눈으로
쫓고 있다.

항상 말하는 사람의 움직임을 듣는 사람은 귀로 들으면서 눈으로 쫓고 있다. 말이 시작되기 전부터 그 사람

▶ 자기 암시:

의 겉모습이나 용모 등을 통하여 말하는 사람을 평가하려고 한다. 이 말은 상대방에 대한 커뮤니케이션은 이야기를 시작하기 전부터 이루어지고 있음을 말한다.

더구나 이야기를 하고 있는 동안에도 늘 말하는 사람의 동작에 주의하며, 귀와 눈으로 이야기의 내용을 파악하려고 한다. 따라서 자세와 동작도 이야기의 한 부분인 것이다.

이를테면 천천히 조심성 있게 듣는 사람을 한 사람씩 차례차례로 쳐다보면서 이야기를 하면, 상대방은 '나를 향하고 이야기하고 있구나' 하는 느낌을 가질 것이다. 또 이야기의 중요한 점을 강조할 때 한 발자국 앞으로 나서며 조금 힘 주어 말하면 상대방은 '아하, 바로 이 점이 가장 중요한 대목이구나' 하는 생각을 갖게 될 것이다.

하지만 이와 같은 동작과 제스처도, 상대방에게 강한 인상을 주고 이야기를 알리려는 자연스러운 태도가 아니면 오히려 어색하게 되며, 이야기의 효과를 방해하는 결과가 된다.

그러면 자연스러운 태도를 나타내려면 어떤 점에 주의해야 될까를 살펴보자.

먼저 눈의 초점을 어디에 두느냐 하는 것이 문제가 되는데, 상대방이 한 사람일 경우에는 상대방의 턱 아

이야기를 강조하거나 납득시켜야 할 경우에는 상대방의 눈을 똑바로 보거나 상대방의 눈과 눈 사이를 보는 것이 좋다.

▶ 실천 사항:

래, 즉 남자일 때는 넥타이의 매듭 부분을 보며 말하는 것이 보통이고, 특히 이야기를 강조하거나 납득시켜야 할 경우에는 상대방의 눈을 똑바로 보거나 상대방의 눈과 눈 사이를 보는 것이 좋다.

그리고 듣는 사람이 많은 연설회장에서 할 경우에는, 앞에서 4부 뒤에서 6부 정도 되는 곳에 눈을 두고 가끔 이동시켜 회장 전체에 고루 눈이 가도록 한다. 발의 위치는 두 발을 약간 좌우로 벌리든가, 한쪽 발을 약간 앞으로 내놓고 두 발을 벌리는 듯한 형태가 좋다.

이야기의 내용에 따라서는 손과 몸을 움직이는 수가 있으므로, 언제나 안정된 발의 형태를 취한다. 뿐만 아니라, 보통 허리로부터 아래는 움직이지 않고 안정을 유지해야 한다. 또 흑판에 글씨를 쓰거나 도표를 설명할 때 외에는 몸의 등 면과 옆 면을 상대방에게 보이지 않도록 조심하여야 한다.

가장 유의할 것은, 이야기를 하다 말고 중간에 돌아다니는 것은 듣는 사람의 주의력을 산만하게 하므로 피하여야 하지만, 이야기에 여운을 남길 때는 효과가 있다. 예컨대 테이블이 있을 경우에는 그 테이블 앞에 서는 것이 보통이며, 테이블 좌우로 나가지 않도록 한다.

이처럼 앞에서 예를 들었는데, 자세에 대한 유의점을

이야기의 내용에 따라서는 손과 몸을 움직이는 수가 있으므로, 언제나 안정된 발의 형태를 취한다.

▶ 자기 암시:

잘 기억해 두어야 한다. 특히 이야기를 하고 있는 동안은 상대방을 긴장시키지 않도록 편안한 자세를 취하는 것이 기본이다. 서서 이야기를 할 때는,

"똑바로 서라. 그러나 긴장하지는 말아라. 편한 자세로 서라. 그러나 앞으로 구부리지는 말아라."

하는 말을 곧잘 듣게 된다. 이런 자세에는 특히 일정한 형이 있는 것이 아니므로 이야기하는 사람이 '자기에게 가장 잘 맞는 자세'를 취한다는 것이 중요하다. 그렇게 하면 듣는 쪽도 편한 마음으로 들을 수 있고, 이야기하는 사람 자신의 긴장감을 풀어주는 데도 효과적이다.

다시 말해서 말하는 사람이나 듣는 사람 모두가 부담 없는 편한 태도를 취해야 한다.

9. 자연스런 제스처를 몸에 익혀라

대개 제스처라 하면 손과 몸의 동작을 생각하게 된다. 그러나 가장 어려운 일은 손을 움직이지 않을 때이다. 대부분의 사람들이 이야기를 처음 시작하려고 할

이야기하는 사람이 '자기에게 가장 잘 맞는 자세'를 취한다는 것이 중요하다.

▶ 실천 사항:

때, 즉 제스처를 취하려고 할 때까지 손을 어디에 두어야 좋을지 망설이게 되는 일이 많다.

비교적 앉아 있을 때는 편하지만, 서 있을 때는 자연스럽게 좌우로 늘어뜨리든가, 두 손을 잡고 그대로 늘어뜨리면 된다. 자연스러운 태도가 가장 좋은 것이다. 또 한쪽 손을 가볍게 허리에 대는 것도 자연스럽다. 손을 쓰는 제스처는 일반적으로 다음과 같은 일을 표현하는 데 많이 쓰인다.

1) 물건의 길이나 크기·넓이·높이·형태 등을 나타낼 때.

2) 방향과 원근·위치 등을 나타낼 때.

3) 어떤 움직임을 나타내거나 수를 손가락으로 나타낼 때.

머리의 자세도 중요하므로 살펴보자. 먼저 턱을 너무 내밀거나, 반대로 구태여 턱을 목에 붙이거나 하지 말고 자연스럽게 똑바로 유지하는 것이 좋다.

단, 이야기의 내용에 따라 생각과 의문을 나타내기 위해 머리를 좌우로 갸웃거리거나, 실망과 슬픔을 표현

먼저 턱을 너무 내밀거나, 반대로 구태여 턱을 목에 붙이거나 하지 말고 자연스럽게 똑바로 유지하는 것이 좋다.

▶ 자기 암시:

하기 위해 앞으로 떨구거나, 우쭐할 때는 듣는 사람 쪽으로 머리를 수그리는 것이 보통이다.

상체의 자세도 빼놓을 수 없는데, 긴장하여 굳히지 말고 자연스럽게 편히 갖는 것이 좋다. 물건을 들어 올린다거나, 무거운 물건을 든다거나, 또는 미는 일을 나타낼 때, 상체를 좌우로 굽히거나 앞으로 구부리거나 하여 제스처로 나타내는 수도 있다.

그런데 제스처로 가장 중요한 것은 손과 눈이라고 한다. 특히 '눈은 입과 똑같이 말을 한다'고 지적하는데, 그 사람의 마음 속을 나타내는 것이므로 눈에 따라 이야기가 살아날 수도 있고 죽을 수도 있다. 눈을 쓴 제스처로는 강인함·위엄·놀라움 등을 나타내기 위해 눈을 반짝 뜨거나, 슬픔과 부드러움을 나타내기 위해 반만 뜨는 경우도 있다.

그리고 묵상과 생각을 뜻할 때는 눈을 감는 수도 있다. 그 밖에 눈으로 형태나 방향을 나타내기도 한다.

여기서 입도 제스처의 하나임을 알아야 한다. 쉬지 않고 입을 벌리고 줄곧 지껄여대는 것은 이야기 솜씨가 서투른 것이며, 끊을 곳은 분명 끊어서 말하는 것이 듣는 사람의 이해를 높이는 방법이다.

입의 제스처 중에서 살펴보면, 크게 벌린 입은 놀라움을 나타내고, 반쯤 벌린 입은 부드러움과 온순함과

특히 '눈은 입과 똑같이 말을 한다'고 지적하는데, 그 사람의 마음 속을 나타내는 것이므로 눈에 따라 이야기가 살아날 수도 있고 죽을 수도 있다.

▶ 실천 사항:

간청과 실망과 기쁨 등의 약한 표현이 된다. 또 다문 입은 강인함·위엄·결심·분노 등을 나타내게 된다.

이제 정리를 해 보면, 제스처는 이야기에 활기를 띠게 하고, 정확성을 더 하고, 이야기의 내용을 보다 구체적으로 상대방에게 전달하기 위한 것이므로, 어디까지나 분명하고 자연스럽게 적절히 사용하여야 한다.

이것이 바로 자연스런 제스처의 말없는 화술이라는 것이다.

10. 상대에 맞추어 말을 하라

제아무리 이야기를 잘 하는 사람이 말을 해도, 듣는 사람 쪽에서 이해하지 못하거나 납득하지 못하는 경우가 있다. 그것은 상대방에게 맞는 이야기를 하고 있지 않기 때문이다. 대화는 상대방이 있어야 되는 것이므로 효과적인 대화를 이끌어 나가려면 우선 상대방을 먼저 알아야 한다.

한마디로 상대방을 안다고 해도 사람마다 다 다르므로 그다지 쉬운 일이 아니다. 결혼하여 몇 년을 함께 사

대화는 상대방이 있어야 되는 것이므로 효과적인 대화를 이끌어 나가려면 우선 상대방을 먼저 알아야 한다.

▶ 자기 암시:

는 부부 사이에도 충분히 알 수 없는 일이 있기 마련이니, 처음 만난 사람이나 신입 사원, 다른 부서의 사람들을 안다는 일이 그렇게 쉽지 않다는 것은 너무도 당연하다.

그러나 가능한 한 노력하여 상대방을 알려고 애쓴다면 이야기도 순조롭게 진행될 것이다.

사람은 흔히 겉으로 보아서는 모른다고 하지만, 될 수 있는 한 겉으로 보아도 올바른 판단을 내릴 수 있어야 편리하다. 그것은 사람의 외면, 즉 성별·나이·옷차림·언행 등의 여러 요소로 상대방을 판단하는 방법이다.

이런 방법으로 사람됨을 정확히는 알아낼 수 없지만, 대체적인 판단은 할 수 있는 것이다.

1) 성별에 의한 판단법

남성에게는 남성 특유의, 여성은 여성 특유의 공통된 성격이 있다. 따라서 남성과 여성의 특징을 알아두면 편리하다.

그렇다면 여기서 그 중요한 점을 몇 가지 예로 들어보기로 하자.

먼저 남성의 특징으로서는, 독립심이 왕성하고, 우월 본능이 강할 뿐만 아니라, 인색한 면이 있으면서도 장

사람은 흔히 겉으로 보아서는 모른다고 하지만, 될 수 있는 한 겉으로 보아도 올바른 판단을 내릴 수 있어야 편리하다.

▶ 실천 사항:

소와 때에 따라서는 낭비벽이 심하고, 대담한 면이 있는가 하면 겁이 많은 면도 있다. 또한 명예욕이 몹시 강하고, 결단력이 있으면서도 우유 부단한 점이 있으며, 의협심이 있는가 하면 자기 본위의 행동도 하고, 이성적이면서도 감정의 지배를 받는다는 점 등을 들 수 있다.

다음에 여성의 경우는 자주성이 부족하며, 다른 사람의 언동에 지배되기 쉽고, 감정적이며, 흥분하기 쉽다.

또한 보수적이고 현실적이며, 타산적이고 자기 중심적일 뿐 아니라, 애정이 풍부할 때는 이기주의자가 되기도 하고, 허영심과 질투심이 강하며, 결단력과 용기가 부족하고, 세밀한 일에까지 신경을 쓰며, 끈질기다는 등의 특징이 있다.

2) 나이 차이에 의한 판단법

서른다섯 살 이하의 젊은이는 의기가 왕성하고, 하려는 의욕이 강렬하며, 호기심이 강하고, 향락에 흐르기 쉽다. 그리고 사고 방식이 이론적이지만 비약하기 쉬울 뿐만 아니라, 출세욕이 왕성하고, 요령이 있으며, 도덕 관념이 약하고, 자기 중심적이다.

서른여섯 살부터 마흔다섯 살까지의 중년은 지배욕과 정복욕이 강하고, 사업욕이 왕성하며, 사고 방식에

남성에게는 남성 특유의, 여성은 여성 특유의 공통된 성격이 있다. 따라서 남성과 여성의 특징을 알아두면 편리하다.

▶ 자기 암시:

타산적인 면이 있다.

마흔여섯 살부터 쉰아홉 살까지의 장년은 열 명 중 두 명이 대담하고, 세 명이 중용을 지키며, 나머지 다섯 명은 소심하다. 또 열 명 중 네 명은 대망을 향해 적극적이지만, 나머지 여섯 명은 단념형이다.

예순 살 이상의 노인은 매사에 대한 호기심이 없어지고, 배타적이거나 고독에 잠기기 쉬우며, 물욕이 극히 강하다. 또 쓸데없는 일에 한탄을 잘 하고, 무슨 일에나 참견을 하기 좋아한다.

이상과 같은 점은 보편적인 특징이므로, 맞지 않는 경우도 있겠지만 이를 알고 있으면 편리하다.

11. 얼굴 모습으로도
상대를 판단할 수 있다

대체적으로 보면, 사람의 얼굴이란 나이에 따르는 몸과 마음의 성장, 직업과 생활 환경의 변화, 마음가짐 등에 따라 변하는 것이다. 따라서 상대방의 얼굴 모습에 따라 어떤 성격의 소유자인가를 대강 판단할 수 있다.

상대방의 얼굴 모습에 따라 어떤 성격의 소유자인가를 대강 판단할 수 있다. 하지만 반대로 겉모습과는 전혀 다른 성격의 소유자도 있다.

▶ 실천 사항:

하지만 반대로 겉모습과는 전혀 다른 성격의 소유자도 있다.

그러나 대부분 사람들은 다음과 같은 특징을 지니고 있다.

1) 둥근 얼굴

이러한 얼굴형의 사람들은 대체로 성격이 밝고 사교적인 사람이 많다. 언제나 직장의 분위기를 농담으로 명랑하게 하고, 누구나가 좋아하는 타입이다. 그러나 잊어버리기 잘 하는 성질을 지닌 사람도 있으므로 그 점을 주의하여야 한다.

2) 오동통한 얼굴

한마디로 말해서 외교적인 일에 맞는 성격이 많다. 둥근 얼굴의 사람을 좀더 축소할 것 같은 타입의 사람으로, 말하기 좋아하고 세밀한 일에도 신경을 쓰지만, 자아 의식이 강한 사람이 있으므로 말을 나눌 때는 조심하는 편이 좋다.

3) 계란형의 얼굴

대부분 몸집이 작으므로 힘든 일에는 적합치 않지만, 주어진 일은 열심히 한다. 여성들이 따르는 얼굴로서

오동통한 얼굴은 세밀한 일에도 신경을 쓰지만, 자아 의식이 강한 사람이 있으므로 말을 나눌 때는 조심하는 편이 좋다.

▶ 자기 암시:

갸름한 얼굴이다.

일반적으로 인내력이 강하고 온순한 면도 있어서, 강한 면과 약한 면의 양쪽 성격을 갖추고 있다. 다시 말해서 집념이 강한 편이다.

4) 긴 얼굴

우리가 흔히 '말상' 이라는 형으로 용기가 있는 반면, 신경질적인 점도 있고, 또한 매사에 동요됨이 없는 품격도 있어서 한마디로 말하면 영업 일 같은 외교적인 일에 적합한 사람이다.

5) 네모진 얼굴

이러한 얼굴형은 확고한 타입의 사람이다. 자아 의식이 강할 뿐만 아니라, 사물을 판단하는 데도 극단적이고 독단적인 면이 있다. 그러나 일을 하는 데는 적극적이고, 힘으로 하는 일도 거뜬히 해낸다.

6) 세모진 얼굴

일반적으로 이런 형의 타입은 대개가 완고하고 고집이 세며, 자기 마음에 들지 않으면 여간해서 수긍하려 들지 않는다. 여기에 더 하여 감격하기 잘 하는 성격이므로 감정에 호소해서 어떤 일을 부탁하면 남이 싫어하

세모진 얼굴은 감격하기 잘 하는 성격이므로 감정에 호소해서 어떤 일을 부탁하면 남이 싫어하는 일도 열심히 해 주는 사람이다.

▶ 실천 사항:

는 일도 열심히 해 주는 사람이다.

7) 역세모형의 얼굴

이런 얼굴은 비교적 신경질적이고 사교성이 없다. 겉보기는 온화하게 보이며, 상상력과 추리력도 있고, 또 사람의 얼굴을 그 넓이에 따라 분리해서 성격을 판단할 수도 있다.

8) 넓적한 얼굴

얼굴 면적이 극히 넓고 얼굴의 아랫부분이 불룩한 타입의 사람으로, 이런 얼굴의 사람은 소위 보스 형으로, 다른 사람에 대한 위압력과 영향력이 강하다.

9) 좁은 얼굴

얼굴의 면적이 좁고 턱도 가팔라 갸냘픈 느낌을 주는데, 보스 형처럼 위압감은 없지만, 스스로 높은 신념을 갖고 남에게 지기 싫어하며, 특히 두뇌가 뛰어난 사람이 많다.

10) 중간형의 얼굴

앞에서 말한 계란형의 얼굴과 비슷하며, 너무 조심성이 많아 대담하게 행동하는 일은 없지만, 안전 제일주

사람을 보고 판단하는 경우, 성별·연령·얼굴 모습·옷차림 등으로 판단하는 방법은 어느 정도는 참고가 되지만, 그것만으로는 완전치 못하다.

▶ 자기 암시:

의로 일에 전념하여 다른 사람에게 안심감을 주는 타입
이다.

여기서 우리가 되집어봐야 할 점은, 사람을 보고 판
단하는 경우, 성별·연령·얼굴 모습·옷차림 등으로
판단하는 방법은 어느 정도는 참고가 되지만, 그것만으
로는 완전치 못하다. 특히 우리 나라 사람들은 그 사람
의 겉모습이라든가 첫인상으로 사람을 평가하기 쉽다.
우리 나라의 많은 기업들이 취해 온 학력주의도 어떤
뜻에서 보면 형식적인 외관주의라 할 수 있다. 외관이
라든가, 첫인상이라는 것은 어디까지나 사람을 판단할
때 참고가 될 정도의 것이므로, 그 이외의 여러 가지 요
소를 종합하여 판단하는 일이 중요하다.

결론적으로 말하면, 상대방을 잘 알아야 한다는 것
은, 그에 따라 상대방에게 맞는 이야기를 할 수 있기 때
문이다. 자신은 상대방을 잘 알고 있는 줄 알지만 잘못
알고 있기 때문에 뜻하지 않은 결과가 생기는 경우도
있고, 상대방도 피해를 입는 일이 있다는 것을 확실히
알아야 한다.

외관이라든가,
첫인상이라는 것은
어디까지나
사람을 판단할
때 참고가 될
정도의 것이므로,
그 이외의
여러 가지 요소를
종합하여
판단하는 일이
중요하다.

▶ 실천 사항:

12. 흥분을 가라앉히기 위한 준비 운동

　어느 누구나 어떤 모임의 자리에서나 많은 사람들 앞에 나서서 말을 하게 되면, 어느 정도 흥분하게 된다. 개중에는 어느 주 요일 조회 때 자기가 지명되어 무슨 말을 하게 되었다면, 이삼 일 전부터 걱정이 되어 일도 손에 잡히지 않는다고 하는 사람도 있다. 또 이런 사람은 분위기에 익숙하지 못하면, 여러 사람 앞에 나서기만 해도 머리가 휘황해지고, 다리는 마구 떨리면서 자기가 무슨 말을 하고 있는지조차 모르게 된다.

　이와 같이 사람은 누구나 조금씩 대인 공포증이 있어 흥분하기 마련이다. 비록 일류 아나운서나 사회자일지라도 남 앞에서 말을 할 때 한 번도 흥분해 본 일이 없다는 사람은 아무도 없을 것이다. 만일 전혀 흥분하지 않았다는 사람이 있다면, 상당한 천재이든가, 머리가 약간 이상한 사람일 것이다. 이야기를 할 때 흥분하는 사람은,

　'흥분하는 것은 나쁜만이 아니다. 흥분하는 것이 당연하다.'

▶ 자기 암시:

라고 스스로에게 타이르는 일이 우선 흥분하지 않기 위한 첫 단계의 일이다. 그리고 말하고 있는 동안은,

‘듣는 사람은 똑바로 나를 주목하고 있다.’

‘서투른 말을 여기서 할 수는 없다’

‘말을 잘 해야지.’

하는 생각은 버리고,

‘내가 말하고 있는 만큼이나 청중은 열심히 듣고 있는 것은 아니다. 하고 싶은 말을 적당히 하자.’

이런 배짱을 가지고 말하면 된다. 다만 미리 철저한 준비를 게을리해서는 안 된다.

어떤 운동을 할 때 우리는 반드시 사전에 준비 운동을 한다. 이야기를 할 때도 이와 마찬가지로 여러 가지 준비가 필요하며, 그 중 자기가 가장 적합하다고 생각되는 것을 몇 가지 택하는 것도 흥분하지 않기 위한 기교임을 알아두자. 구체적인 방법으로서는 다음과 같은 것이 있다.

1) 자기 암시를 걸어라

이것은 ‘이렇게 하면 절대로 흥분하지 않는다’ 라는 징크스를 만드는 방법이다. 예를 들면 손바닥에 사람 인(人)자를 써서 마셔 버리는 시늉을 해 본다. 이것은 ‘사람을 마신다’ 라는 의미를 갖는 것이다.

▶ 실천 사항:

듣는 쪽의 사람과 조금이라도 말을 해 두면 이야기를 꺼내기도 쉽고, 자기 자신의 기분도 안정되어 남과 말한다는 기분이 들지 않는다.

또는 사람이 듣고 있다고 생각하지 않고 호박이나 가지 등이 모여 앉았다고 생각하는 방법이다.

2) 듣는 쪽의 사람과 미리 말을 나누어 보라

이 방법은 플레이 커뮤니케이션이라는 것으로, 듣는 쪽의 사람과 조금이라도 말을 해 두면 이야기를 꺼내기도 쉽고, 자기 자신의 기분도 안정되어 남과 말한다는 기분이 들지 않는다.

될 수 있는 한 많은 청중과 미리 말을 나누어 두면 편안한 마음으로 말할 수 있는 것이다.

3) 말할 장소·위치를 봐 두라

할 수 있다면 실제로 그 자리에 서서, 이야기할 장소와 위치를 익혀두면 좋다. 조금이라도 자기 주위의 상황을 알아두면 마음이 든든해지는 것이다. 그리고 이야기를 하게 되었을 때도 몸 전체나 손을 움직이거나, 제스처를 쓰거나, 또는 손에 무엇을 들거나 하여 말할 장소와 몸을 자유로이 쓰는 것도 흥분하지 않기 위한 대책의 하나이다.

▶ 자기 암시:

13. 치밀한 준비에서 성공의 열쇠가 있다

다시 한 번 확실히 밝혀 두지만, 말을 잘 하고 못 하는 데에는 말하는 기술도 중요하다. 그러나 화재의 내용과 결말을 어떻게 짓느냐에 따라 많이 달라진다. 특히, 단시간 내에 말을 할 때 상대방을 설득시키려면, 이 준비가 분명 성공 여부의 열쇠를 쥐고 있다.

준비에는 평상시의 준비와 말하기 직전의 준비의 두 가지가 있다. 평상시의 준비란, 이야기의 재료가 될 것을 보통 때부터 수집하여 정리해 두어야 한다. 이야기의 재료로는 신문이나 잡지, 각 은행이나 각 기업체에서 발행하고 있는 각종 팜플렛 등등 자기 주위에 찾아보면 얼마든지 있다.

이런 재료를 관리자의 화술, 세일즈의 화술, 테이블 스피치, 접객 판매술 등으로 분류하여 정리해 두어야 한다. 말하기 직전의 준비란 말하는 내용이 설명조인가 설득조인가 하는 그 목적이나 말하는 시간에 따라 정리해 두자. 좀더 구체적으로 설명해 보면, 다음과 같은 점에 구체적으로 유의하여 말하면 된다.

짧은 시간에 요령 있게 말해야 할 때에는 쓸데없는 이야기는 백해 무익하다. 불필요한 이야기는 일체 빼버리도록 하여야 한다.

▶ 실천 사항:

1) 쓸데없는 말은 하지 말아라

오랜 시간에 걸쳐 어려운 이야기를 할 때에는 가끔 쓸데없는 이야기도 하는 편이 오히려 효과적인 때가 있다. 하지만 짧은 시간에 요령 있게 말해야 할 때에는 쓸데없는 이야기는 백해 무익하다. 불필요한 이야기는 일체 빼버리도록 하여야 한다.

2) 중점적으로 말하라

말하기 전에 무슨 목적으로 말하는가를 명확히 하고, 불필요한 것은 과단성 있게 잘라 버려라. 목적을 확실히 함으로써 처음부터 중점을 확실히 밝히어 화제의 초점을 좁혀가면 단 시간의 이야기로는 가장 효과적이다.

3) 산은 하나뿐이다

긴 이야기는 산도 있어야 하고 골짜기도 있어야 한다. 그렇지 않으면 이야기가 평탄해지고 마는데, 짧은 시간 안에 능률적으로 말할 때는 산은 하나로 해야 한다. 그러나 아무리 짧은 이야기라 하지만 산이 하나도 없으면 맥빠진 이야기가 될 우려가 있다.

4) 실화나 예를 한 가지쯤 들어 주어라

인상적으로 이야기를 하기 위해, 어떤 실화나 예를

인상적으로 이야기를 하기 위해, 어떤 실화나 예를 한 가지쯤 드는 일도 효과적이다.

▶ 자기 암시:

한 가지쯤 드는 일도 효과적이다. 우리는 흔히 다른 말은 기억에 남지 않더라도 실화나 예로 든 이야기는 잊지 않고 기억되는 수가 있다. 그러므로 특히 조회나 테이블 스피치 같은 데서는 반드시 하나쯤은 말하는 것이 효과적일 수가 있다.

5) 구체적으로 낱낱이 들어 말하라

상징적이거나 추상적인 이야기는 듣는 쪽에서도 이해하기 힘들므로, 자기의 뜻을 알리려고 상징적이거나 추상적인 이야기를 예로 들어 말한다면 점점 알 수 없게 되고, 따라서 이야기도 지리해진다. 처음부터 구체적으로, 때로는 첫째 무엇 무엇, 둘째 무엇 무엇이라는 식으로 낱낱이 들어 말하면, 이야기가 간단해지고 듣는 사람도 알아듣기 쉽다.

14. 단시간의 설명은 '어떻게' 보다 '왜' 라는 형으로 하라

짧은 시간에 바쁜 사람에게 설명할 때는 상대방이 든

짧은 시간에 바쁜 사람에게 설명할 때는 상대방이 듣고자 하는 일이 왜 필요한가! (이유), 한마디로 말해 어떤 것인가! (본질), 그것은 어떤 가치가 있는가! (효과), 이 세 가지를 명확히 표현해야 한다.

▶ 실천 사항:

고자 하는 일이 왜 필요한가?(이유), 한마디로 말해 어떤 것인가?(본질), 그것은 어떤 가치가 있는가?(효과), 이 세 가지를 명확히 표현해야 한다.

보통 어떤 일을 상대방에게 알리기 위해 말하는 방법으로 '어떤 것인가?' '어떻게 뛰어난가?'라는 점을 들어 설명하는 방법과, '왜 그렇게 하는가?' '왜 특출한가?'라는 점을 들어 설명하는 방법이 있다. 전자를 '하우(How)형'이라 부르고 있다. 하우형으로 설명하려면 그것이 어떤 것인가를 구구히 설명해야 하므로 아무래도 이야기가 길어진다.

이에 대하여 와이(Why)형으로 설명하면 능률적이고 특히 효과가 있다. '왜냐' 하는 한마디의 말로 상대방에게 '과연 그렇구나' 하게끔 알릴 수 있기 때문이다.

따라서 단시간에 요령 있게 설명하고, 상대방을 납득시키려면 와이형으로 말하는 편이 낫다. 예컨대 회사 내에서 '목표에 의한 관리'를 하고 싶다든가, '사무의 기계화'를 추진하고, 싶다는 제안을 할 경우, 많은 자료를 꺼내어 사장에게 그것이 어떤 것인가를 길게 설명하면, 바쁜 사장으로서는,

"아아, 그만해 두게, 잘 알았네, 한가할 때 또 천천히 듣기로 하세."

하고 그 자리를 피해 버릴 것이다. 사장이 알고 싶은

단시간에
요령 있게
설명하고,
상대방을
납득시키려면
와이형으로
말하는 편이 낫다.

▶ 자기 암시:

것은 '왜 그것이 필요한가? 한마디로 말해 어떻게 하면 좋은가? 어떤 효과가 있는가?' 등이다.

그리고 세일즈 맨이 신제품을 팔러 갔을 경우에도, 하우(How)형으로 그 제품이 어떻게 뛰어난가를 아무리 설명해도 손님이나 판매점은 쉽게 납득하지 못한다. 그보다도 와이형으로,

"왜 우리 회사에서 이 제품을 새로 만들었는가?"

"왜 이런 제품이 필요한가?"

등을 알리는 편이 손님이나 판매점으로서는 흥미를 가져 솔깃해지는 것이다. 그래서 우선 상대방을 끌어놓은 다음에, 하우를 말하면 된다. 물론 새로운 제품의 경우, 처음부터 와이가 확실할 때도 있다. 그런 때는 다른 면에서 와이를 꺼내는 수단도 생각해야만 한다. 예컨대,

"이 제품이 앞서 나온 제품보다, 원가가 싸게 먹힙니다."

"판매점에서도 이윤을 좀 많이 남기셔야죠."

하는 식으로 상대방을 설득하는 것이다.

그 밖에 단시간에 설명할 때는 절대로 논쟁을 벌이지 않도록 유의하여야 한다. 단시간에 잘 설명하려고 했는데, 어쩌다 논쟁이 벌어져 결과적으로는 납득을 시키기는커녕 설명도 한번 제대로 못 했다는 일이 흔히 있다.

상대방을
납득시키려는
경우에는
적어도 논쟁은
피하여야 한다.

▶ 실천 사항:

그것은 논쟁을 벌여야 될 때와 삼가야 할 때를 분간 못하기 때문이다. 회의 때의 불꽃 튀는 논쟁은 별도로 하고, 이 쪽이 설명을 하여 결과적으로 상대방을 납득시키려는 경우에는 적어도 논쟁은 피하여야 한다.

15. 3분간 말하는 법을 몸에 익혀라

S주식회사에 근무하는 K전무는 보잘것없는 회사를 일류 회사로 성장시킨 수완 있는 중역이다. 회사 안에서는 K전무를 보고 '3분간 중역'이라 부르고 있다. 왜냐 하면 전무 앞에서 보고를 하거나 결재를 받을 때는 특별한 경우를 제외하고는 한 사람 앞에 3분간이라는 제한이 있기 때문이다.

K전무의 비즈니스 면에서의 신조는, 첫째 간부는 어떤 용건이라도 3분간에 완전히 설명할 수 있어야 한다는 것이다. 그리고 자기 자신도 항상 이 신조를 지켜 왔다. 부하에 대한 지시나 명령 및 설명은 간결 명쾌하고, 몇 분간의 설명으로 부하는 충분히 그 일을 이해할 수 있었다. 또 결재도 상대방이 말하는 시간을 포함하여

근대 기업에
필요한 요소는
무엇보다
스피드이다.

▶ 자기 암시:

원칙적으로 5분간이며, 아무리 오래 걸려도 10분 이내에 예스냐 노냐, 아니면 보류냐를 결정짓게 하고 있다. 따라서 상사가 이렇게 하고 있으므로 부하 직원인 간부도 보고만 있을 수는 없다. 제안을 하거나 보고를 해도 항상 정리하여 능률적으로 하게 되었다.

그 결과로 회사 전체에 그런 영향을 미쳐 항상 활기에 차 있을 뿐만 아니라, 일사천리로 일을 해나가는 전통이 생기게 된 것이다. 근대 기업에 필요한 요소는 무엇보다 스피드이다. 정신없이 돌아가는 경제정세 속에서 항상 다른 회사보다 한 걸음 앞서려면 모든 면에 스피드가 요구된다. 1분이 늦은 관계로 동업자에게 거래처를 빼앗기거나 단골처로부터 항의를 받는 시대이다.

그 때까지 해 오던 식대로 오랜 시간에 걸쳐 회의를 열고, 그 결과가 결정된 것인지 안 된 것인지도 잘 모르는 식으로는 안 된다. 명령→지시 전달→실행→연락→보고가 신속히 이루어지는 직장이 아니면 그 회사는 성장은커녕 존속하기도 힘들 것이다.

따라서 앞서 말한 3분간 중역처럼 3분간에 모든 일을 끝낼 수 있는 직장으로 만들지 않으면 안 된다. 회사의 공중 전화로 말을 할 때에는 3분 후면 끊어지고 말게 했다. 3분간이라는 시간은 이야기가 간결하게 정리만 되어 있으면 말을 하기에 충분한 시간이다. 타합·상

3분간에
모든 일을
끝낼 수 있는
직장으로
만들지 않으면
안 된다.

▶ 실천 사항:

담·명령·보고 등 무엇이나 3분간으로 끝낼 수 있게 하여 일의 효율화를 도모하고, 동업자에게 선수를 빼앗기지 않도록 노력하여야 한다.

직장 이외에서도 같은 이야기가 성립될 수 있다. 결혼 피로연 석상에서도,

"한 분이 3분 정도로 부탁드립니다."

하고 사회자가 시간을 제한해 줄 때가 있다. 그런데 자기를 내세울 때는 바로 이 기회라는 듯이 태연하게 10분 이상이나 지껄이는 사람이 있는데, 듣는 쪽은 몹시 지루하다. 이럴 때 자기를 내세우기는커녕 오히려 반발을 초래하는 결과가 된다.

많은 사람이 발언을 하는 장소이거나, 또 행사가 계속될 예정일 때는 말하는 사람은 주어진 시간 안에 반드시 끝내도록 하여야 한다. 그러려면 앞서도 말했듯이 빈틈없는 준비를 하여 말하는 목적에 따라 요령 있게 정리하여 중점적으로 말하는 훈련을 쌓아두어야 함은 물론이다.

행사가 계속될
예정일 때는
말하는 사람은
주어진 시간 안에
반드시
끝내도록
하여야 한다.

▶ 자기 암시:

16. 이야기의 시작과 끝맺음을
분명히 하라

우리가 어떤 작업을 하게 되면, 작업을 시작할 때와 끝낼 때에 상당한 노력을 들인다는 사실이 심리학적으로 증명되고 있다.

이 사실은 이야기를 할 때도 해당된다. 듣는 쪽에서는, 무엇을 먼저 말할 것인가, 어떤 목소리를 낼 것인가 하고 말하는 사람을 주목하게 된다. 연설 중에 "여러분!" 하고 외치는 것도 청중을 집중시키기 위한 한 가지 수단이다. 또 끝맺음도 시작 못지 않게 중요하다.

이야기를 효과적으로 하기 위해서는 시작과 끝맺음을 충분히 연구하지 않으면 시간이 길어져 듣는 사람을 지루하게 하거나, 또 듣는 사람의 수가 많을 때는 떠들썩하게 되거나, 도중에 자리를 뜨는 사람도 나오게 된다는 점을 유념하자.

1) 시작에 대한 연구

"새로 채용한 제안 제도에 대해 요점을 설명하겠습니

이야기를 효과적으로 하기 위해서는 시작과 끝맺음을 충분히 연구하지 않으면 시간이 길어져 듣는 사람을 지루하게 하거나, 또 듣는 사람의 수가 많을 때는 떠들썩하게 되거나, 도중에 자리를 뜨는 사람도 나오게 된다.

▶ 실천 사항:

다."

"이번에 문서의 수신·발신·집배의 수속을 새로이 변경했으므로, 그 요령을 여기서 간단히 설명하겠습니다."

이런 식으로 단시간에 하여야 할 이야기는 단도 직입적으로 내용을 소개한다.

조회나 회의 때는 곧 말을 꺼내지 말고, 우선 전체를 둘러보는 여유를 보인 다음, 말을 시작하는 것이 효과적일 것이다. 듣는 사람이 오늘은 무슨 이야기가 나올까 하고 잠깐 숨을 돌릴 만한 사이를 두는 편이 더 큰 효력이 있다. 익숙하지 않은 사람은 그럴 여유가 없다고 할지 모르나, 그렇다면 그것으로 여유가 있어 보이는 태도를 나타내면 자기 자신도 마음이 가라앉아 말을 잘 하게 된다.

또 이야기를 시작하기 전에 미리 말하는 변명 비슷한 발언은 듣는 쪽의 흥을 깨게 되므로 반드시 피하여야 한다. "결말이 나지 않는 이야기가 될지도 모릅니다만……"이라든가, "생전 처음이라……" 등의 말이다.

2) 끝맺음에 대한 연구

그 어떤 일도 맺고 끊는 맛이 있어야 하겠지만, 이야기 역시 끝맺음이 분명하여야 한다. 결말이 흐릿하게

그 어떤 일도 맺고 끊는 맛이 있어야 하겠지만, 이야기 역시 끝맺음이 분명하여야 한다.

▶ 자기 암시:

되면 모처럼 시작도 잘 하고 내용도 손색 없이 말했다 하더라도, 결론적으로는 성공한 것이 못 된다. 특히 단시간의 이야기는 정해진 시간에 반드시 끝낼 수 있도록 주의한다. 시간이 정해져 있지 않더라도 3분 내지 5분쯤으로 끝마치도록 하여야 한다.

"지금 이야기한 것을 요약하면……."

"중요한 점에 대하여 재확인하고자 합니다……."

이와 같은 형태로 끝을 맺으면 효과적이다. 또 듣는 사람에게 어떤 행동을 요구하거나 협력을 부탁할 때는 주제와 그 내용에 대하여 자기 소망이나 기대를 결부시켜 끝마치면 된다.

"부디 ××운동에 대하여 이 자리에 나오신 여러분의 적극적인 협력을 바라며 끝맺고자 합니다."

"이 운동이 순조롭게 이루어질 수 있도록 개정 규약을 충분히 이해해 주시기 바랍니다."

이와 같은 끝을 맺으면 듣는 쪽도 기분이 가벼워져 반발심 같은 마음은 생기지 않을 것이다.

끝을 맺으면
듣는 쪽도 기분이
가벼워져
반발심 같은
마음은 생기지
않을 것이다.

▶ 실천 사항:

제3장

삶을 조화롭게 관철시키는 방법

1. 남에게 자기 능력을 적당히 알려라

필자는 허풍선이에 대해, 이를테면 그가 매고 있는 넥타이뿐만 아니라 걸음걸이에서부터 말하는 솜씨나 악수하는 방법까지 언제나 요란스런, 그러한 사람들의 편을 들려는 것은 아니다. 그것은 체크 무늬 의상에다, 화려한 넥타이, 다이아몬드가 박힌 넥타이 핀, 게다가 차양이 솟아오른 모자가 대유행이었던 옛날 영화에 나

▶ 실천 사항:

오는 지방 순회 세일즈 맨에게 맡기면 되는 일이다.

하지만 한편에서 필자는 당신이 자기 재능을 너무 숨겨 두는 것에도 찬성할 수 없는 것이다. 왜냐 하면 얼마나 당신이 훌륭한가 하는 것을 다른 사람들이 스스로 알아주면 좋지 않겠느냐 하고 말할 수 있지만, 그것은 상대가 긴 시간을 두고 당신의 재능을 스스로 발견하지 않으면 좀처럼 불가능한 일이기 때문이다. 더욱이 내향적인 사람은 자기 가치를 조심성스럽고 조용한 매너 뒤에 숨겨 두는 일이 많은 것이다.

여기에 특별한 재능을 가진 한 사나이가 있었다. 그러나 그는 너무 조심성스러울 뿐만 아니라, 내향적이며 소심하고, 큰 허풍을 떨지는 못할지언정 아주 적게 자기를 스스로 칭찬하지도 못하는 것이었다. 상사나 고객이나 친구에게 자신의 능력을 알리기 위해서, 적어도 자그마한 목소리는 내어도 좋을 텐데, 조금도 그렇지 못하였다.

그러므로 너무 자기를 내세우지 않는다는 것은 너무 자기 과실를 하는 것과 같을 정도로 삶에 대한 손해인 것이다.

너무 자기를 내세우지 않는다는 것은 너무 자기 과실를 하는 것과 같을 정도로 삶에 대한 손해인 것이다.

▶ 자기 암시:

2. 자기 탄알이 맞을 것을 보라

이 말은 데오도르 루스벨트의 어드바이스이다. 비록 말수는 적지만 정곡을 찌르고 있다. 더욱이 선천적으로 내향적인 사람에게는 안성맞춤의 말이다. 즉,

"성공은 좋은 평판에서 생겨난다."

라고. 그러나 당신이 좋은 평판을 얻고 있더라도 한두 사람의 윗사람을 제외하고는 도대체 어느 누가 그 사실을 알고 있을까?

이제부터는 당신이 얼마나 훌륭한가를 세상이 알아야 하는 것이다. 왜냐 하면 그래야만 비로소 당신은 세상에 다시 태어나 수많은 사람들에게 좋은 평가를 받기 때문이다.

어떤 지식·기술·능력을 갖고 있다는 평판을 얻기 위해 당신은 지금까지 잘 해 왔다. 이번에는 인생의 한 구석에 온순하게 앉아 있는 보잘것없는 내향적인 사람들에게 주의를 끌게 하기 위해서 솜씨 있게 자화 자찬하는 일을 똑같이 잘 해 볼 차례이다.

세상에 당신이 큰 인물이라는 것을 퍼뜨리기 위해서,

당신이 얼마나
훌륭한가를
세상이 알아야
하는 것이다.

▶ 실천 사항:

새삼스레 정치가처럼 큰 북이나 밴드를 동원할 필요는 없을 것이다. 그러나 당신이 여기에 있다는 것을 세상에 알리기 위해서 적어도 피아노나 바이올린쯤은 켜 보아야 한다. 갑자기 소리가 끊어졌을 때 높은 음색을 내는 오케스트라의 플루트 주자같이 해 보아야 한다.

그렇게 하면 모두가 그 소리나는 쪽을 볼 것이다. 그러면 관심과 주목의 대상이 된다. 비로소 자기가 세상에 태어난 것이다.

3. 기록으로 당신을 인정하게 하라

당신은 1년 내내 '나' 라는 말을 쓸 필요는 없다. 당신은 당신의 기록을 자신을 위해 쓸모있게 할 수 있다. 그러나 그러기 위해서는 누군가 그 기록을 꺼내어서 그것에 대해 이야기 한다든가, 그 밖의 방법으로 당신의 능력을 다른 사람에게 나타내는 것이 필요하다.

그럴 경우 '스스로 자기 능력을 말하라' 는 것은 비즈니스계에서도 그렇지만 사교계의 경우에도 훌륭한 어드바이스가 된다. 그런데 당신의 능력을 사람에게 말할

누군가
그 기록을
꺼내어서
그것에 대해
이야기 한다든가,
그 밖의 방법으로
당신의 능력을
다른 사람에게
나타내는 것이
필요하다.

▶ 자기 암시:

때에는 조심스럽게 할 필요는 없다. 당신에게 있는 사실을 확고하게, 또한 솜씨 있고 정직하게 말하라. 그리고 당신의 실력을 기록으로 뒷받침해야 하는 것이다.

그렇다고 해서 어젯밤 노름으로 얼마만큼 땄다든가, 오늘은 얼마나 큰 몫의 주문을 땄는지 모른다든가, 회의에서 당신이 얼마나 인기를 끌었는지 모른다든가 하는 따위를 떠벌리기 위하여, 이 친구에서 저 친구로 긴 이야기를 하며 돌아다니는 일이 있어서는 안 된다. 오히려 극히 일 부분만 이야기하는 것이 성공에 연결되는 것이다. 당신의 자아를 부풀리기 위하여 그야말로 극소수의 맛만 보이듯이 이야기하라. 지나치면 오히려 위험하다.

4. 한 번씩 당신의 나팔을 불어라

빈 술통은 요란한 소리를 낸다. 그러나 그 속에 술이 가득 차 있으면 그것은 참된 소리를 내는 법이다. 그러므로 당신 자신을 능력으로 가득 채우라. 그러고 나서 그것을 소리내어 한 번씩 울리는 것이다. 한구석에 웅

당신에게 있는 사실을 확고하게, 또한 솜씨 있고 정직하게 말하라.

▶ 실천 사항:

크리고 있었던 당신이 변화한 모습으로 사회의 큰 거리에 뛰어나온 것을 그들에게 알리기 위해서는 이따금 나팔을 불어야 한다.

세상 사람들이 모차르트를 싸구려 관에 넣고 매장했을 때, 그는 그다지 세상에 알려져 있지 않았다.

그는 자신의 음악을 소리 높게 알리지 않았던 것이다. 그가 죽은 뒤에 다른 사람이 그를 위하여 그것을 대신 해 주었다. 그리하여 그는 비로소 유명해졌다. 하지만 스스로 그 은혜를 받기에는 너무 늦은감이 있었다.

강아지 꼬리에도 커다란 판매력이 있다. 강아지가 당신에게 팔려고 하는 것을 팔기 위해서는, 강아지는 그 꼬리를 흔들기만 하면 충분하다.

되풀이하여 말하지만, 담배 가게의 간판에 그려져 있는 인디언은 담배를 팔지 않는다. 그러나 그것은 그에게는 인간의 소리, 자기 나팔을 불 능력이 결여되어 있지만, 그 분위기가 능히 나팔을 불고 있는 것이다.

담배를 당신에게 파는 것은 그려진 인디언이 아니라 가게 안에 있는 주인이지만, 광고라는 훌륭한 나팔로 충분히 역할을 다 하고 있는 셈이다.

▶ 자기 암시:

5. 자신의 훌륭함은 알리되,
뒤로 미루어라

첫째로 당신은 훌륭하여야 한다. 다시 말해 세상에 제공할 무엇인가를 갖고 있어야 한다는 것이다. 비록 그것이 사귐성이 있다는 것이라도 좋고, 장미를 잘 가꾼다는 것이라도 좋다. 그리고 그것을 세상에 알려야 한다.

제너는 천연두의 왁친을 갖고 있었다. 소크는 그의 치료법을 갖고 있었다. 하우나 파스퇴르도 제각기 세상에 팔 것을 갖고 있었다. 그 뒤에 두 사람 다 세상이 그것을 안 것을 알았던 것이다. 그들 중 아무도 자기 재능을 감추려고는 생각지 않았던 것이다. 만약 바른 때에 바른 장소에서 조그마한 소리로 외치는 용기만 갖고 있었다면 세상은 좀더 그들에게 보상을 하였을 것이다.

언제나 기적을 울리고만 있는 증기 기관은 이윽고 그다지 주의를 끌지 않게 되지만, 점심 시간을 알리기 위해 하루 한 번 정오에 울리는 경적은 틀림없이 주의를 끈다.

▶ 실천 사항:

첫째로 당신은
훌륭하여야 한다.
다시 말해
세상에 제공할
무엇인가를
갖고 있어야
한다는 것이다.

달라스의 두 은행가, 머천타일 은행의 메이어 로버트 손튼과 리퍼블릭 은행의 플렛 프로렌스는 세계적으로 그 이름이 알려져 있다. 그들은 점잖은 방법으로 솜씨 있게 나팔을 부는 기술을 알고 있었다. 그 때문에 이 분야에서는 그 두 사람은 세계적으로 알려져 있는 것이다.

달라스에는 니만 마카스라는 가게를 경영하여 역시 세계적으로 유명한 스탄레이 마카스와 그 형제인 에란 로렌스도 있다. 달라스의 거리 자체는 어디에서나 흔히 보게 되는 시골 거리와 그다지 다른 데라곤 없다. 그러나 세계는 달라스에 대해 가장 잘 알고 있는 것이다.

엠파이어 스테이트 빌딩도 판매의 역할을 다 하고 있다. 세계의 어디에서부터이건, 편지 겉봉에 '엠파이어 스테이트 빌딩'이라고 쓰기만 하면, 그 편지는 틀림없이 거기에 배달될 것이다. 이와 비슷한 정도로 지명도를 갖고 있는 빌딩이 이 밖에 또 어디에 있겠는가!

마리온 헬드가 맹인을 위하여 뉴욕에 만들어 놓은 '빛의 집'이 세계적으로 유명해진 것은, 33년이나 지난 뒤였다. 그 때까지는 그 집은 별로 사람들에게 알려지지 않고 가려져 있었다. 훗날 미스 헬드가 '빛의 집'을 위해 나팔을 불기 시작했던 것이다. 이 사건은 세계적으로 유명하다.

점심 시간을 알리기 위해 하루 한 번 정오에 울리는 경적은 틀림없이 주의를 끈다.

▶ 자기 암시:

사우스 웨스턴 벨 전화 회사의 사장인 에드윈 M. 클라크는 성공과 인연이 없는 사람은 아니다. 그러나 그것은 그가 1주일에 90시간이나 그 회사에 대한 선전을 하고 다닌 뒤에 겨우 찾아왔던 것이다. 그는 그 성공의 비결을 이렇게 요약하고 있다.

"일을 할 수 있는 새롭고 옳은 방법을 찾도록 하라. 그리고 그것을 세상에 알려라."

6. 잘못은 언제나 자신에게 찾아라

훗날 당신은, 종업원이 늘상 사무상 실수만을 저지르는 것을 호되게 야단쳐 주리라고 생각했을 때는 잠깐 기다려 다시 한 번 생각해 보아야 한다. 어쩌면 잘못되어 있는 것은 그가 아니라, 당신 자신이 아닐까 하고 말이다.

이 현명한 충고를 한 것은 일리노이 주에 있는 캐터필러 트랙터 회사의 진료 소장으로 있는 해럴드 A. 보나한 박사이다.

약 10년 쯤 전에, 보나한 박사는 그 회사의 정신 위생

▶ 실천 사항:

관리의 일을 하고 있었다. 그리고 놀라운 사실을 발견했던 것이다. 그것은 감정상의 질병이나 나쁜 마음가짐은 일반적으로 집무 성과가 나쁘게 나타난다는 것, 또한 대부분의 실패는 다른 사람들과 잘 해나가며, 주어진 사무에 적응할 수 없는 데서 생기고 있다는 것이다.

적절한 사람에게 적절한 일을 주기를 보나한 박사는 강조하고 있다. 누구나 이따금 지금의 자기 입장에 불만을 느끼는 일이 있다고 그는 결론짓고 있다. 그러나 만성적인 불만은 위험 신호이다. 대부분의 큰 회사에서는 지금은 심리학자인 스텝을 갖추어, 환경에 적응하지 못하는 종업원을 찾아내고, 그들의 트러블의 원인을 바로잡기에 노력하고 있다.

성공의 찾고 있는 사람은 이 사실에서 많은 것을 배울 것이다. 왜냐 하면 그것은 행복한 미래에의 길을 가리키고 있기 때문이다.

성공하는 사람은 자기가 좋아하는, 그리고 잘 할 수 있는 일거리를 찾고, 또 그것을 널리 퍼뜨리는 것이다.

특히 내성적인 사람은, 자기의 정신 상태를 잘 음미해 볼 필요가 있다. 패배자의 태도를 취하면 패배를 초래한다. 자신과 결의를 갖고 있는 사람은 그 대신 신뢰를 불러들이게 된다.

끝으로 한마디 하고 싶은 것은, 일하는 데 있어서 개

만성적인
불만은
위험 신호이다.

▶ 자기 암시:

인적인 고민을 갖고 있어서는 안 된다는 것이다. 어떤 사람이라도 한 번에 두 가지 일에 정신을 집중할 수는 없다. 건성으로 일을 해서는 그 일의 성과가 좋지 않을 것은 당연하다.

그러니까 다른 룰을 잘 기억해 두어야 한다. 좋은 일을 하고 사람으로서 아이디어와 꿈과 능력을 갖도록 하라. 그러나 그것을 감추어서는 안 된다. 감추는 대신 자신의 나팔을 힘껏 불어라.

그리고 그 무엇보다 중요한 것은, 나팔을 불기 전에 무언가 잘못이 있으면 언제나 자기 자신에게 그 잘못을 찾아야 한다.

7. 여행의 세 가지 법칙

자신의 집에서는 당신도 별로 내성적인 성격이 아닐 것이다. 내성적인 사람이라도 자신이 내성적이라는 것을 잘 알고 있는 클럽이라든가, 오찬회라든가, 친한 회사에서는 자기의 내성적인 성격을 별로 마음 쓰지 않고 있을 수 있는 법이다. 하지만 일단 많은 사람들의 앞에

일하는 데 있어서 개인적인 고민을 갖고 있어서는 안 된다는 것이다.

▶ 실천 사항:

나가거나, 사업상의 일로 출장을 간다거나, 휴가를 얻어 여행을 떠난다거나 하게 되면, 이 성격이 자신의 즐거움의 크나큰 핸디캡이 되고 마는 것이다.

여기에서 내성적인 사람들을 위해 여행을 잘 하는 몇 가지 기교를 뽑아 보기로 한다.

1) '기브 앤드 테이크'의 방법을 몸에 익혀라

모두 다 동시에 배가 고파질 리가 없으며, 또한 모든 사람이 동시에 쇼핑을 하고 싶고, 피라미드를 구경하고 싶고, 나이트 클럽에 가고 싶을 리가 없다.

그러므로 출장 여행이거나 관광 여행이거나 간에 '기브 앤드 테이크'의 방법을 몸에 익혀야 한다. 그런데,

"난 지금 곧바로 식사를 하고 싶다."

하고 말하는 사람은 여행이 끝날 무렵에는 거의 친구가 없어질 것이다. 그렇다고 절대로 행동을 함께 하려고 하지 않는 내성적 성격의 소유자도 길동무로서는 신통치 않다. 설사 자기가 좋아하지 않는 구경일지라도 참고 함께 가야 한다. 다시 말해 스포츠맨 십을 발휘하는 것이 좋다. 그렇게 하면 당신이 무용을 보고 싶다거나 도서관을 둘러보고 싶다고 할 때에도 상대는 당신의 의견에 양보하여 함께 갈 것이다.

일단 많은 사림들의 앞에 나가거나, 사업상의 일로 출장을 간다거나, 휴가를 얻어 여행을 떠난다거나 하게 되면, 이 성격이 자신의 즐거움의 크나큰 핸디캡이 되고 마는 것이다.

▶ 자기 암시:

2) 대수롭잖은 일로 떠들어대지 말고
혼자 즐기도록 하라

자기 본위의 여행자가 되어서는 안 된다. 대수롭잖은 일을 떠들어대는 사람이 되어서는 안 된다. 길을 나서면 분명히 음식은 자신의 집에서 먹는 것 같은 것이 아닌지도 모른다. 그리고 방 안은 샘플대로 되어 있지 않을지도 모른다. 서비스도 느릿느릿하고 아무렇게나 하는지도 모른다.

그러나 그런 것은 자기 혼자의 가슴 속에 담아 두어야 한다. 그것들은 여행의 즐거움 가운데의 일부이다 정도로 생각해 둘 일이다.

"도무지 이 지방은……."

하는 식으로 말하지 말아야 한다. 그들에게는 그들의 하는 방법대로 내버려 두면 되는 것이다. 그들이 당신의 지방에 왔을 때에는, 이번에는 그들이 참게 되는 것이다.

무슨 일이건 경험으로 이루어진다.

3) 말다툼 따위는 집에 두고 오라

당신의 길동무는 당신의 질병이나 입원 사실, 회사나 가정이나 이웃 사람들의 말다툼 따위를 듣는 것은 지긋지긋한 것이다. 기분좋지 않은 일을 여행에까지 가지고

▶ 실천 사항:

다니는 것이 아니다.

당신의 나쁜 부분은 집이나 회사에 놓고 와야 한다. 여행 가방에 그것을 담아두는 것이 아니다. 다시 말해 마음을 탁 풀어 놓고 여유롭게 지내야 한다.

무엇보다도 상대와 보조를 맞추도록 하라. 상대와 손을 맞잡으라. 일행의 일부가 되어라. 이것이 내성적인 사람, 부끄럼을 잘 타는 사람, 소심한 사람이 여행자로서의 열등감을 극복하는 데 도움이 되는 비결이다.

8. 이름을 기억하는 테크닉

당신은 태어날 때부터 기억력이 나쁜 것은 아니다. 실제로는 당신이 일부러 기억력이 나빠지는 것을 당신 스스로 조장하고 있는 것이다.

이 말이 당신에게는 이상하게 들리는가? 그러나 그렇지는 않을 것이다. 왜냐 하면 기억력이 나쁘다고 여기는 것은, 당신이 이름을 기억하기를 정색을 하고 하려 들지 않는 데서 생기고 있는 것이다. 아니면 당신이 자신 속에 정말로 기억했는가 어떤가에 관심을 갖지 않았

당신의
나쁜 부분은
집이나 회사에
놓고 와야 한다.

▶ 자기 암시:

기 때문에 기억하는 능력을 잃어버린 것이다. 마치 어떤 운동 선수가 근육을 단련하기를 그만두었기 때문에 근육을 쓰는 능력을 잃은 것과 같은 것이다.

필자가 말하는 것을 실증하는 가장 좋은 예는, 어느 내성적인 청년에게 아름다운 금발 머리의 소녀를 소개해 보라. 그로부터 이틀 뒤에 그녀의 이름을 그에게 물어 보라. 그는 또렷하게 그녀의 이름을 기억하고 있을 것이다. 말할 나위도 없이, 그는 그 아름다움에 반해 그것을 기억하려고 생각했기 때문이다.

그러나 대부분의 경우, 그는 다른 것을 기억하려고는 하지 않는다. 그 때문에 그것은 그의 기억 근육에는 거의 인상을 주지 않고, 곧바로 잊어버리고 말게 된다.

대다수의 세일즈맨은 한 걸음 한 걸음씩 순서를 밟아 나가기를 싫어하므로, 상품 설명이나 세일링 포인트를 잊고 만다. 그 결과로써 마음은 흔들리고, 설명은 요령을 알 수 없게 되며, 불완전한 판매 화술을 쓰게 되니까, 불완전한 세일즈밖에 얻지 못하게 되는 것이다.

당신이 만약 정말로 이름을 잘 기억하는 방법을 알고 싶어한다면, 다음 세 가지 포인트를 실행하면 된다.

유명한 기억법의 대가인 보브 낫은 여러 가지 기억법을 말하고 있는데, 이 세 가지를 이름을 기억하는 속성 코스로서 추천하고 있다.

▶ 실천 사항:

기억력이 나쁘다고 여기는 것은, 당신이 이름을 기억하기를 정색을 하고 하려 들지 않는 데서 생기고 있는 것이다.

1) 이름을 들으라!

대부분의 내성적인 사람의 문제점은, 한마디로 그들은 상대의 이름이 화제에 올라도 실제로는 그 이름을 '듣고 있지 않는' 일이다. 다만 건성으로 말을 흘려 듣고 있을 뿐이다.

맨 처음부터 아예 이름을 듣지 않았으니까, 듣지 않은 이름을 어떻게 기억할 수가 있겠는가?

그러므로 똑똑히 이름을 들어 두어야 한다. 만약 못 들었으면 다시 한 번 되물어 상대를 기쁘게 해 주어야 한다. 부끄러움을 무릅쓰고 당신의 껍질 속에서 나와 이렇게 말해야 한다.

"실례지만, 이름을 그만 못 알아 들었습니다."

확실히 이렇게 해서라도 이름을 손에 넣어야 한다. 이것이 이름을 기억하기 위한 제1의 단계이다.

2) 이름을 되풀이하여 기억하라!

일단 이름을 들으면, 이번에는 그 이름을 되풀이하며 외워보라. 그것을 되풀이함으로써 그 이름은 당신의 기억 근육에 인상 지어지게 된다.

내성적인 사람 가운데는, 이 이름을 되풀이하지 않는 사람이 너무 많은 것 같다. 되풀이하는 대신, 그들은 이렇게 말한다.

똑똑히 이름을 들어 두어야 한다. 만약 못 들었으면 다시 한 번 되물어 상대를 기쁘게 해 주어야 한다.

▶ 자기 암시:

"지당한 말씀입니다."

"참으로 좋습니다, 선생님."

그보다도 이렇게 말했어야 하는 것이다.

"지당한 말씀입니다, 피클위스터 씨."

"훌륭하십니다, 헨리치 부인."

이렇게 하여 그 이름은 당신의 머릿속에 새겨지게 된다. 이것이 이름이나 사건이나 장소나 판매 화술을 익히는 제2의 단계이다.

3) 이름에 연관 지어 연상하라!

이름과 결부하여 연상하는, 이를테면 어떤 사물이나 직업 등과 연관을 지어 생각하면, 그것은 당신의 기억 근육에 한층 더 깊이 인상지어지게 된다. 예컨대,

'피클위스터 씨 → 피클 공장에서 피클을 담그는 사람'

'헨리치 부인 → 언제나 아름답게 하고 있는 헨(암닭)'

등이다. 바로 이것이 이름을 잊지 않고 있는 확실한 방법이다. 이것이 이름을 기억해 두는 마지막 스텝이다.

누군가 만나고 그 이름을 기억하고 있지 않으면, 내성적인 사람은 더욱 수줍어하게 되는 법이다. 그는 어

그 이름을 되풀이하며 외워보라. 그것을 되풀이함으로써 그 이름은 당신의 기억 근육에 인상 지어지게 된다.

▶ 실천 사항:

쩔 줄을 모르게 되어, 더욱더 인생의 어두운 한 구석으로 잠기게 되고 만다. 당신도 누군가 만나, 그 사람의 이름을 기억하고 있지 않다면 더욱더 소극적인 인간이 되고 말리라.

그러므로 당신이 만일 수줍음을 극복하고 남과 만나더라도 별로 부끄러워 하지 않는 인물이 되고 싶다 생각한다면, 확실한 효과가 있는 이 세 가지 법칙을 배워야 한다.

9. 언제나 아름다운 말을 가려 하라

흔히 남과 이야기를 할 경우에 일어날 수 있는, 두 가지 큰 잘못이 있다.

1) 때와 장소를 가리지 않고 이야기를 하는 일

2) 케케묵고 쓸데없는 이야기를 하는 일

이러한 것이 바로 그 잘못이다. 이야기를 하는 데는

누군가 만나고
그 이름을
기억하고 있지
않으면, 내성적인
사람은 더욱
수줍어하게
되는 법이다.

▶ 자기 암시:

거기에 걸맞은 예의가 있고, 때와 장소도 생각해야만 한다. 초상집에서 함부로 말을 지껄인다든가, 부인들의 모임에서 경솔하거나 천한 말을 하는 것은 때와 장소를 분간하지 못한 처사인 것이다.

또 한 가지 경고할 일은, 불순한 이야기는 삼가야 한다는 것이다. 이것은 특히 판매 회의 때에 조심해야 한다. 자주 지방으로 출장을 다니는 세일즈 맨의 모임에는, 그런 사람들에게 어울리는 세속적인 이야기를 하여야 한다는 생각을 가진 사람도 있다.

그러나 그 어떤 모임이나 장소에서도 아름다운 이야기를 하여야 한다. 부인이 없는 자리라도, 점잖은 신사들이 앉아 있다는 사실을 잊어서는 안 된다. 불순한 이야기나 불결한 이야기를 하는 사람으로 이름을 팔아서는 안 된다. 상대방을 즐겁게 해 주는 일은 좋은 일이다. 그들을 웃기면서 자리를 즐겁게 하는 일도 좋을 것이다. 그러나 그 이야기는 아름다운 것 이어야 한다.

이야기를 하는 데는 거기에 걸맞은 예의가 있고, 때와 장소도 생각해야만 한다.

▶ 실천 사항:

10. 훌륭한 유머는 훌륭한 친구를 만든다

어느 특정한 개인을 지적하여 그 사람의 이야기를 해서는 안 된다. 또한 누구이든 간에 어떤 한 사람을 내세워 화제로 삼아서는 안 된다. 당신의 이야기를 듣고 그 사람은 웃을지도 모르지만, 결코 마음 속에서 우러나오는 웃음은 아닌 것이다.

우리는 여기서 작크 베니 식의 농담을 말하는 기술을 습득해야 한다. 즉, 당신 자신이 농담의 대상이 되어야 한다. 그러면 동료들도 당신을 따라 웃기는 하지만 결코 당신을 두고 웃지는 않을 것이다.

아내가 남편을 농담의 대상으로 내세우며, 신나게 이야기하는데, 이런 일도 삼가야 한다. 그렇게 하면 동료들의 비난을 살 뿐이다. 소심한 성격을 고치는 데도 그것은 아무런 도움도 안 된다. 남편에 대해 농담을 함으로써 당신의 열등감을 전가할 수는 없는 것이다.

농담을 할 생각이면 당신 자신에 대하여 말해야 한다. 얼음처럼 쌀쌀한 사람도, 적절한 때에 재미있는 농담을 말함으로써 마음이 스르르 녹는 수도 있다. 윌 로

상대방을 즐겁게 해 주는 일은 좋은 일이다. 그들을 웃기면서 자리를 즐겁게 하는 일도 좋을 것이다. 그러나 그 이야기는 아름다운 것이어야 한다.

▶ 자기 암시:

자스는 재치 있는 농담으로 의안 심의 중, 많은 국회의
원의 마음을 사로잡은 사람이다.

필자의 친구 부루스 버튼은, 다만 이야기를 나누는
일로는 친구로 삼기가 힘드나, 웃음을 나누면 마음을
따뜻하게 감싸주어 당신의 이야기를 기꺼이 듣게 된다
고 곧잘 말하곤 했다.

에디슨은 그 자리에 없는 사람에 대한 농담은 절대로
하지 말라는 경고를 늘 말하곤 했다. 왜냐 하면 당신을
돌려 세우고는, 또 내 말도 그렇게 하겠지 하는 생각을
그가 했는지도 모르기 때문이다.

남을 헐뜯는 농담은 하지 말아야 한다. 당신은 이야
기는 잘 할지 모르나, 자기를 위한 좋은 PR맨이 될 수
는 없을 것이다.

왜냐 하면 당신에게는 한 가지 나쁜 버릇이 있기 때
문이다. 또한 남이 하는 농담을 험잡는 버릇이 있기 때
문이다.

만약 당신은 언제나 상대방이 말하는 농담에 꼭 험을
잡지 않고는 그대로 넘기는 일이 없다면, 또한 누가 어
떤 농담을 하기만 하면, 당신은 어김없이 싱글싱글 웃
으며,

"그 농담은 어디서 들은 이야기인데……."
하고 상대방의 이야기에 찬물을 끼얹는 인물이어서

농담을 할
생각이면
당신 자신에 대하여
말해야 한다.

▶ 실천 사항:

는 안 된다.

그렇게 이야기를 가로막지 말고, 상대방이 마음대로 말할 수 있도록 해 줘야 한다. 그리고 상대방에게도, 당신 이야기를 더 듣고 싶어하게끔 이끌어나가야 한다. 재미있는 이야기를 하는 당신의 능력을 지나치게 남용해서는 안 된다.

상대방이 자기 시계를 들여다보고 시계가 자는 것이 아닌가 하고 흔들어 보거나 하면, 당신의 화술이 지나쳤다는 증거인 것이다.

볼테르가 말한 것처럼 '남을 싫증나게 만드는 비결은 끝맺어야 할 때를 모르는 일'이다.

따라서 훌륭한 유머를 때와 장소에 따라 적절히 구사할 줄 아는 사람은 훌륭한 친구를 가질 수 있는 자격을 갖춘 사람이다.

11. 이야기를 끝까지 들어주어라

이야기 잘 하기로 이름난 에드윈은 절대로 상대방의 이야기를 중간에서 가로막지 않는다는 원칙을 언제나

▶ 자기 암시:

굳게 지켜 왔다. 그는 상대방이 이야기를 다 마칠 때까지 끈기 있게 기다렸던 것이다. 상대방의 이야기에 절대로 말참견을 하지 않았고, 상대방이 한 말을 정정하는 일도 절대로 없었다.

흔히 부인들은 남편의 이야기에 쉴새없이 참견을 하여 남편을 도와 주려는 사람이 많다. 이것은 내성적인 사람을 점점 소심하게 만들기 십상인 것이다.

예컨대 한 번 들었던 이야기라도 못 들은 체하고 이야기하도록 내버려 둬야 한다. 이를테면 그 이야기는 전에도 들은 일이 있다는 둥, 그런 농담을 벌써 오래 전부터 알고 있었다는 둥하는 그런 태도는 절대로 보여서는 안 된다.

어디까지나 이야기를 끝까지 하도록 듣고만 있어야 한다. 또한 실컷 웃게 내버려 둬야 한다. 그러면 당신이 이야기를 할 차례가 되었을 때도 역시 같은 대우를 받게 될 것이다. 기침약은 기침을 할 권리가 없는 것처럼, 당신도 자기가 말한 농담에 너무 큰 소리로 웃을 권리는 없는 것이다.

만일 당신이 소심한 사람을 도와줄 생각이 있다면, 그를 소외시키고 웃지 말고 그와 함께 웃어야 한다.

어떤 심리학자가 지적하고 있듯이, 인간이란 남에게 웃음거리가 되기보다도 차라리 뺨을 한 대 맞는 편이

이야기 잘 하기로 이름난 에드윈은 절대로 상대방의 이야기를 중간에서 가로막지 않는다는 원칙을 언제나 굳게 지켜 왔다.

▶ 실천 사항:

더 쉽게 참아 넘길 수 있는 것이다.

소심하고 내성적인 성격을 극복하는 묘약은 재치 있게 농담을 할 수 있는 능력을 갖는 일이다. 이 기술을 습득하면 당신은 소심한 사람이 대담한 사람으로 변신하는 큰 비결을 쉽게 습득할 수 있을 것이다.

내성적인 청년이나, 수줍음을 잘 타는 소녀나, 소심한 사람들을 치료하는 말 중에서 가장 위대한 말이 여기 있다. 그것은 극히 간단한 말이지만, 다른 말보다도 내성적인 사람을 인생의 어두운 구석에서 끌어내는 효과가 있는 말인 것이다. 바로 그것은,

"고맙습니다."

하는 말이다. 왜냐 하면 이 말은 상대방의 마음을 부풀게 하고, 상대방의 기분을 좋게 하여, 양지바른 곳으로 끌어낼 수 있기 때문이다.

또 한 가지 경고가 있다. 그것은 "고맙습니다"라고 말할 때는 마음 속에서 우러나는 말로 하여야 한다. 겉치레로 적당히 해두는 말이면 안 된다. 진심으로 "고맙습니다"라는 말이 나오도록 하여야 한다. 입으로만 지껄여서는 안 된다.

만일 상대방에게 당신이 좋은 인상을 주고 싶다면 "고맙습니다"라는 말을 두 번 되풀이하면 될 것이다.

"고맙습니다, 고맙습니다."

인간이란 남에게 웃음거리가 되기보다도 차라리 뺨을 한 대 맞는 편이 더 쉽게 참아 넘길 수 있는 것이다.

▶ 자기 암시:

이렇게 말해 주는 것만큼 소심한 사람을 기분좋게 해 주는 일은 없는 것이다.

12. 루이스가 만든 신형 쥐덫

19세기에는 개량된 쥐덫을 만들면, 그것이 쉽게 저절로 팔릴 것이라고 사람들은 생각했다. 그리고 이 생각이 맞다고 에머슨을 포함하는 여러 사람이 해온 말이지만, 이것은 가당치도 않은 잘못이다.

필자에게는 크로움제의 신식 쥐덫이 있었는데, 그것은 손을 대지 않고 발로 장치할 수 있게 되어 있다. 그리고 쥐는 잡히지만, 부인의 손가락이 끼는 일은 없다. 모양도 대단히 좋다. 전문 기사가 만든 훌륭한 기계이다. 그러나 그것이 팔리지 않는 것이다. 왜 그럴까? 값이 비싸서일까? 그것도 아니다. 그것은 오랫동안 시판되어 온 보통 쥐덫보다 불과 7센트가 비쌀 뿐이다.

그것이 팔리지 않는 이유는 아무도 그런 쥐덫이 있다는 것을 모르기 때문인 것이다. 그것은 가게 선반 구석에 처박혀 있던 것이다. 나는 우연히 그것을 발견한 것

만일 상대방에게 당신이 좋은 인상을 주고 싶다면 "고맙습니다"라는 말을 두 번 되풀이하면 될 것이다.

▶ 실천 사항:

이다.

여기서 우리는 하나의 교훈을 얻을 수 있다. 즉,

'어두운 구석에 숨어 있어서는 안 된다.'

알프레드 J. 루이스가 얼마나 내성적인 사람이었는지 잘 모르는 일이지만, 그의 주변에 가끔 일어나는 사건과 불운한 일일지라도 소심한 사람을 대담한 사람으로 바꿔놓게 되면 언제나 직업을 가질 수 있는 길이 트이게 된다는 것을 확실히 말하고 있다.

A.루이스는 원래 현대식 가구의 디자이너였다. 제2차 세계 대전이 끝난 뒤, 서해안에서 공부를 하는 동안에 그는 폐결핵에 걸렸다. 이것은 분명히 행복한 일이라고는 할 수 없지만, 그는 어쨌든 이 병 때문에 휴양을 충분히 취할 수 있게 되어 자기가 어렸을 때 낚시질과 조각을 좋아했던 일이 생각났다. 그래서 조각을 시작했는데, 이윽고는 단단한 목재에 조각을 하는 목각 기술을 습득했다.

루이스가 만드는 목각은 돌 위에 놓인 티크제의 물고기로부터, 천장에 매어 달게 된 여러 가지 형태의 물고기 종류에까지 달했다. 그는 또 새·새우, 그 밖의 것도 만들었다. 그 속에는 길이가 3피트도 넘는 다랑어 모양의 큰 샐러드 접시도 있었다.

루이스의 성공 비결은 겉보기처럼 단순한 행운 때문

소심한 사람을 대담한 사람으로 바꿔놓게 되면 언제나 직업을 가질 수 있는 길이 트이게 된다는 것을 확실히 말하고 있다.

▶ 자기 암시:

은 아니다. 병이 루이스를 가구 디자이너의 일에서 손을 떼게 했으므로, 그는 어렸을 때 좋아했던 일로 되돌아간 것이다. 그리고 기쁜 마음으로 일을 하며, 그는 다른 사람에게도 기쁨을 줄 수 있는 재능을 스스로 자기 속에서 발견한 것이다.

"나는 늘상 나무를 만지는 일을 좋아했습니다. 그리고 언제나 나는 물고기를 좋아했습니다."

루이스의 말이다. 이것은, 만약 그 사람이 자기 존재를 알리고 겁먹는 일을 극복한다면, 그 사람의 취미를 살릴 수 있는 직업으로 전환케 할 수 있다는 일을 겸하여 실증하고 있는 것이다.

13. 닫고 사는 사람이 쉽게 연다

'잡상인 출입 금지!'

흔히 대문에 이런 쪽지를 붙이고 있는 사람의 열 명 중 일곱 명은, 모르는 사람과 만나는 것을 극도로 겁내고 있는, 내성적이고도 소심하며 부끄러움을 잘 타는 사람임을 당신은 알고 있는가?

▶ 실천 사항:

그는 어렸을 때 좋아했던 일로 되돌아간 것이다. 그리고 기쁜 마음으로 일을 하며, 그는 다른 사람에게도 기쁨을 줄 수 있는 재능을 스스로 자기 속에서 발견한 것이다.

이 말은 사실이다.

그 좋은 예를, 후버 사의 판매 훈련부 부장이었던 월리 포엘에게서 찾아볼 수 있다. 그는 자기 회사의 전기 청소기를 그들에게 세일즈해 본 결과 이 놀랄 만한 발견을 했던 것이다.

그의 발견에 의하면, 이와 같은 사람들은 세일즈 맨에 대해서 매우 불신감을 품고 있으나, 한번 사귀게 되면 세일즈 맨의 눈앞에서 문을 꽝 닫아 버리는 난폭자의 두 갑절이나 더 세일즈하기 쉽다고 한다. 수줍음을 잘 타는 사람이 남과 만나기를 겁내고는 있지만, 한번 만나게 되기만 하면 세일즈 맨의 친절에 완전히 마음의 긴장을 풀고, 혹은 기분이 좋아져서 그 상품을 곧 사게 된다는 것을 월리는 알았던 것이다.

따라서 당신이 세일즈 맨이라면, 이 '잡상인 출입금지'라는 쪽지를 일부러 찾아다니는 것이 좋을지도 모른다. 그렇다면 무엇이 사람들을 수줍어하게 만드는지 의사인 입장에서 살펴보자. 그 원인을 알게 되면 될수록 치료법도 빨리 발견되는 셈이다. 소아마비의 병원체가 발견되기까지는 그것에 대해서 그야말로 속수무책이었다. 그와 마찬가지로, 수줍음의 정체가 발견되기까지는, 역시 별도리가 없으리라.

그러나 의사들은 우리가 난처한 입장에 빠져 있을

한번 사귀게 되면 세일즈 맨의 눈앞에서 문을 꽝 닫아 버리는 난폭자의 두 갑절이나 더 세일즈하기 쉽다고 한다.

▶ 자기 암시:

때, 우리들의 숨결이 왜 거칠어지느냐에 대해서 확실한 대답을 갖고 있다. 사람과 만나든가, 다수의 앞에서 연설하든가, 많은 미지의 사람 앞에 나가야만 된다는 생각이 우리들의 신경에 영향을 주는 것이다. 신경이 흥분되기 시작하고 심장의 고동을 빠르게 만든다. 신경이 꿈틀꿈틀하고 있기 때문에 호흡이 빨라지면, 체내의 탄산가스가 줄어든다. 의사의 말에 의하면, 탄산가스가 줄면 의학 용어로 '떨고 저려온다' 는 현상이 내성적인 사람에게는 생기게 된다.

그것은 탄산가스의 결핍에서 생기는 것이다.

"저것 봐라, 저 친구의 하지가 덜덜 떨리고 있어."

곧잘 우리는 이렇게 말하는데, 실제로 소심한 사람에게는 이런 현상이 생기는 법이다. 그 까닭은 마음이 육체를 지배하고, 신경이 사고를 지배하고 있기 때문에 일어나는 현상이다.

14. 소심한 것의 의학적 고찰

사람은 왜 신경이 후들후들 떨리는 것일까?

▶ 실천 사항:

존 A. 신드라 박사, 한스 셀리에 박사, 기타 사람들은 말하기를 신경은 어떠한 경우라도 튼튼한 것이라고 지적한다. 신경질인 사람이 신경질인 통신을 보내어도 전선에 아무런 이상이 없는 것과 마찬가지로, 신경에는 아무런 이상도 없는 것이다. 문제는 우리들의 내분비선이다. 그것은 우리들의 감정에 대한 내분비물의 영향인 것이다.

그렇다면 내분비선은 어떤 작용을 하고 있을까? 옛날부터 알려져 있는 뇌하수체를 보기로 들어보자. 이것은 두개골 안에 위치하며, 외계로부터 단단히 보호되고 있다. 그것은 흔히 완두콩에 비유되는데, 크기도 꼭 그것과 똑같을 정도이다. 거기서 각종의 호르몬이 분비되지만, 그 호르몬이 혈액을 통해 운반되고 신체의 각부를 능률 있게 활동토록 하고 있는 것이다. 이를테면 어떤 호르몬은 혈압을 올린다든가, 다른 호르몬은 신장이나 근육 등 신체의 여러 가지 부분에 작용을 미친다든가, 호르몬은 온 신체를 순환하여 유익한 활동을 하고 있는 것 등이다.

이렇듯 뇌하수체는 우리들의 유익한 물질인데, 그것도 무엇인가의 위협이 그것을 위협하지 않는다는 전제 조건 아래에서이다.

무엇인가에 위협되면 뇌하수체는 반항한다. 그것은

신경질인 사람이 신경질인 통신을 보내어도 전선에 아무런 이상이 없는 것과 마찬가지로, 신경에는 아무런 이상도 없는 것이다.

▶ 자기 암시:

바깥 세계의 여러 가지 강한 타격에 견디어 내지만, 사고에 위협되면 큰일이다.

또한 그것은 강철과 같은 성질이지만, 그 강도를 넘게 되면 뇌하수체가 잘 활동치 않게 된다. 그러나 긴장에도 견딜 수 있는 한도가 있다. 그것은 나쁜 생각을 싫어하는 것이다. 나쁜 생각이 들어오면 당신은 혀가 제대로 돌지 않든가, 신경질이 되든가, 다리가 떨리든가, 얼굴에 피가 오르든가 한다.

불유쾌한 생각이 뇌하수체를 습격하면 수체는 어떤 종류의 호르몬을 지나치게 많이 분비하게 된다. 그 결과 당신은 신경질이 되든가, 혈압이 높아지든가, 혹은 기타의 방법으로 적면증이 되든가 하는 것이다.

그뿐만 아니라, 사람과 만나든가, 낯선 사람과 이야기하든가, 많은 사람 앞에 나서든가 하는 일에 대한 공포라고나 할 불유쾌한 느낌은, 당신의 뇌하수체를 위협하고, 당신을 당혹하게 만드는 것이다. 그러므로 불유쾌한 생각은 뇌하수체에서 멀리해야 한다.

의학 서적에는 호르몬에 관하여, 그리고 그것이 당신에게 어떠한 작용을 하느냐에 대하여 많은 이야기가 소개되어 있다.

예를 들어 당신의 신장에 작용하는 이뇨 호르몬을 보기로 들어 보자. 뇌하수체가 너무 위협을 받으면, 수체

불유쾌한 생각이 뇌하수체를 습격하면 수체는 어떤 종류의 호르몬을 지나치게 많이 분비하게 된다.

▶ 실천 사항:

는 이 호르몬을 매우 많이 분비한다. 그 결과 어떠한 일이 일어나는지는 당신도 잘 알고 있으리라.

또 한 가지 중요한 호르몬은 병균에 저항하는 백혈구를 자극하는 호르몬이다. 그러나 이 호르몬은 동시에 '기분이 나쁘다'는 감정을 만들어 내는 STH를 자극할 수도 있다.

사람과 만나든가, 낯선 사람과 이야기하든가, 많은 사람 앞에 나서든가 하는 일에 대한 공포라고나 할 불유쾌한 느낌은, 당신의 뇌하수체를 위협하고, 당신을 당혹하게 만드는 것이다.

▶ 자기 암시:

제4장

자신을 극복할 수 있는 방법

1. 기분은 몸을 좌우한다

오늘날 감정에 의해서 일어난 병에 대해서는 여러 가지 구구한 말이 많다. 그러므로 사람이 소심해지고 겁이 많거나 주저하는 데는 무슨 원인이 있는지 하나 하나씩 되짚어 보자.

정신 의학의 권위자로 유명한 드라 박사는, 옛날의 의사들은 우리 몸 속의 네 가지 체액이 균형을 잃으면

현대의 의사들은, 사람은 그 자신의 사고 속에서 병이 날 수도 있다는 것을 알고 있다.

▶ 실천 사항:

그것이 원인이 되어 신체에 고장이 생긴다고 생각했었다고 말하고 있다. 그래서 그 한 가지 치료법은 환자의 피를 뽑아 주는 일이었다.

그러나 현대의 의사들은, 사람은 그 자신의 사고 속에서 병이 날 수도 있다는 것을 알고 있다. 이런 사고 방식으로 생각한다면 그런 생각에 빠져 있는 당신은 자기가 병이라고 생각할 수도 있는 것이다.

"나로서는 이 수술이 성공하지 않으리라 알고 있습니다."

라는 환자에 대해서는, 수술을 거절하는 병원이 많다. 왜냐 하면 정신은 큰 힘을 지니고 있는 것으로, 만일 당신이 자신이 죽을 것이라고 마음먹고 있다면, 그것이 의사의 수술 결과를 나쁘게 할 수도 있기 때문이다. 그러므로 그들은 그런 일에서는 손을 떼려 하는 셈이다.

어떤 문제에 대하여 우리는 지나치게 생각할 때가 종종 있다. 그리고 우리는 지나치게 지적이 될 때가 있다. 무지한 정신은 병균이라든가, 병이라든가, 인간적인 불화의 원인을 모른다는 일로 병이 날 만큼 골똘히 생각지는 않는다는 것이다.

그러나 지적인 사람은, 병의 원인이 되는 일에 과도하게 신경질적이 되기 때문에 자기가 소심하고 부끄럼 잘 타고 겁쟁이라는 정신병에 걸려 있다고 생각할 수도

지적인 사람은, 병의 원인이 되는 일에 과도하게 신경질적이 되기 때문에 자기가 소심하고 부끄럼 잘 타고 겁쟁이라는 정신병에 걸려 있다고 생각할 수도 있는 것이다.

▶ 자기 암시:

있는 것이다.

잘 알다시피 우리는 우리의 생각에 따라 우리의 감정을 바꾸고 있는 것이다. 당신이 내성적이라고 생각하면 당신은 내성적인 사람이 된다.

당신의 생각이 당신의 감정을 콘트롤할 수 있고, 따라서 생활 자체도 콘트롤할 수 있으며, 이렇게 하여 열등감에서 일어나는 어떤 핸디캡이라도 극복할 수 있게 되어 있다.

아울러 우리의 생각은 우리의 소화액의 흐름도 바꿀 수 있다. 나쁜 감정은 우리의 혈관을 압축하고, 우리의 내분비선에 압박을 가하며 궤양을 일으킨다. 또한 우리가 생각하고 있는 일이 기분 나쁨에 따라 얼굴을 붉히게 할 수도 있다.

2. 감정을 컨트롤하는 법

의사들의 말에 의하면, 우리에게 기분 나쁜 감정을 느끼게 하는 일은, 육체의 변화로 인한 것이라 결론을 짓고 있다. 만일 우리가 뭔가를 두려워하면 곧 우리 몸

우리는 우리의 생각에 따라 우리의 감정을 바꾸고 있는 것이다.

▶ 실천 사항:

의 부신이 활동을 개시한다. 곧 이 부신이 우리의 모든 움직임과 다른 사람과의 관계에 영향을 미치는 것이다.

이것은 신체의 내부에서 이루어지게 되며, 그것이 당신의 감정을 컨트롤하여 소심하고 겁많은 성격으로 빠져들지 않는 방법을 당신에게 나타내는 데 도움이 된다. 현명한 상대방이라면 우리 속에 일어나는 감정을 볼 수 있다. 왜냐 하면 우리의 생각이 우리 육체의 행동을 개시하게 하기 때문이다.

상대방은 그러기에 붉힌 얼굴이나 겁먹은 눈, 떨리는 입술, 신경질적인 행동 등을 본다. 사람들은 우리가 당황하고 있는 것을 본다.

우리의 생각은 우리를 생물학적으로 지배할 수 있는 것이다. 생각 속에는 우리의 약점, 이를테면 사람을 만났을 때의 부끄럼 타는 마음을 얼버무리는 데 사용할 수 있는 것도 있다. 우리는 우리의 생각을 컨트롤하는 방법을 배워야 한다.

그리고 그렇게 함으로써, 가령 우리가 어떤 열등감을 가지고 있건, 그것을 치료할 수 있는 것이다.

만일 당신이 열등감에 사로잡히지 않고 당신의 마음이 시청각의 상실, 그 밖의 무슨 핸디캡에 대하여 그것을 괴로움으로 여기지 않는다면, 당신은 당신 자신과 당신의 감정을 컨트롤하고 남 앞에 나가서도 그다지 주

▶ 자기 암시:

저하지 않는 길을 개척할 수 있을 것이다. 그뿐만 아니라 사람들을 그럴 듯하게 속여넘길 수도 있는 것이다.

오늘날의 일부 의사들은, 우리의 병의 80%는(이것은 상당히 높은 숫자이지만) 우리의 감정에 따라 만들어지는 것이라고 말하고 있다. 우리 속에는 즐거운 생각으로 일어난 즐거운 감정도 있으며, 나쁜 생각으로 일어난 불쾌한 감정도 있다. 우리의 생각이 우리의 담즙이나 간장 및 애정 생활을 컨트롤하는 것이다.

우리의 정신이 어떤 일에 대하여 생각하게 되면, 우리의 신경이 그것을 우리의 내분비선에 전한다. 그러면 우리는 거기에 반응하기 시작한다. 사람 앞에 나섰다는 감정 때문에 겁먹고 주저하는 생각의 탓으로 다리가 떨리기도 하고 등이 가려워지기도 하는 것이다.

우리의 근육은 신경을 통해 머리에서 보내어 온 통신에 의해 긴장한다. 우리의 마음은 '나는 저 상사가 무섭다'라고 말한다.

그러면 신경은 근육에 통신을 보내고, 근육은 그에 따라 반응한다. 이런 일은, 소심한 사람이라는 외관을 극복하려면 우선 머릿속에서 어떤 일을 생각해야 하느냐 하는 일부터 배워야 한다는 것을 나타내고 있다. 현대의 여러 의사의 증언에 따르면, 우리는 담낭의 통증을 느낄 때가 있고 한다. 그러나 아픈 것은 담낭이 아니

우리의 생각이
우리의 담즙이나
간장 및 애정
생활을 컨트롤하는
것이다.

▶ 실천 사항:

라 신경이, 마치 담낭에 병이 생겨 그 같은 통증이 오는 것이라고 생각하도록 반응하고 있을 따름인 것이다.

우리는 머릿속으로 생각하는 일만으로 피부를 가렵게 할 수도 있고, 조금도 주저하지 않는 것처럼 상대방을 속여넘길 수도 있는 것이다.

3. 색깔이 사람에게 주는 영향

소는 일반적으로 알려진 것처럼 빨간색에만 자극되는 것이 아니라, 푸른색이나 흰색에도 같은 반응을 일으킨다. 하여간 빨간색은 소뿐만 아니라, 우리를 흥분케 하는 색이다. 그것은 우리의 감정을 흔들어 놓으며 우리의 마음을 설레게 한다.

그러므로 필자는 이렇게 말하고 싶다.

"내성적인 성격을 치료하는 한 가지 방법은 빨간 넥타이를 매는 일이다."

라고. 이 말은 어리석은 말로 들릴까? 의사들의 말을 빌리면 이 말은 어리석은 말이 아니며, 회색은 우리의 마음을 가라앉히고, 노란색은 우리에게 힘을 북돋아 주

우리는 머릿속으로 생각하는 일만으로 피부를 가렵게 할 수도 있고, 조금도 주저하지 않는 것처럼 상대방을 속여넘길 수도 있는 것이다.

▶ 자기 암시:

며, 검은색은 우리를 침착하게 만든다고 그들은 주장하고 있다.

노란색은 다른 색보다도 오래 눈에 남아 있다. 이것이 노란색은 멀리서도 잘 보이는 이유인 것이다. 택시에 노란색을 많이 칠한 것도 이 때문이다.

실내 장식가들은 하루 종일 아침의 밝음을 유지하기 위해, 태양이 스며들지 않는 노란색으로 칠한 방을 설계하고자 한다.

어떤 심리학자는 전화 박스를 빨갛게 칠해 놓으면 전화를 거는 사람은 마음이 초조해지므로 너무 오랜 시간을 말하는 일은 없어지게 되며, 회사에서도 종업원이 시간 중에 전화를 거는 일로 낭비하는 시간이 적어도 된다는 것을 발견했다.

색이 사람에게 주는 영향이란 참으로 재미있다. 보통 내성적이고 소심한 사람은 검소한 복장을 입는 경향이 많다. 그것은 그 나름대로 좋은 일이지만, 만일 그들이 정신 함양을 원하고 있다면 화려한 모자를 쓴다든가, 모자에 깃털 하나를 꽂는다든가, 또는 빨간 넥타이를 매어 본다든가 하여야 한다.

수수한 색은 마음 편한 색이다. 아무런 마음의 부담도 느끼지 않는 색이다. 그러나 내성적인 사람은 마음 편히 있기만 해선 안 된다. 그들에겐 정신의 함양을 베

노란색은 다른 색보다도 오래 눈에 남아 있다. 이것이 노란색은 멀리서도 잘 보이는 이유인 것이다.

▶ 실천 사항:

풀어 주는 색이 필요한 것이다.

작가 조 부루 부인은,

"만일 당신이 남자에게 결혼을 신청하도록 할 생각이면, 그 분위기에 맞는 색조의 방으로 그를 데리고 가시오."

라고 말하고 있다.

따라서 그녀는(다른 사람도 그렇지만) 색이란 우리의 무드에 우리가 생각하고 있는 것보다 훨씬 많은 영향을 미친다는 사실을 알고 있었던 것이다. 그러므로 만일 당신이, 소심하고 내성적이라 풀이 죽어 있다면 색깔을 교묘히 사용함으로써 당신의 정신을 높일 수 있도록 노력하여야 할 것이다.

이제 당신은 자신을 위하여, 자신에게 맞는 색깔을 취해야 한다. 그리고 흥분하여야 한다. 계속 흥분하여야 한다. 위험 속에서 살아야 한다. 당신의 생각을 컨트롤하고, 당신의 소심함을 알릴 만한 감정적인 핸디캡을 피해야 한다.

그리고 당신 생각을 색깔로 맞추어야 한다. 때에 따라서 빨간 넥타이를 매어 봄도 좋을 것이다.

만일 당신이, 소심하고 내성적이라 풀이 죽어 있다면 색깔을 교묘히 사용함으로써 당신의 정신을 높일 수 있도록 노력하여야 할 것이다.

▶ 자기 암시:

4. 돈보다 상냥함이 앞선다

당신은 지금 성격상 소극적일지도 모르지만, 언젠가 당신은 틀림없이 누군가에 대해 상냥해질 수 있을 것이다. 왜냐 하면 그것은 다른 사람, 특히 아내에게만은 주의를 끌 수 있는 큰 비결이기 때문이다.

여성들이란 만일 남성들이 그녀 자신들에게 친절하면, 그 남성이 아무리 내성적이라도 그런 일에는 관계없이, 또한 자기와 나이 차이가 많은 남성이라도 서슴지 않고 결혼할 것이다. 여자들은 남성들에게서 친절 · 배려 · 이해, 그리고 기지와 유머를 원하고 있는 것이다.

이것이 바로 어떤 여자 영화 배우가 아버지와 같은 남자와 결혼하고도 그 생활이 오래 지속되고 있는 이유이다. 이런 남성들은 고 햄프리 보가드처럼, 자기 아내를 행복하게 해 주는 데 세심한 신경을 써 주고 있는 것이다.

그런데 젊은 사람들은 이런 점을 허술히 보고 있다. 그들은 무례함이나 대담한 배짱 및 명랑성 등으로 부드

여자들은
남성들에게서
친절 · 배려 · 이해,
그리고 기지와
유머를 원하고
있는 것이다.

▶ 실천 사항:

럽고 상냥함을 대신하려고 하지만, 그렇게 해서는 결혼 생활을 오래 계속할 수는 없다. 끈기 있고 배짱 좋은 남자도 그 나름대로 좋긴 하지만, 부드럽고 상냥한 남자는 보다 좋은 것이다.

당신이 내성적인 사람이라면 당신은 한 가지 큰 장점을 갖고 있는 셈이 된다. 내성적인 사람은 대부분 부드러운 사람일 가능성이 많다.

그런데 대부분의 사람들은 부드러운 남자는 좋아하지 않고, 배짱 있고 남자다운 남자를 좋아하긴 하지만, 한편으로는 누구나 부드러운 남자를 환영하기 마련이다. 그러므로 만일 당신이 사람의 마음을 사로잡을 생각이면, 다음 사항에 유의하라고 나는 말하고 싶다.

"상대를 조금만 더 부드럽게 대하라."

히틀러나 무솔리니나 시저처럼 독재자들 역시 다른 사람과는 다를지언정 그들의 여자에게는 부드럽고 상냥한 남자였다. 이것이 조세핀이 왜 나폴레옹의 여인이었나, 왜 헨리 8세가 수많은 아내를 거느리고 있었는가의 이유인 것이다.

이와 같이 거친 정복자들은 나쁜 일을 많이 했지만, 여성에게만은 더없이 부드러운 마음으로 감싸주었으며, 그녀들도 그 마음을 사서 그가 다른 왕국의 정복을 획책한 다음, 밤새도록 마시고 늦게 비틀거리고 들어가

끈기 있고 배짱 좋은 남자도 그 나름대로 좋긴 하지만, 부드럽고 상냥한 남자는 보다 좋은 것이다.

▶ 자기 암시 :

도 그 냄새가 나는 체취를 탓하지 않았던 것이다.

버나드 쇼는 누구를 막론하고 닥치는 대로 해치웠지만, 무엇보다도 무서운 자기 아내에게는 세심한 신경을 썼다.

돈 많은 은행가의 부인이 자기 집의 급사나 운전수와 사고를 일으키는 예가 허다하다. 남편은 주체할 수 없을 만큼 돈을 가지고 있었다.

그러나 가난한 상대방의 남자는 예의 · 배려 · 주의 · 부드러움을 지니고 있었다. 부인은 상대방의 남자를 돈보다도 높이 산 까닭이다.

"남편은 친절 이외의 것은 무엇이나 다 사 주었습니다."
라고 말하는, 이혼한 돈 많은 여자는 이외로 많다.

5. 두뇌가 아닌 마음으로 이야기하라

두뇌로서가 아니라 마음으로 이야기하는 법을 알게 되면, 내성적인 성격도 자기에게 유리하게 이용할 수 있는 법을 알게 될 것이다. 수줍어하고 부드러운 음성

가난한 상대방의
남자는 예의 ·
배려 · 주의 ·
부드러움을
지니고 있었다.

▶ 실천 사항:

을 당신의 이성에서 나온 것이 아니라, 감정에서 나온 것으로 생각게 할 수도 있는 것이다.

"내가 진지하게 말해도 귀를 기울여 주는 사람은 아무도 없었습니다."

라고 내성적인 사람들이 신경질적으로 투덜대지만, 그것은 아마 그들의 목소리가 아무 표정도 없이 단조롭기 때문일 것이다.

높게, 낮게, 부드럽게, 그리고 천천히 말하는 방법을 터득하여야 한다. 당신 목소리가 상대방에게 흥미 있게 느껴지도록 하여야 한다. 무슨 말을 할 때 귀 뒤에 손을 대고 자기 목소리를 들어보도록 한다.

그 목소리가 아무 표정도 없이 울리는가, 아니면 사람의 기분을 흔들어 줄 수 있게 울리는가? 가령, 사소한 말을 할 경우라도 아주 흥미 있고 재미있게 말하도록 유의하여야 한다.

특히 목소리가 힘차야 할 것이다. 더듬더듬하고 힘없는 목소리는 금물이다.

메이 웨스트가 사람을 초대했을 때는 정말 멋진 목소리로 말했었다. 그레타 가르보도 영화계를 매혹한 목소리의 주인공이었다.

1863년 11월, 격전지로 유명한 게티스버그에서 행한 A.링컨의,

수줍어하고 부드러운 음성을 당신의 이성에서 나온 것이 아니라, 감정에서 나온 것으로 생각게 할 수도 있는 것이다.

▶ 자기 암시:

"인민의, 인민에 의한, 인민을 위한 정부는 지상에서 소멸되어서는 안 된다."

라는 유명한 연설이 있다. 링컨은 이것을 머리로 말한 것이 아니라 마음으로 말한 것이다. 그 때문에 이 말이 오늘날까지도 살아 남아 있는 것이다. 링컨은 내성적인 소심한 사람이었다. 소년 시절에는 지나칠 만큼 내성적이었다.

"아니, 그게 정말입니까?"

하는 말도 탐색하는 투에서 질문하는 투, 입 속에서 투덜대는 투, 비꼬아 말하는 투에 이르기까지 여러 가지 투로 말할 수 있는 것이다.

올바른 투의 목소리로 말할 것이다. 다음 사항을 잘 알아두면 쓰일 데가 을 것이다.

첫째, 당신이 어떻게 말하느냐에 모든 것은 달려 있다.

담배 가게 간판 노릇을 하고 있는 인디언은 절대로 담배로 팔지 않는다. 왜냐 하면 그의 미소는 페인트로 그려진 것이고, 그에게는 사람의 목소리를 낼 수 없기 때문이다. 그가 할 수 있는 일이란, 당신을 가게로 끌어들이는 일뿐이다. 그 곳에는 밝고 젊은 주인의 목소리가 기다리고 있다.

"이 담배가 훨씬 더 향긋합니다."

목소리가 힘차야 할 것이다. 더듬더듬하고 힘없는 목소리는 금물이다.

▶ 실천 사항:

라고 말하며, 5센트의 담배 대신 25센트의 비싼 담배를 파는 것이다.

그러므로 당신이 하는 말을 어떻게 할 것이냐에 신경을 써야 할 것이다. 이것이 바로 겁먹은 목소리를 극복하는 건전한 방법인 것이다.

프랭클린 루스벨트 대통령은 목소리의 억양의 가치를 잘 알고 있었다. 혹은 높게 혹은 낮게 그는 이야기했다. 어떤 구절, 어떤 말을 몇 번이고 반복했다. 그가 이야기하는 '친애하는 여러분'이란 말은 전화를 통해 언제나 다정히 들렸던 것이다.

하지만 기억해 주기 바란다. 그도 일찍이 그 핸디캡 때문에 소심한 사람이었던 것이다. 그러나 그는 그것을 극복하고 온 나라의, 아니 온 세계의 주목을 받았던 것이다.

6. 없어도 마음마저 가난해선 안 된다

《오클라호마》《80일간의 세계 일주》와 같은 베스트셀러로 유명한 작가인 마이크 토트는 파산자의 대표적

당신이 하는 말을 어떻게 할 것이냐에 신경을 써야 할 것이다. 이것이 바로 겁먹은 목소리를 극복하는 건전한 방법인 것이다.

▶ 자기 암시:

인 경우이기도 하다.

그는 30살까지는 신동이었는데, 30살 이후는 파산자였다. 너무 자주 파산을 했기 때문에 헤아릴 수조차 없을 정도였던 것이다.

그러나 제작비가 5백만 달러나 든 그의 마지막 영화를 자기 힘으로 조달하는 능력도 가지고 있었다.

그럼 파산의 명수가 하는 말을 들어 보기로 하자. 그는 이렇게 말하고 있다.

"가난하다는 것은 마음가짐의 문제이다. 한푼도 없다는 것은 지갑 속의 일시적인 상태에 불과하다."

필자는 그가 한 말이 마음에 든다. 왜냐 하면 만일 당신이 이 상위점을 이해한다면, 돈을 가지고 있지 않다 해서 언제까지 겁을 먹고 있는 일은 없을 것이기 때문이다. 무일푼이란 것은 무서워하거나, 고민하거나, 그로 인해 속병을 일으키거나, 수줍음 같은 욕구 불만에 빠지거나 하지 않으면 안 될 일은 절대로 없는 것이다.

가난한 젊은이들의 대부분은, 자기에게 돈이 없다는 것을 지나치게 의식한 나머지, 항상 남의 뒷전에 가 앉거나 병적인 공포감을 갖거나 하게 된다. 이런 사람은 가난하다는 것이 죄요, 범죄라고 믿기 때문에, 열등감을 갖도록 되어 있는 것이다.

당신은 가난한 집에 태어났을지도 모른다. 당신의 가

▶ 실천 사항:

만일 당신이
이 상위점을
이해한다면,
돈을 가지고 있지
않다 해서
언제까지
겁을 먹고 있는
일은 없을
것이기 때문이다.

족은 돈을 갖고 있지 않다. 그러나 그것은 당신이 나쁘기 때문은 아니다.

당신은 부자 친구들만 못 하다고 해서 겁먹은 태도를 가질 필요는 없다. 가난하다는 것은 마음의 상태이다.

예컨대 은행 예금이 없다는 것은 친구가 없는 것과 마찬가지이다. 이것은 불명예이다. 부자 친구들이 무시하는 것도 당연하다고 자기 자신에게 강조하고 있는 것이다.

그러나 그런 법은 없다. 왜냐 하면 많은 가난한 사람들이 벼락 부자가 되는 일은 얼마든지 있는 것이다. 예를 들어 헨리 포드가 그러했고, 츄잉검으로 히트한 리그레도 한 집 한 집 비누를 팔고 돌아다닌 일도 있었다. 혹은 뱅크 오브 아메리카의 전 은행장이었던 기아니니는, 일찍이 차를 끌며 야채를 팔고 있었지 않았는가!

그들은 모두 태어났을 때는 가난했다. 때로는 파산한 일도 있다. 그러나 그들은 결코 그것에 지지 않았다. 반대도 가난하게 태어났다는 것이 그들에게 성공의 사닥다리를 타고 올라가게 하여 돈을 벌고 싶다는 충동과 의사와 욕망을 심어주었던 셈이다.

캔디왕 하사는 부잣집에 태어난 것은 아니었다. 그는 초콜렛을 차에 싣고 이 공장 저 공장 팔고 돌아다니는 일부터 시작했던 것이다. 제네럴 일렉트릭 사의 찰스

당신은 가난한 집에 태어났을지도 모른다. 당신의 가족은 돈을 갖고 있지 않다. 그러나 그것은 당신이 나쁘기 때문은 아니다.

▶ 자기 암시:

E. 윌슨은 주급 4달러로 노동을 한 일도 있었지만, 기회가 왔을 때 누구 못지않게 붙잡아 마침내 큰 부자가 된 사실도 기억하자.

7. 주눅이 들지 않는 방법

"모르는 사람을 만날 때는 정말 죽을 맛이다."
라는 말은, 수줍고 부끄럼 잘 타는 소녀가 친구들에게 가만히 털어놓는 이야기일 수가 있다.

주눅이 들기 때문에 고통스럽다는 세일즈 맨도 많다. 회사 안에서는 마구 버티는 사장이라도, 오찬회 같은 때 뭔가 한마디 해야만 할 때면 죽는 것 같은 느낌이 드는 사람들도 많다.

언젠가 유명한 축구 코치인 프랭크 리히가 코치를 진작 그만두지 않으면 명대로 못 살겠다는 강박감 때문에 은퇴하고 말았다는 이야기를 필자는 들은 적이 있다.

클리브란드 인디언스의 감독이었던 알 로프스는, 자신이 궤양을 앓고 있다는 생각 때문에 야구 시즌에도 충분한 식사를 할 수 없었던 일이 종종 있었다. 이것은

가난하게 태어났다는 것이 그들에게 성공의 사닥다리를 타고 올라가게 하여 돈을 벌고 싶다는 충동과 의사와 욕망을 심어주었던 셈이다.

▶ 실천 사항:

모두가 조심성으로 인한 신경 과민 때문이었던 것이다.

주눅은, 활동적이고 대담하며, 배짱이 두둑한 사람에게는 일어나지 않는다. 그것은 자기가 들어앉아 있는 방 안에서 나오지 않으면 안 될 것 같은 파국에 직면했을 때 죽을 것만 같은 생각을 하는, 수줍고 소심한 사람이 갖는 법인 것이다.

그러나 여기서 몇 가지 원칙을 사용함으로써 우리는 누구나 주눅을 극복할 수 있는 것이다.

그 원칙이란 이런 것이다.

1) 주눅이 들었다는 것을 솔직히 인정하라

당신은 사람을 만났을 때, 또는 뭔가를 이야기하기 위해 일어섰을 때나 연설을 할 때에는 어느 정도 흥분하게 되어 있는 것이다. 가슴이 두근두근하는 것은, 당신에게 있어서는 아주 자연스러운 일이다. 당신을 신경 과민으로 만드는 것은, 당신이 이걸 어쩌나 하고 두려워하고 있기 때문이다. 누구든 사람을 만날 때 조금은 신경질이 된다는 것을 알고 있으면, 그걸 조마조마하게 생각하는 일은 없어질 것이다.

2) 연설을 할 경우 지나칠 정도로 준비를 해 두라

당신이 정말 땀을 흘리며 당당하게 되는 것은, 당신

▶ 자기 암시 :

이 그것에 대해 전혀 알지 못하는 문제에 직면했을 때이다. 그러므로 그 치료법은, 청중들보다 그 문제에 대해 더 알고 있을 것이다. 나는 잘 알고 있다고 생각하면, 그것이 당신의 기분을 편하게 하고, 당신의 정신을 드높이게 된다.

3) 공포심을 갖지 말고 청중을 상대하라

준비 없이 돌연 지명을 받아 이야기를 할 때에는 너무 겁낼 것은 없다. 또한 없는 법이다. 적당히 아는 대로 자신 있는 듯이 웃고 일어나 말하고, 구구한 변명 같은 것을 하지 말고 자리에 앉아야 한다.

4) 청중을 속이거나 속 보이는 허풍을 떨어서는 안 된다

너무 아는 체하는 것은 안 된다. 준비가 부족하다고 솔직히 말하는 편이 낫다. 겸손하고 수줍은 사람을 청중들은 결코 나쁘게는 생각지 않는다.

▶ 실천 사항:

8. 주눅을 어떻게 극복할 수 있을까?

매인 주 에지컴의 드로시 워싱턴 부인은 살기가 매우 어려워 직업을 구하고 있었다. 그녀는 남을 대하기를 쑥스러워 하는 성질이어서 좀처럼 일자리를 구할 수가 없었다.

세상에서는 전형적인 수줍쟁이는 흔히 나무를 깎기도 하고 연필로 낙서를 하는 것으로 생각하고 있다. 이것이 워싱턴 부인에게 어떤 아이디어를 주었다. 그녀는 나무깎이를 하기 시작했던 것이다.

그녀는 세일즈 맨으로서 사람을 만나는 데 그 수줍음을 이용했다. 그리고 자기가 만든 나무 조각을 통해 친구를 만들어 갔다.

그녀는 말할 능력이 부족한 것을 이용해서 세상에 나온 것이다. 누구나 다 아시다시피 열린 마음은 당신의 성공의 문짝도 열어 주게 되는 것이다.

2년 전에 위스콘신 주의 리처드 아드먼과 마리 마드먼은 어떻게 해서든지 은행에 예금을 하려고 결심했다. 그들은 세일즈 맨에게 흔히 볼 수 있는 사교성 같은 특

너무 아는 체하는 것은 안 된다. 준비가 부족하다고 솔직히 말하는 편이 낫다. 겸손하고 수줍은 사람을 청중들은 결코 나쁘게 생각지 않는다.

▶ 자기 암시:

성을 가지고 있지 못했다. 그래서 그들은 옷을 고쳐 만드는 일을 시작하기로 했다.

그들은 통신 판매로 이 일을 하고 있는 사람이 없다는 것을 알고 있었다. 통신 판매라면 말을 잘 할 필요는 없다. 먼저 좋은 편지를 쓰고 다음에 좋은 기술자면 되었다. 지금은 그들은 이 옷 고치는 일을 큰 사업으로 키워냈다. 그들의 성공의 비결에 대해서 사람은 이렇게 말하고 있다.

"만일 어떤 의복이 고쳐 만들 가치가 없는 것이라면, 우리는 솔직히 그렇게 말합니다. 손님들은 그것으로 도리어 우리들을 신용해 줍니다."

이야기를 하거나 모르는 사람을 만나거나 하는 능력이 없는 대신에, 그들은 정직이란 것을 사용했던 것이다. 그들은 패배를 승리로 돌렸다. 그들은 그들의 약점인 주눅을 이용해서 그것을 유리한 장사로 돌렸던 것이다. 창조적인 정신은 훌륭한 근육이라든가, 청중을 매혹하는 능력보다도 훨씬 가치 있는 것이다.

이러한 사람들에게 성공이 찾아오게 되는 것은 결코 우연이 아니다. 그들은 어떤 기회에 우연히 성공을 손에 넣은 것이다. 그들은 그렇게 되도록 스스로가 노력했던 것이다.

열린 마음은 당신의 성공의 문짝도 열어 주게 되는 것이다.

▶ 실천 사항:

9. 일거리를 발견하는 법

미주리 주 센트루이스의 던 사크는 우수한 학생이기는 했으나, 수줍음을 잘 타는 사람이었다. 그러나 그는 어떤 야심(너무 많은 사람을 만날 필요가 없는 번역 서비스 일을 시작하고 싶다는 욕망)을 가지고 있었다.

그가 시 상공회의소에서 조사해 본 결과 안 것은, 이 일에는 거의 경쟁자가 없다는 것이었다. 그로부터 그는 좋은 번역사를 고용해서 일을 시작했는데, 그 중에는 혼자서 다섯 나라 말을 다룰 수 있는 사람도 있었다. 그는 현재로서는 25명의 번역사를 데리고 있다. 아직 21세의 젊은 나이인데도 말이다. 그가 다른 사람과 접촉하는 것은, 겨우 전화하러 나왔을 때뿐이다.

그는 히죽이 웃으며 이렇게 덧붙였다.

"이 전화가 여러 대가 되는 것도 그리 오래 된 것은 아닙니다."

그는 사람을 방문하는 재능은 갖고 있지 않았지만, 타고난 수줍음을 돈이 열리는 나무로 바꾸었던 것이다.

≪세일즈로 돈을 버는 법≫이라는 베스트 셀러를 쓴

어떤 기회에 우연히 성공을 손에 넣은 것이다. 그들은 그렇게 되도록 스스로가 노력했던 것이다.

▶ 자기 암시:

빈센트 F. 실리먼은, 수줍은 사람이 성공하기 위한 몇 개의 규칙을 말하고 있다.

"첫째는 결심이다. 당신은 당신 자신이 무엇을 얻고 싶다고 생각하고 있는지를 알지 않으면 안 된다."

"남의 뒤에 붙어다니는 것으로 만족하는 사람이 아니고, 남의 지도자가 되어 있는 사람을 연구해 볼 일이다."

"실패를 두려워해서는 안 된다. 실패에 대해서 생각하는 것을 그만두고 당신이 달성하려고 하는 것에 대해 생각하는 습관을 기르라."

"인간을 연구하라. 그리고 그들이 느끼고, 생각하고 하는 것을 그만두고, 당신이 달성하려고 하는 것에 대해 생각하는 습관을 길러라."

"인간을 연구하라. 그리고 그들이 느끼고 생각하고 하는 것을 알아차리는 것을 배워라."

"남과 원만하게 지내는 방법과 즉시 그들의 신뢰를 얻는 방법을 배워라."

"당신이 말하는 것은 무엇이든 귀를 기울일 가치가 있도록 하기 위해, 남과 만날 경우든, 전화로 말할 경우든, 남과 이야기하는 기술을 몸에 지니고 있으라."

"상대가 한 사람인 경우이든, 여러 사람인 경우이든, 사람을 다루는 비결을 알라."

▶ 실천 사항:

"실패를 두려워해서는 안 된다. 실패에 대해서 생각하는 것을 그만두고 당신이 달성하려고 하는 것에 대해 생각하는 습관을 기르라."

"될 수 있는 한 많은 성공에 관한 책을 읽어라. 열심히 일하라. 성실하라. 열의를 가져라."

그리고 실리먼 씨에 의하면, 당신이 이렇게 말한 것을 전부 실행하고, 자신은 성공한다는 확신을 갖고 있으면, 결코 실패하는 일은 없다고 한다.

아마 그는 이것을 직접 실행했을 것이다. 왜냐 하면 이 방식이 그를 연간 수입 수십만 달러의 소득자로 만들었으니까.

10. 먼저 남을 좋아하라

살아 있는 사람에게 공동 묘지의 땅을 파는 일보다 힘든 일을 나는 생각할 수 없다. 기운이 좋을 때에는 사람은 죽음에 대해서는 생각지 않는 법이다. 공동 묘지의 땅을 산다는 생각 따위는 마음 한 구석에 존재하지 않을 것이다.

그러나 베티 버너는 그것을 팔고 있다.

"이것은 가장 저항이 많은 상품입니다."

하고 그녀는 말하고 있는데, 그래도 그녀는 인간에

▶ 자기 암시:

대해서 많은 것을 알고 있는 일과 교제 솜씨가 있는 것으로 해서 그것을 사도록 사람들에게 납득시키고 있다.

그녀가 공동 묘지를 팔기 시작한 것은 워싱턴의 포트 링컨 공동 묘지가 시초였었으나, 지금에는 캘리포니아의 잉글우드 공원 공동 묘지 근처에 옮겨 그 곳 땅을 팔고 있다.

사람과 사귈 때 여성들이 나타내는 기가 죽는 일을 극복하는 비결은, 그녀 자신의 솔직한 말을 빌리면 이렇다.

"사람들에게 나를 좋아지도록 하고 싶으며, 무엇보다 우선 자기 스스로 그 사람들을 좋아하지 않으면 안 됩니다."

11. 당신도 자동차와 같다

자동차를 달리게 하려면 가솔린보다도 공기보다도 더 필요한 것이있다. 거기에는 이 양자를 잘 섞는 카뷰레터가 필요하다.

당신도 자동차와 같다. 당신은 머리와 마음과 입을

기운이 좋을 때에는 사람은 죽음에 대해서는 생각지 않는 법이다.

▶ 실천 사항:

갖고 있다. 당신은 이 원칙을 적용하여 그것을 잘 뒤섞는 좋은 믹서가 되어야 한다. 좋은 믹서가 되라는 것은 다음과 같은 뜻이다.

교제 솜씨가 있는 사람이 되어라. 이것은 내성적인 사람이 그 내향적 기질을 극복하고, 그리고 부끄러움을 잘 타는 사람이 대담하게 되기 위한 근사한 룰이기도 하다.

사람의 마음과 접함으로써, 또 상대의 머리 위에서가 아니라, 상대의 레벨에 맞추어 이야기함으로써 잘 뒤섞는 방법을 배워라. 사람이 무엇에 관심을 갖고 있느냐를 찾아내어라. 그리고 스스로 잘 뒤섞는 것이다.

배우인 라이프 에리크슨은,

"그것이 내가 하고 싶었던 것입니다."

라고 말함으로써, 얼마나 적극성이 없는 생각을 극복하고 성공할 수 있는 사람이 될 수 있느냐를 말하고 있다. 무언가가 되려고 생각하고 사는 것이다. 그러면 그대로 될 것이다.

당신 주위를 돌아보아라. 당신은 무엇이 되려고 생각하는가? 당신은 무엇에 흥미를 느끼고 있는가? 회계 주임, 톱 세일즈 맨, 세일즈 매니저, 의사, 치과 의사 따위의 직업인가?

그렇다면 당신이 바라는 것을 쫓는 것이다. 끙끙 앓

교제 솜씨가 있는 사람이 되어라. 이것은 내성적인 사람이 그 내향적 기질을 극복하고, 그리고 부끄러움을 잘 타는 사람이 대담하게 되기 위한 근사한 룰이기도 하다.

▶ 자기 암시:

아서는 안 된다. 왜냐 하면 고민은 불행을 초래하고 불행한 사람은 너무 내성적일 때가 많은 법이기 때문이다.

"당신의 건강과 은행 예금에 있어 고민하는 일만큼 나쁜 것은 없다."

라고 한 것은, 62세이면서도 아직 성대하게 토건업을 경영하고 있는 오하이오 주의 H.W. 포크너의 말이다. 그는 고민이란, 흰개미보다도 파괴적인 것임을 알고 있었던 것이다. 인생에 있어서의 당신의 장소는, 당신 주위의 어딘가에 있을 것이다. 그것을 주시하라.

12. 육체적 불행을 극복하려면

크레이 메릴은 시애틀에 있는 빌딩을 대여하는 회사의 톱 세일즈 맨인 동시에 낚싯군이기도 하다. 양쪽 다 끈기를 필요로 하는 일이다. 그러나 이 활동적인 세일즈 맨인 낚시꾼은 어렸을 때 심한 언어 장애에 걸려 학교에서는 곧잘 기가 죽는 고뇌를 맛보지 않을 수 없었다.

무언가가 되려고 생각하고 사는 것이다. 그러면 그대로 될 것이다.

▶ 실천 사항:

"선생님은 나를 멍청이라고 여기고 있었던 것 같았습니다."

하고 그는 다른 아동과 교제하고 싶어하지 않았고, 그다지 이야기하고 싶어하지 않는 소극적인 점에 대해서 이렇게 말하고 있다.

그러나 마침내 그의 언어 장애를 고치는 것을 도와주는 사람을 발견했던 것이다.

"나는 말을 잘 할 수 있는 연습을 열심히 했습니다."라고 그는 말하고 있다.

"나는 누구한테서나 두 번 다시 내가 말하는 것을 듣고 웃음을 당하는 일이 없도록 하려고 결심했던 것입니다."

그는 언제나 높은 소리를 내어 책을 읽었다. 긴 시도 암기했다. 지금에는 그는 위대한 성공자로서 다음과 같이 어드바이스하고 있다.

"말을 잘 하는 능력은 어떤 직업에 있어서나 중요한 일입니다. 더구나 그것은 배울 수 있는 것입니다."

"나는 열심히
말을 잘 할 수
있는 연습을
했습니다."

▶ 자기 암시:

13. 자기에게 자신을 가져라

누군가 당신에게, 내향성을 극복하는 가장 손쉬운, 그리고 가장 철저한 방법은 더 많은 자신을 갖는 일이라고 말했더라도, 그 사람은 결코 당신을 놀리고 있는 것은 아니다.

자신은 내향성을 물리친다. 자기가 말하는 테마에 대해서 잘 알고 있는 강연자는, 자기가 그것을 알고 있다는 것을 확신하고 있으므로, 확고한 모습으로 고개를 똑바로 치켜들고 연단에 오른다. 그리고 힘찬 소리로 많은 사람들에게 이야기한다. 그의 자신이 본인에게 그와 같은 당당한 태도로 그에게 취하게 한 것이다.

한편 철저하게 사물을 규명하는 능력이 없고, 충분한 준비를 하지 않든가, 적당히 얼버무리든가, 문제 · 취미, 또는 일에 깊이 파고들지 않은 사람은, 자기에게 전혀 자신이 없다. 그러므로 그것이 걸음걸이에도 자연히 나타난다.

내향적인 사람은 보통 사람처럼 걸을 수 없는 법이다. 내향적인 사람은 어딘지 주저하듯이 걷는다. 발 밑

"말을 잘 하는 능력은 어떤 직업에 있어서나 중요한 일입니다. 더구나 그것은 배울 수 있는 것입니다."

▶ 실천 사항:

이 보도라든가, 바닥이 믿음직스럽지 않다는 느낌이다. 그것은 마치 엷은 얼음 위를 걷고 있는 꼴이다. 이러한 일은 모두 자신의 결여에서 일어나는 것이다.

14. 자신을 갖는 몇 가지 방법

그럼 이제부터 신문 기자로서, 그리고 그 뒤에는 세일즈 맨의 훈련 담당자로서 내향적인, 그리고 적극적이 아닌 생각을 극복한 사람들로부터 파악할 수 있었던 몇 가지 아이디어·방법·방책·방식, 옛날부터 사용되어 온 룰을 살펴본다.

1) 겉모양만 차리는 것과 자신을 혼돈해서는 안 된다

별로 잘 알고 있지도 않은 주제에 돌진하는, 황소같이 괜히 중뿔나는 사람이 흔히 있는 법이다. 자기가 약하다는 것을 알고 있는 병사는 처음에는 무턱대고 돌진하는 법이다. 그러나 그러한 인간이 멋있어 보이는 것도 겨우 한 순간뿐이다. 당신이 그것에 알맞은 능력을 갖고 있다면 외양을 꾸미는 것도 좋은 일이지만. 인형

확고한 보조로 고개를 똑바로 치켜들고 연단에 오른다. 그리고 힘찬 소리로 이야기한다. 그의 자신이 그에게 그와 같은 당당한 태도로 그에게 취하게 한 것이다.

▶ 자기 암시:

은 누군가 그것을 망가뜨리고 속에는 톱밥이 차 있을 뿐이라고 알게 될 때까지만 보기 좋은 것이다.

자신이란, 자기 속에는 톱밥 이상의 것이 차 있다고 하는, 당신의 내심의 확신이다. 자신은 돈으로 살 수는 없다. 그것은 자기 힘으로 얻어야 하는 것이다. 당신은 우선 훌륭해져서 자기가 훌륭해졌다는 것을 알아야 한다. 그러고 나서 비로소 자동적으로 보기 좋은 모습이 되는 것이다.

2) 당신은 그것을 알고 있고, 결코 허둥지둥하는 일이 없는 것을 알라

자신을 얻기 위해서는 우선 자기는 훌륭하다는 것을 알아야 한다. 당신은 훌륭해져야 한다. 당신은 외양만 꾸미는 것만으로 남을 속일 수는 없는 것이다. 뱀장어를 굽는 냄새는 장어구이를 팔게 하지만 사람이 그것을 사는 목적은 장어구이 자체에 있는 것이다. 그러므로 당신의 장어구이를 맛있는 것으로 해야 한다. 그 뒤에 그 냄새를 얼마나 매력적인 것으로 하느냐를 연구하는 것이다.

그 뒤에 만약 사람들이 당신의 장어구이를 즐기는 그 것을 당신에게 말하고, 당신이 그들이 정말로 그렇게 말하고 있다는 것을 알게 되면 당신도 좋은 기분이 될

▶ 실천 사항:

자신이란,
자기 속에는
톱밥 이상의 것이
차 있다고 하는,
당신의 내심의
확신이다.

것이다. 당신은 자기가 훌륭하다는 것을 알게 되는 것이다. 그럼 당신은 사람과 만나 그들과 대화를 나누는 일에 이제 아무런 두려움이나 기가 죽는 일은 없을 것이다.

내향성은 충분한 준비를 하고 있지 않은 데서 생기는 일이 많다. 내향적인 사람은 대개 자신이 결여되어 있는 사람이다. 소심한 자는 세상에 제공할 아무것도 갖고 있지 않고, 게다가 갖고 있지 않다는 것을 알고 있는 사람이다.

3) 당신 일의 안쪽이나 바깥쪽도 알라

당신이 그것을 알면 알수록 당신은 내향적이 되지 않게 될 것이다. 당신의 일에 대한 정보를 가지면 가질수록 사람을 만나 겁을 먹든가, 부끄럼을 타든가 하지는 않을 것이다.

그 문제에 대해서 충분히 연구하고 있으면 '권위'를 갖고 이야기할 수 있게 되는 것이다.

당신의 음성은 더욱 힘차게 되고, 당신의 머리는 더 위쪽을 향하게 되고, 당신의 걸음걸이는 기운차게 된다. 그러므로 당신의 인생을 공부하라. 비즈니스의 세계에서 당신이 다른 사람에게 제공해야 하는 것에 대해서 당신은 무엇을 알고 있을까? 그것은 최고의 사람이

자신을 얻기 위해서는 우선 자기는 훌륭하다는 것을 알아야 한다.

▶ 자기 암시:

되는 일이다. 이름에 만족해서는 안 된다.

당신의 '지식'으로 다른 사람에게 이기는 것이다. 당신의 일에 대해서 넘버원의 사람이 되면 이제 더 이상 내향적인 인간으로 있는 것은 불필요하게 될 것이다.

4) 그것이 정말 도움이 된다면 '점잔 빼는' 것도 좋다

상황에 따라서는 허세를 부리는 것도 필요할 때가 있는 법이다, 다른 사람 앞에서 좀 점잔 빼는 것도. 그러나 그 키 포인트가 중요하다. 예컨대 그런 일을 상황을 판단하기 위해서라든가, 시간을 벌기 위해서라든가, 또는 그 밖의 그럴 듯한 목적을 위해서만 하는 것이다.

허세를 부리기 위한 허세 부림은 당치도 않은 일이다. 그렇게 함으로써 위기를 벗어날 수 있다면 조금은 허세 부리는 것도 괜찮을 것이다.

그러나 허세 부리기 위해 그러는 것은 당신의 내향성을 연장시키기만 할 뿐이다. 또한 치료를 뒤지게 할 뿐이다. 아픈 목에 붕대를 감는 격이다. 그래서는 목이 나을 리가 없다. 아픈 목의 안쪽의 참된 원인을 발견해서 그것을 치료해야 하는 것이다.

붕대는 일시적인 것에 불과하다. 허세 부리는 일도 그것과 마찬가지이다.

당신의 '지식'으로 다른 사람에게 이기는 것이다. 당신의 일에 대해서 넘버원의 사람이 되면 이제 더 이상 내향적인 인간으로 있는 것은 불필요하게 될 것이다.

▶ 실천 사항:

5) 주의 깊게 시기를 노려라

배우는 누구나 타이밍의 가치를 알고 있다. 스테이지에 나간다, 스테이지를 떠난다, 웃기 위해 멈춰 선다 등 극적인 한마디를 내뱉기 위한 올바른 때를 알고 있는 법이다.

올바른 타이밍은 당신이 내향성을 극복하는 데 도움이 된다.

6) 당신 자신을 단정히 하라. 그리고 내향성이 날아가 버리는 것을 기다려라

모든 화는 단정한 것을 싫어하는 법이다. 파리나 곤충이나 빈대도 그렇다. 그들은 똑바로 정리된 곳에서 도망쳐 간다. 당신의 화는 당신이 단정치 못하고 말을 실수하든가, 동료의 조소를 사는 데서 생기는 것이다.

당신을 비수로 찌르기 위해 당신의 약점을 찾아내려고 하는 당신 주위의 적을 쳐부술 수 있을 만큼, 당신 자신을 단정히 함으로써 이러한 조소를 물리칠 일이다.

만약 당신이 내향적이라고 여겨지면 심술궂은 자들은 당신을 괴롭히는 일에 커다란 기쁨을 느낄 것이다. 왜냐 하면 그렇게 함으로써 그들은 당신을 노리개로 할 수 있기 때문이다.

단정히 하고 있음으로써(그들이 들어올 수 없는 방호

허세 부리기 위해 그러는 것은 당신의 내향성을 연장시키기만 할 뿐이다.

▶ 자기 암시:

복을 단정히 입고 있음으로써) 그들을 반대로 농락하라.

내향적인 것으로 여겨졌던 당신이 이번에는 정복자가 되는 것이다.

조직된 지식은 당신의 수중의 힘이다. 이와 같은 힘의 감각은 겁많은 마음을 물리치고, 당신에게 내향적인 일꾼이 되게 한다.

좀 열성적인 일꾼이 되어라. 소원이라면 새로운 일에 취업했을 때에는 내향적인 태도로 지내는 것도 나쁘지 않다. '빈틈 없는 것'보다 그 편이 훨씬 좋다. 긴 안목으로 본다면 빈틈 없는 것보다 내향적인 사람이 더 출세할 것이다. 깊이 파고들어 당신 일을 근본에서 연구할 일이다. 바란다면 상사에게 일에 대한 모르는 점을 물을 때 벌벌 기어도 상관 없다.

그러나 당신은 다른 자보다도 열심히 일한다는 것을 상사에게는 알게 해야 한다. 공장에 들어가 제품이 어떻게 만들어지는지 견학하라. 작업대의 직공들과 만나라. 열심히 하고, 그 열심히 일한다는 것을 사람에게 보이는 것이다. 그리고 당신의 영혼에 대담성을 불어 넣어 주는 지식을 얻는 것을, 다른 사람이 도와준 것을 기다리는 것이다. 대담성은 지식에서 생겨난다.

당신을 비수로
찌르기 위해
당신의 약점을
찾아내려고 하는
당신 주위의 적을
쳐부술 수
있을 만큼,
당신 자신을
단정히 함으로써
이러한 조소를
물리칠 일이다.

▶ 실천 사항:

7) '책의 지식'에 현혹되어서는 안 된다

조용하고 조심성이 많은 사람은 모름지기 책벌레가 되기 쉬운 법이다. 그들은 밤낮없이 계속해서 책을 읽는다. 오늘은 아주 아는 것이 많지만 아깝게도 그 일에 자신이 결여되어 있는 것이다.

그런데 어느 날 갑자기 그들은 자기가 대단한 인물이라는 것을 '발견'한다. 그래서 그들은 자기 책의 지식을 자랑하고 싶은 유혹에 사로잡힌다. 그 결과는 어느 날 잠이 깨자 자기 책의 지식 덕분으로 친구들을 잃고 있다는 것을 알게 되는 것이다.

8) 질투·시기는 모멸을 낳는다

"자네 말은 틀렸어, 여기 그 증거가 있는데 말야."

하는 것보다는,

"여기에 그것에 대한 대답이 있으리라 생각하는데, 좀 읽어 볼까요."

하는 편이 훨씬 낫다. 책의 지식을 갖고 있는 것은 좋은 일이지만, 그것은 말없이 숨겨 두어야 한다. 상대에게 대해서 너무 아는 체해서는 안 된다. 학자인 체한다든가, 자랑 한다든가 하는 것은 말끝마다 어딘지 모르게 섞여 나오는 법이다.

너무 아는 체하는 것은 확실히 내향적이라는 것과는

▶ 자기 암시:

다르지만, 이와 같은 사람은 사교 모임이나 회사의 회의에서 호감을 사는 인물은 아니다.

무슨 일이든 간결하게 말해야 한다. 당신이 발견한 것이건, 기술적인 지식이건, 보통 사람의 명료한 말로 하는 것이다.

간명하게 말한 간명한 지식은 아는 체하지 않더라도 충분히 당신의 진가를 상대편에게 알려 줄 것이 틀림없다.

9) 상대의 **니드**(need)와 꿈을 알라

상대의 기분을 파악하고 그 신뢰를 얻는 가장 빠른 방법은 그들의 니드(필요로 하는 것)와 꿈을 아는 일이다. 판매왕 디일러는 무엇을 바라고 있는가? 당신이 팔고 있는 것 중에서, 또는 당신의 어드바이스로 그에게 더 돈벌이를 시켜 주려면 어떻게 하면 되는가?

당신의 이웃의 꿈, 그들의 인생의 소원은 무엇일까? 어떻게 하면 당신이 제공하는 것으로 그들을 도와줄 수 있을까?

당신을 파티에 초대함으로써 그는 무엇을 노리고 있는 것일까?

이러한 것들을 찾아내어라. 그러면 당신은 성공을 발견하는 셈이 된다.

책의 지식을 갖고 있는 것은 좋은 일이지만, 그것은 말없이 숨겨 두어야 한다.

▶ 실천 사항:

제**5**장

소심증을 극복하고 담력을 키우는 방법

1. 스트레스를 잡아라

　인생을 개척하려면 담력은 최고의 무기이며, 성공의
확실한 열쇠이기도 하다. 날로 급변하는 이 시대를 살
아나가기 위해서 담력을 길러야 한다.

　그렇다면 먼저 의학적으로 살펴보자. 우리들의 사고
가 뇌하수체에,

　"나는 위협받고 있다."

▶ 실천 사항:

인생을 개척하려면
담력은 최고의
무기이며,
성공의 확실한
열쇠이기도 하다.

라고 알리면, 내분비선이 내장 계통을 자극하고, 그 결과 우리들은 위장에 뭐라 말할 수 없으리만큼의 불쾌감을 느끼게 된다. 바로 이것이 신경성 위장병을 일으킨다. 즉, 스트레스성 위장 장애이다. 어쨌든 다음의 일만은 단단히 기억해 주기를 바란다.

필자는 여기서 의학에 대해 아무런 전문적 지식도 없지만, 신문 기자나 세일즈 맨의 훈련을 해온 사람으로서 사람들의 앞에 나섰을 때, 특히 고객 앞에 나갔을 때 나타난 행동이나 태도에 관해 많은 관찰을 해 왔다. 이를테면 당신의 얼굴이 당신의 생각을 어떻게 반영하는지 알고 있다. 무엇인가 겁먹은 생각을 갖게 되면 당신 얼굴은 겁에 질린 것처럼 보인다. 대담한 생각을 갖고 있다면 대담한 태도를 하고 있다.

당신은 당신의 '갈피를 못 잡을 만큼 겁먹은' 감정을, 필자가 앞서 설명한 예의 태도를 짓게 됨으로써, 또는 당신의 나팔을 불게 됨으로써, 빨간 넥타이를 매게 됨으로써, 고급 남배를 피움으로써 카무플라주힐 수가 있으리라.

어쨌든 필자는, 사람과 만났을 때에는, 예컨대 빨간 넥타이를 매었을 때의 태도를 조금이라도 취할 것, 그리고 소심한 나팔이라도 좋으니까 때때로 조금은 떠벌리는 일이 당신의 잃어버린 영혼을 고양시키고, 뇌하수

당신의 얼굴이
당신의 생각을
어떻게 반영하는지
알고 있다.

▶ 자기 암시:

체를 정상으로 활동시키고, 정상인 내분비선을 가진 사람으로 만드는 데 도움이 될 것이라고 믿고 있다.

그러므로 당신의 내분비선에 관심을 두어라. 이것이 소심한 청년, 활발치 못한 소년 등이 선천적으로 갖고 태어난 사교에, 비즈니스상의 최대의 핸디캡을 극복하기 위한 필자의 처방전이다.

올바르게 생각하라. 그렇게 하면 당신의 내분비선은 올바르게 활동하리라. 사실, 당신 생각 여하에 따라 뚱뚱해지기도 하고 마르기도 할 수 있다. 의학 책에는 그런 실례가 얼마든지 있다. 그리고 갑상선도, 뇌하수체도, 상피소체도, 부신피질도 모두 당신의 생각에 의해 규제되는 것이다.

당신의 매일매일의 스트레스가 그것들을 움직이고 있는 것이다. 그러므로 기사가 강철의 스트레스 포인트를 알고 있듯이 당신도 당신의 스트레스 포인트를 아는 것이 중요하다. 이 스트레스 포인트의 한계를 넘으면 당신은 파멸하는 것이 된다.

그런데 이 스트레스 포인트가 어디에 있는지는 사람에 따라 다르다. 당신은 이 스트레스 포인트를 넘지만 않는다면 만만치 않은 고객의 회사 복도에서 정신을 잃고 쓰러지든가, 마음의 아픔을 느끼든가 하는 일이 결코 없다는 것을 곧 알게 되리라.

> 올바르게 생각하라. 그렇게 하면 당신의 내분비선은 올바르게 활동하리라.

▶ 실천 사항:

어떠한 경우에 그 한도를 넘는지 알고서, 그 말썽에서 자신의 몸을 피해야 한다. 그래야만 그것은 소심증이나 적면공포증(남 앞에 나서면 얼굴이 붉어지므로 나서기를 꺼리는 병)의 외부 징후를 극복하는 묘약이 되는 것이다.

불유쾌한 생각은 불유쾌한 반응을 가져다준다. 따라서 어떤 수단을 가리지 않고 스트레스를 잡아라.

2. 감정의 균형을 잡아라

담력을 키우기 위해, 내분비선의 균형을 유지하는 비결을 알아보자.

첫째, 이야기를 하기 전에 우선 세 번 호흡을 하라. 이렇게 함으로써 몸 속의 탄산가스가 늘고, 말이 막히는 것을 방지할 수 있다.

둘째, 뇌하수체에 충격을 주어서는 안 된다. 그렇게 하면 반응이 불쾌하게 전해져 두통이 나고 다리가 후들거리는 등의 동요를 일으키게 된다.

셋째, 불쾌한 생각을 버려라. 당신이 갈팡질팡하며

상대의 기분을 파악하고 그 신뢰를 얻는 가장 빠른 방법은 그들의 니드(필요로 하는 것)와 꿈을 아는 일이다.

▶ 자기 암시:

겁을 먹고 하는 일은, 당신의 마음이 그 원인을 만들기 때문이다. 그러므로 당신의 마음을 억제하여야 한다. 그러면 당신의 소심함도 억제할 수 있을 것이다.

넷째, 당신의 스트레스 포인트를 알아라. 기사는 강철에 얼마만큼의 부담을 가하면 그것이 꺾이는가를 알고 있다. 그러므로 당신도 자기 마음에 얼마만큼의 긴장을 가하면 그것이 부서지는가 하는 점을 알아두어야 할 것이다.

다섯째, 당신의 생활과 생각을 정리해 둬라. 이렇게 함으로써 당신의 내분비선은 알맞은 균형이 유지되어 내성적인 사람에게도 대담성을 불어넣어 담력을 키울 수 있는 것이다.

3. 사람이란 누구나 장·단점을 가지고 있다

필자가 스스로 자신의 약점을 최초로 발견한 것은 나 자신의 생활 속에서였다. 그것은 사람들에 대한 필자의 소심한 태도, 걷거나 실내에 들어가거나, 또는 대화에

당신의 스트레스 포인트를 알아라. 기사는 강철에 얼마만큼의 부담을 가하면 그것이 꺾이는가를 알고 있다.

▶ 실천 사항:

가담하거나 회의에 참석 할 때의 주저주저하는 버릇, 그리고 남을 만날 때 생기는 공포는 '나보다 뛰어난 사람과 함께 있다' 라는 열등감에서 오는 것이라는 사실이다.

필자의 주위에서 볼 수 있는 사람은 필자보다도 좋은 옷을 입고 큰 차를 타고 있다. 필자가 일하고 있을 때도 여행을 하고, 필자보다도 많은 돈을 가지고 있는 사람들이었다. 그래서 필자 역시 그들과 같이 되기를 바랐던 것이다. 그런데 그것이 이루어지지 않으니까, 선천적인 열등 의식보다 더 큰 열등감을 갖게 된 것이다.

내가 마음이 편하고 그다지 겁을 먹지 않는 때는, 나보다도 아래인 사람들과 함께 있을 때뿐이었다. 즉, 청소부인 폼이라든가, 야경꾼인 조를 대할 때는 언제나 마음 편히 대할 수 있는 것이었다.

그들은 필자에게 열등감을 주지 않았다. 그러므로 필자는 그들에게만은 편한 마음을 가질 수 있었고, 멋진 옷차림의 신문 기자들이 모임을 가졌을 때처럼 주저주저하고 겁을 먹지 않아도 되었던 것이다. 그리고 필자 나름대로 큰 소리를 거리낌없이 그들 앞에서 낼 수가 있었던 것이다.

당신은 어떤 점에서는 다른 사람들보다도 뛰어나며, 그 외의 점에선 뒤떨어지고 있다. 다른 사람들도 마찬

남을 만날 때 생기는 공포는 '나보다 뛰어난 사람과 함께 있다라'는 열등감에서 오는 것이라는 사실이다.

▶ 자기 암시:

가지로, 어떤 점에서 당신보다 뛰어나며, 어떤 점에선 훨씬 뒤떨어지고 있다.

우리는 어느 누구나 어떤 점에선 풍부하고 어떤 점에선 빈약하다는 것을 깨달아야만 한다.

그리고 어떤 문제에 대해서는 문외한이지만, 다른 어떤 문제에서는 전문가이기도 한 것이다. 수십만 달러의 퀴즈 정답자를 보면 알 것이다. 정녕 그들은 고등 교육을 받은 부자란 말인가? 절대로 그렇지 않다. 이를테면 그들 중 평범한 군인도 있고, 가게 주인도 있었다. 그러나 최고의 교육을 받은 사람들이나 부자집 아이들이나, 화려한 사교계의 부인들은 여간해서 없었다. 그들은 비록 돈은 없지만, 어떤 문제에 대해서는 풍부한 지식을 가지고 있었던 것이다.

그 점을 습득하여야 한다. 한 가지 문제에 대해 풍부한 지식을 갖추고 있어야 한다. 그렇게 그것을 밀고 나감으로써, 그 문제에 대해서는 남보다 뛰어날 수 있는 것이다. 제화공은 음식물에 관한 질문에 대답하려 들지는 않을 것이다. 농부는 야구에 대한 질문은 대답하려 들지 않을 것이다. 어떤 사람은 링컨에 대한 일이라면 무엇이나 다 알고 있다. 그러나 야구에 대해서는 아무것도 모를 수 있는 것이다.

그러므로 자기에 대한 일을 잘 생각해 보고, 당신 자

▶ 실천 사항:

우리는
어느 누구나
어떤 점에선
풍부하고
어떤 점에선
빈약하다는 것을
깨달아야만 한다.

신이 남보다 뛰어난 점을 발견하여야 한다. 그리고 그 방면으로 밀고 나가는 것이다. 그렇지만 자기가 모르는 분야에 대해서는 솔직하고 용감하게,

"나는 법률에 대한 일은 아무것도 모릅니다."

하고 곧 인정해야 한다. 그러나 곧 이렇게 덧붙이는 일을 잊어서는 안 된다.

"그러나 프로 복싱에 대한 일이라면 제게 맡겨 주십시오."

라고. 이렇게 당신의 뛰어난 점을 과시하고 모르는 점은 과감하게 시인하여야 한다.

4. 어떤 소녀의 경우

키엣 아베크는 도기 인형을 잘 만들었었다. 그녀는 다른 분야에서는 이렇다 할 두드러진 점이 없었지만, 인형을 만들고 그것을 과감하게 전시하고 장식하는 일에는 누구 못지 않게 뛰어난 솜씨를 가지고 있었다. 그녀의 아름다운 동양풍의 인형은 출신지인 캘리포니아에서뿐만 아니라, 지금은 온 세계에서 다 팔리고 있다.

자기에 대한 일을 잘 생각해 보고, 당신 자신이 남보다 뛰어난 점을 발견하여야 한다. 그리고 그 방면으로 밀고 나가는 것이다.

▶ 자기 암시:

그녀는 이렇게 말하고 있다.

"성공이란 자신의 일을 담력 있게 밀고 나가 성취할 수 있어야 한다고 생각합니다. 나는 여러분이 아무리 많은 돈을 가지고 있어도, 일을 하는 면에서 불행하거나 맥이 빠져 있으면 조금도 좋게 생각되지 않습니다."

그녀는 자기가 하고 있는 일을 진심으로 즐기기 위하여 용감하게 밀어붙일 수 있는 경우에만 참된 성공이 있는 것이라고 생각하고 있다.

그녀는 또 이런 말도 하고 있다.

"나는 성공을 발견하는 최선의 방법이란, 가장 좋아하는 일에 정신을 집중하는 일이라고 생각합니다. 당신이 거기에 대하여 할 수 있는 일은 다 배워야 합니다. 그리고 그 지식이라든가, 기술에 뭔가 새로운 것을 덧붙여야 합니다."

다시 말해 그것은 당신의 뛰어난 점을 과시하라는 말이다. 소심한 사람은 자신의 일을 올바르게 평가하지 못하고, 덮어놓고 맞춰 봄으로써 점점 내성적이고 소심한 성격을 조성해 나가는 수가 많다.

인간의 위대함이란 무슨 기록을 깨는 능력이라든가, 다른 사람보다도 유난히 돈을 많이 버는 능력이라든가 하는, 상대방을 이기는 능력에 따라 평가할 수는 없는 것이다. 어떤 이상을 위해 자기 야심을 컨트롤하는 일

나는 성공을 발견하는 최선의 방법이란, 가장 좋아하는 일에 정신을 집중하는 일이라고 생각합니다.

▶ 실천 사항:

에 성공한 사람은 스스로 만족한다는 사실 속에서 보다 감미로운 성공을 발견할 때가 많은 법이다.

로저스의 강타자로 센터를 지키고 있던 듀크 스나이더가 한 시즌에 60개의 홈런을 친 베이브 루스의 기록을 깨뜨릴 것 같다고 신문에 보도되었을 때 그는 용기 있게 이렇게 말했다.

"나는 베이브 루스의 기록을 아무도 깨기를 바라지 않습니다. 루스는 야구계와 야구인들에게는 신과 같은 존재이니까요. 하지만 기록은 깨기 위해 있는 게 아닐까요?"

이제 듀크는 스포츠에 관계하고 있지 않지만, 그는 야구 선수 생활을 떠나서도 훌륭한 인간인 것이다. 듀크에 대한 말을 한마디 더 한다면, 그는 홈런의 수보다도 3진 쪽이 훨씬 많았었다는 사실을 내성적인 사람은 알아주기 바란다.

베이브 데토릭슨은 원래 수줍음을 잘 타는 소녀였다. 성공한 뒤에도, 그녀는 결코 자기 소질을 자랑하지 않았다. 그녀는 우리에게 성공의 큰 비결에 대해 이렇게 말하고 있다.

"무쇠 같은 신경과 승리의 결의와 고난을 무릅쓰고 돌진하는 담력과 의지력을 가져야 합니다."

그녀가 은행에 재직했을 당시의 일이었다. 텍사스 주

▶ 자기 암시:

칸튼에서 관절염을 앓고 있는 33세의 백만 장자 짓시 번즈가 자신의 어떤 사업을 위해 대출 신청을 해 오자, 그녀는 서류를 검토한 뒤 위험한 모험이라고, 그 요구를 거절했을 때도 그녀는 용감하게 밀고 나갔다. 그 무렵 번즈는 은행의 최고 고객 중 한 사람이었다.

그 뒤 그녀는 다른 시에서 돈을 조달하여 1백40마리의 카나리아를 샀다. 그리고 그것이 각지에 판로를 갖는 큰 사업으로 성장하게 되었다. 이윽고 유럽산 카나리아가 미합중국에 들어왔으므로, 그는 이번에는 잉꼬를 기르기 시작했다. 얼마 안 가 그것도 내리막이 되었다. 그래서 그는 클리닝의 설비를 사들여 그것을 대여해 주는 일을 시작했다. 그것 또한 훌륭하게 성공한 것이다.

자기의 사무실에서(사무실이래야 실은 부엌이었지만) 일하고 있는 장님인 에드나 고르다 부인이 자기 자신의 열등감에서 벗어난 것도 그녀 자신의 용기와 결의에 의해서였다.

뉴욕 주 맹인 대책 위원회는 시간을 재거나 분량을 재거나 하는 장치를 빌려주는 일로 그녀를 도와주었다. 비록 장애인었지만, 그녀의 무서운 집념과 담력으로 놀라울 정도로 그 사업을 확장시켰던 것이었다.

폴 게르스는 제대로 이웃과 말도 못 하는 소심한 이

▶ 실천 사항:

민의 아들이었는데, 나중에는 자기의 의류 공장을 갖는 데까지 출세했다. 필자는 이제 새삼 그의 악전 고투였던 과거의 역사를 말하지는 않는다. 그것은 너무나 흔한 이야기이다.

하지만 그는 24세라는 젊은 몸으로 누구 못지 않은 담력을 키워 자기의 소심증을 극복함으로써 자기의 공장을 갖게 되었던 것이다.

5. 기회는 주위에서
얼마든지 찾을 수 있다

내성적인 성격과 소심함을 극복하는 가장 손쉬운 방법은, 당신을 묶어놓은 말뚝에서 당신을 해방시킬 어떤 요인을 발견해 내는 일이다.

잭 허드슨은 센트루이스 근교의 작은 마을에 살고 있었다. 누가 봐도 그는 대단히 내성적이었다. 남에게 자랑할 만한, 세속적인 좋은 것은 아무것도 가지고 있지 않은 사람에게서 흔히 볼 수 있는 타입의 남자였다.

허드슨은 세일즈를 하고 있었다. 그의 성공 뒤에는

내성적인 성격과 소심함을 극복하는 가장 손쉬운 방법은, 당신을 묶어놓은 말뚝에서 당신을 해방시킬 어떤 요인을 발견해 내는 일이다.

▶ 자기 암시:

상품만이 아니라 자기 자신도 판 것이 주효했다.

그는 이제 네 도시에서 클리닝 업을 비롯해 철물점을 다섯 개나 갖고 있는 공동 경영자이다.

그의 성공 비결은 다음과 같다. 즉, 상인에게 무엇을 팔려고 할 때 그 상인이 성실하지만 돈에 곤란을 받고 있는 것을 알면 그는 자기를 공동 경영자로 해 주면 원조해 주겠노라고 말하는 것이었다. 그렇게 합의가 이루어지면 그는 과감히 투자를 해 끝내는 성공을 이끌어내었다.

캔자스 시의 근교에 살고 있는 헨리 란슨 부인은 원래 미용사였는데, 아무리 애를 써도 영업이 잘 되지 않았다. 어느 날 그녀는 앓고 있는 부인을 병 문안했을 때 갑자기 한 묘안이 떠올랐는데, 우유부단하지 않고 적극적으로 살면 세상에는 어떤 필요성이 존재한다는 것을 발견했다.

그것은 '출장 미용'을 함으로써 병으로 움직일 수 없는 사람에게 서비스해 주는 일이었다. 그녀는 그 일로 가게가 상당히 번창했다. 이 편리한 미용원 덕으로 그녀는 여러 사람에게 환영을 받고, 보수도 충분히 받게 되었다.

하노 차라트는 러시아에서 프랑스를 거쳐 미국으로 망명했고, 다시 쿠바와 멕시코로 갔다가 미국으로 되돌

우유부단하지 않고 적극적으로 살면 세상에는 어떤 필요성이 존재한다는 것을 발견했다.

▶ 실천 사항:

아왔다. 따라서 그에게는 아직도 외국 말투가 남아 있었다. 그래서 누구와 만나면 곧 주눅이 들고 말았다.

그는 자동차에 관계되는 특허를 가지고 있었다. 그 자신이 소로셀이라 부르고 있는 그것은 자동차의 라지에터 에어컨디셔닝 장치로, 녹이 스는 곳이면 어디나 녹이 슬지 않게 하는 촉매 작용의 장치였다. 그는 어눌한 자신의 말이 열등감에서 오는 것이라는 판단이 서자, 당장 담력을 키우는 데 정성을 쏟았다. 그 결과 그의 발명품은 날개 돋친 듯 팔려나갔다.

아직도 그에게는 소심한 태도와 내성적인 성격이 약간 남아 있지만, 그는 미국에 와서 성공의 길을 달리고 있는 것이다.

그러므로 당신은 당신의 둘레를 두루 살펴보아야 한다. 어쩌면 당신 집 뒤뜰이나 침실 및 부엌 속에 당신이 해결할 수 있는 문제가 있을지도 모른다. 성공한 이웃 사람과 똑같이 큰 차를 사려고 한다든가, 큰 집에 살려고 한다든가, 훌륭한 옷을 입으려고 해서는 안 된다. 아무 준비도 없이 남과 맞겨뤄 보려고 하는 일은 당신을 낮출 뿐인 것이다.

여기서 당신의 정신을 고양시키고 사람과 맞서려는 일을 잊기 위해 알아둬야 할 한 가지 원칙이 있다. 즉, "당신의 뛰어난 점을 중시하고 주위를 살펴보라."

당신은 당신의 둘레를 두루 살펴보아야 한다. 어쩌면 당신 집 뒤뜰이나 침실 및 부엌 속에 당신이 해결할 수 있는 문제가 있을지도 모른다.

▶ 자기 암시:

6. 하나라도 더 주어라

조지는 한 개에 1페니로 캔디를 팔고 있었다. 어린애들이 캔디를 사려고 오면 조지는 캔디를 한 움큼 집어내어 천천히 그것을 세어가며 봉지에 넣어 주었다. 그것은 아이들이 아주 좋아하는 일종의 조지만의 의식이었다.

어느 날 새로 체인 스토어의 캔디 가게가 근처에 생겼다. 그 가게는 새로 생긴 가게였기 때문에 아이들은 모두 그 가게에서 캔디를 사게 되었다. 그러나 몇 주일이 지나자 그 아이들은 모두 본래대로 조지의 가게에서 사게끔 되었다.

'어째서일까?'

하고 체인 스토어의 책임자가 이상한 생각이 들어 즉시 조사를 해 보기로 했다.

친구를 만드는 데 대해 조지가 발견한 교훈이란 대범함에 있었던 것이었다. 새로운 가게의 점원은 예쁜 소녀였지만, 10페니의 캔디를 달라고 하면 한 줌을 집어 봉지에 넣고는 하나하나 헤아려 가격에 맞도록 꺼집어

▶ 실천 사항:

내고 있었던 것이다. 하지만 비록 생김새는 못났어도 사람의 심리를 잘 알고 있었던 조지는 꺼집어내는 대신 언제나 대범하게 하나라도 더 보태 넣으려 했던 것이다. 그는 아이들로부터 옹졸스러운 정확함보다 넉넉함을 대범하게 팔고 있었던 것이다.

7. 당신은 이제 리더가 되어야 한다

세일즈 맨들이 애독하는 잡지의 최근호에서 T.E. 콜런 박사는, 사람들이 당신을 좋아할 수 있는 사람인가를 알기 위한 자기 테스트법을 말하고 있다.

다음은 그 중의 몇 가지인데, 수줍은 남자와 부끄럼을 잘 타는 여자는 남이 좋아하게 될 소질이 있나 없나를 이것에 의해 테스트할 수 있을 것이다.

다음 질문을 자신에게 해 보자.

1) 당신은 정말로 자기 본위와는 아무 상관이 없는가?

▶ 자기 암시:

2) 당신은 모양을 꾸미기보다도 자연스럽게 행동하는 것을 원칙으로 하고 있는가?

3) 당신은 꼬집어 말하는 버릇을 조심하고 있는가?

4) 당신은 남들이 부러워하는 것을 삼가고 있는가?

5) 당신은 다른 사람을 우롱하는 것을 조심하고 있는가?

6) 당신은 다른 사람의 잘못을 고쳐 주는 것을 주저하는가?

7) 당신은 자기 개인적인 복잡한 문제에 대해 말하는 것을 피하고 있는가?

만일 이 질문에 그렇다고 말할 수 있으면 더욱 그 경향을 발전시키는 것이 좋다. 왜냐 하면 그것은 마음이 약한 사람이 남의 호감을 사기 위한 기본 조건이기 때문이다.

당신은 일부러 남이 보는 앞에서 거만하게 보이려는 사람이 아닌 것은 잘 알고 있다. 하지만 한쪽 구석에 가

당신은 다른
사람을 우롱하는
것을 조심하고
있는가!

▶ 실천 사항:

만히 앉아 있음으로 해서 남이 거만하다고 보지 않나 하고 생각해 본 적이 있는가?

당신이 그러고 있는 것은 거기 나타나는 것이 두렵기 때문이다. 거만한 편이라는 것은 오히려 겁이 많아서 그런 것이다.

그러나 남들은 그렇게 보지 않는다. 그러므로 비록 구석에 있더라도 미소를 짓거나 친근한 모습을 보여야 한다. 그뿐만이 아니다. 어차피 한 번밖에 주어지지 않은 삶이라면 이 모든 자기 극복을 통해서 얻어진 힘으로 사람들의 리더가 되어야 한다.

다음 것을 잘 기억해 두자.

남이 좋아하는 사람은, 지금까지 어두운 구석에 웅크리고 있다가 피나는 각고 끝에 앞쪽으로 나오지만, 겸손을 갖추고 있다. 그리고 상대방의 기분을 파악하는 비결을 갖추고, 성실한 자세로 빨리 한동아리가 된다. 물론 남의 환심을 가장 잘 사는 사람이다.

또한 필요한 업무에 관한 지식을 가장 많이 가지고 있는 동시에, 상대방의 어려움을 가슴 아파하면서도 불의에 과감히 맞설 수 있고, 자신에게 불이익이 돌아가지 않는 한 정보를 공유할 수 있다면 수많은 사람들이 당신을 잘 따르는 사람이 될 수 있다.

이제 당신은 사람들을 이끌어가는 리더가 되지 않으

어차피 한 번밖에 주어지지 않은 삶이라면 이 모든 자기 극복을 통해서 얻어진 힘으로 사람들의 리더가 되어야 한다.

▶ 자기 암시:

면 안 된다.

8. 무엇보다 건강이 최우선이다

필자는 담력을 가르치고 있다. 필자가 세일즈 맨에 대해 여러 가지로 이야기하는 것은 세일즈야말로 남 앞에 나섬으로써 담력을 키울 수 있기 때문이다. 그런데 그러기 위해서 건강이야말로 우리들의 가장 중요한 이슈이다.

필자는 굳이 손발이나 몸의 건강만을 말하고 있는 것은 아니다. 정신 건강도 말하고 있는 것이다. 왜냐 하면 사람은 비록 다리가 부자유스럽더라도 건강한 마음만 가지고 있으면 훌륭한 다리를 가지고 있는 사람만큼 일을 할 수 있는 것이다.

그러므로 어떤 직업이 됐든 소용이 닿는, 그러나 특히 여러 종류의 사람을 만날 경우에 소용이 닿는 마음의 건강을 보존하는 상식을 여기서 다소 거론해 보자. 이것은 필자의 경험에 의해 9가지가 있는데, 건강을 위해서는 실천해 주기를 바란다.

필요한 업무에 관한 지식을 가장 많이 가지고 있는 동시에, 상대방의 어려움을 가슴 아파하면서도 불의에 과감히 맞설 수 있고, 자신에게 불이익이 돌아가지 않는 한 정보를 공유할 수 있다면 수많은 사람들이 당신을 잘 따르는 사람이 될 수 있다.

▶ 실천 사항:

첫째, 주식 시세판을 읽지 말고 추리 소설을 읽으라. 좋은 추리 소설은 당신의 혈액 순환을 자극한다. 그러나 주식 시세는 소화를 나쁘게 한다.

둘째, 때때로 거울을 보라. 거울을 통해 자신을 살펴볼 일이다. 만일 자신이 긴장되어 조마조마하고 있다고 보이거든 푹 쉬어야 한다. 그러면 당신은 훨씬 젊어 보이기도 하고, 다른 사람에 대해서도 훨씬 활발해질 것이다.

셋째, 테이블 위에 머리 대신 발을 올려놓으라. 테이블 위에 발을 올려놓으면 피의 순환이 좋아진다.

넷째, 당신을 긴장시키는 습관을 버려라. 담배를 피울 경우에도 입에 문 채 계속 빨지 말고, 손가락 사이에 끼고 천천히 피워야 한다. 그것만으로도 당신은 오래 살 수 있다.

다섯째, 차를 운전할 때도 속력이 너무 빠르면 안 된다. 그로 인해 남보다 일이 몇 분 늦을지도 모르지만, 당신은 여유 있고 즐거운 기분으로 도착할 수 있을 것이다.

여섯째, 고민을 잊어라. 만일 걱정하는 일이 당신 혼자의 힘으로는 어찌해 볼 수 없는 것이라면, 그런 것은 잊어버려야 한다. 공연히 고민할 필요는 없는 것이다.

일곱째, 천천히 이야기하라. 사람을 만나 성급하게

▶ 자기 암시:

굴지 말아야 한다. 기분을 전환하기 위해 한숨 돌려라. 그러는 편이 친구도 많이 생긴다.

여덟째, 남을 손가락질해서는 안 된다. 팔짱을 끼고 있을 일이다. 당신이 남을 손가락질하면 다른 사람이 당신 뒤에서 당신을 손가락질하게 된다는 것을 잊지 말아야 한다.

아홉째, 인생을 즐기고 인생을 사랑하라. 그렇게 함으로써 당신은 다른 사람의 칭찬을 얻게 되고, 나아가서는 그것이 문제의 어두운 구석을 비춰 주어 재빨리 당신의 수줍음을 고쳐 줄 것이다.

세일즈 맨의 교과서에서 인용될 수 있는 또 한 가지 방법은, 작은 점에서는 양보를 해두고 중요한 큰 점은 양보하지 않는 기술이다.

이상 아홉 가지는 실행하기에 쉽고 간단한 것이다. 비록 작은 행동일지라도 꾸준히 행함으로써 자신의 몸과 기분을 부드럽게 하여 매사에 이겼다는 자부심과 함께 자신감을 얻을 수 있다. 이것은 또한 자아를 높여 좋은 기분이 되게 함으로써 세상에 대한 새로운 도전의 의욕을 북돋우는 것이 된다.

천천히 이야기하라. 사람을 만나 성급하게 굴지 말이야 한다. 기분을 전환하기 위해 한숨 돌려라. 그러는 편이 친구도 많이 생긴다.

▶ 실천 사항:

9. 상대를 이기기 위한 기술을 익혀라

다른 사람이,

"이 점을 찬성하십니까?"

하고 말하면,

"예, 하신 말씀은 당연한 말씀입니다. 하지만……."

그리고 나서 상대방을 자기가 생각하는 쪽으로 끌어당기는 것이다.

세일즈 맨들은 오랜 동안 이 방법을 잘 알고 있다. 마음이 약한 사람도 이 방법을 써서 사람들의 생각을 지배할 수가 있을 것이다.

수줍은 사람은 보통 공격형이 못 된다. 상대방이 틀렸다고 말하는 것에 대해서는 어쩐지 말하기가 어려워지는 것이다. 그들은 가끔 너무 지나치게 온순해서 상대와 한바탕 다툴 일도 그만,

"예, 말씀하신 대로입니다."

하고 말하는 쪽이 무난한 것으로 여기고 마는 것이다. 또한 논쟁을 좋아하지 않는다는 것은 물론 좋은 태도이기는 하지만, 그로 인해 당신이 바보라고 생각될

비록 작은
행동일지라도
꾸준히 행함으로써
자신의 몸과
기분을 부드럽게
하여 매사에
이겼다는 자부심과
함께 자신감을
얻을 수 있다.

▶ 자기 암시:

경우에는, 당신은 바보가 아니라 시시한 싸움 같은 것은 하지 않을 정도로 현명하다는 것을 상대에게 보여 주기 위해, 때로는 감추어 두었던 실력을 보여 주는 것도 필요하다.

따라서 그를 위한 한 가지 방법은, 찬성을 해두고 바로 그 뒤에 크게 '그러나' 를 덧붙여야 한다. 그러고 나서 이야기를 다시 처음으로 돌리는 것이다.

당신이 찬성했다고 말한 것으로 상대는 기분을 좋게 갖는다. 그러면 당신의 말하는 것도 들어보고 싶어진다. 그러고 나서 돌연, 중요한 점에 대해서는 이렇게 말하는 것이다.

"다른 아홉 가지 점에서는 하신 말씀에 찬성하지만, 다음 한 가지 점에서는 내 주장이 틀리지 않다고 생각합니다. 이 점에 대해 동의를 해 줄 수 없을는지요?"

상대는 딱하게도, 작은 여러 가지 점에서 당신을 완전 양보하게 만들었다고 생각하고 있으므로, 단 한 가지 점에 있어서 비록 그것이 중요한 점일지라도 당신이 돌연 찬성을 요구해 오게 되면 그것을 거부할 수는 없는 것이다.

▶ 실천 사항:

10. 상대를 이기는 특별한 방법

수에즈 운하 분쟁과 더불어 그것을 원인으로 하는 석유 부족 현상이 일어났을 때 소집된 회의에서 한 영국 대표가 행한 이야기를 들어보자. 그 때 그 영국 대표는 모든 논리의 조건를 나열하고 있었지만,

"옳소, 그러나……."

하는 법을 써서 중요한 점에서 동의를 얻는 것을 잊고 있었다.

그는 마침내 자신이 외교관으로서의 서툰 행동을 해 왔다는 것을 알게 되었다. 그런데 그에게 갑자기 어떤 아이디어가 번쩍였다. 그는 아직 사무를 진행 중인 위원회로 되돌아가서 이렇게 말했다.

"잠깐만 여러분, 휘발유를 절약해야 한다는 점에 대해서는 나도 역시 동감입니다."

그러자 사무관은 끄덕였다.

"특권을 주게 되면 그것을 악용하는 사람이 있다는 것도 옳은 말씀입니다."

하고 이 외교관은 말을 계속했다. 사무관은 여기에

▶ 자기 암시:

대해서도 호의적인 반응을 보였다.

계속해서 그는 사무관에 대해 몇 차례 이러한 '예스'를 말하게 해 놓고, 갑자기 말머리를 이렇게 돌렸던 것이다.

"그러나 당신은 제약 회사의 대표란 사람이 이런 사람들과는 틀린다는 것, 그리고 휘발유를 더 얻을 권리가 있다는 것을 찬성해 주시겠지요?"

사무관은 자기 앞에 있는 사나이에게 호의를 갖게끔 되어 있었다. 사무관은 그가 자기의 입장을 잘 알고, 지금 제약 회사의 대표자로서 휘발유 배급을 요구한다는 사실에 흡족한 마음이 들었다는 것이다. 그래서 사무관은 그를, 휘발유를 강요하러 왔던 조금 전의 외교관과는 동일하게 취급할 수는 없게 되었다.

그렇게 된 것도 그가 말을 교묘하게 선택한 때문이었고, 이야기를 매듭지시는 기술을 교묘하게 사용한 때문이었다.

그럼 여기서 세일즈 맨들이 사용하고 있는, 그리하여 당신을 소심한 사람들이 상대편에게 이기기 위해서도 도움이 된다고 생각되는 또 하나의 놀라운 요령을 소개하도록 하자.

그것은 '중요한 점에서 타결하는' 요령이라고 부르는 것인데, 다음과 같이하면 된다.

▶ 실천 사항:

계속해서 그는 사무관에 대해 몇 차례 이러한 '예스'를 말하게 해 놓고, 갑자기 말머리를 이렇게 돌렸던 것이다.

우선 상대편에게 작은 점에 관해서는 전부 찬성해 준다. 그러나 그런 뒤에 중요한 점을 제기하고, 그것을 되풀이하는 것이다.

즉, 이런 식으로 말하는 것이다.

"그렇다면 새로운 클럽 하우스를 갖고 싶지 않으시다고 하는 주요한, 그리고 유일한 이유는, 회비가 상승될 것이라고 하는 그것에 겁을 내고 있다는 말씀이시겠군요. 그렇지요?'

그는 "그렇다. 그대로다"라고 대답한다. 당신은 상대의 하는 말이 그럴 듯하다고 동의하고 있다. 그러나 그런데도 어떻게든지 타결하고 싶다고 생각한다. 당신은 여러 가지 잡다한 점에 관해 타결하려는 게 아니라, 당신의 주문 획득을 쉽게 하기 위해 하나의 큰 점에 관해 타결 문제점이라 이해시키고, 그 점을 강조하여 상대에게 몇 번이나 다짐을 받는다. 그리하여 당신은 이렇게 말하고서 상대를 몰아칠 수 있는 것이다.

"그렇다면, 그것이 저희들과 일치되지 않는 주된 이유라고 한다면, 만일 그 점만 서로 의논하여 해결된다면 의견 일치를 본다는 셈이겠군요."

상대는 바로 이것이 커다란 반대의 이유라는 점, 이를테면 회비가 상승하리라는 것에 대한 두려움이 이유이므로, 만일 그 점이 해결된다면 의견의 일치를 볼 수

우선 상대편에게 작은 점에 관해서는 전부 찬성해 준다. 그러나 그런 뒤에 중요한 점을 제기하고, 그것을 되풀이하는 것이다.

▶ 자기 암시:

있다고 동의한다.

그렇게 되면, 당신에게 남겨진 일이란 이 반대에 대답하는 일뿐이다. 당신은 애당초 그것에 대한 대답을 갖고 있었던 것이다.

그러나 당신이 만일, 그것이 상대를 망설이게 하고 있는 주요한 반대라는 것을 우선 동의해 주지 않고서 경솔히 그 대답을 내놓는다면, 그는 그 점에서는 동의하겠지만 다시 몇 가지인가의 반대의 논거를 내세우게 되리라.

하지만 당신은 좀더 현명했었다. 당신은 하나의 커다란 반대점에 그를 못박아 놓았던 것이다. 그것뿐만이 아니다. 당신은 '만일 이 큰 문제점이 해결된다면, 그는 그 아이디어를 사게 되리라는 것'에 그를 동의시켰던 것이다. 당신은 이를테면 이런 식으로 그 문제를 해결한다.

"그렇습니까?, 만일 우리들이 3년 동안 회비를 올리지 않도록 이사회의 동의를 얻는다면, 그걸로 당신의 문제는 해결되겠지요?"

상대는 그렇다고 대답한다. 이사회가 그렇게 하리라는 것은 당신이 전부터 알고 있는 것이다. 그러므로 당신은 친구를 잃는 일 없이 승리자가 된 셈이다.

그 점을 강조하여 상대에게 몇 번이나 다짐을 받는다. 그리하여 당신은 이렇게 말하고서 상대를 몰아칠 수 있는 것이다.

▶ 실천 사항:

11. 좋은 점을 강조하고 나쁜 점을 숨겨라

상대방에게 동의를 얻어내는 최대의 기교는 아마도 '만약에,라고 묻지 말고 어느 쪽이냐고 물어라' 이리라. 그 의미란 바로 이렇다. 상대편에게 어떤 것을 사겠느냐, 사지 않겠느냐가 아니라, 어떤 것과 어떤 것과의 어느 쪽인가를 선택케 하는 것이다.

훌륭한 변호사처럼 당신이 원하는 대답이 얻어지는 듯한 유도 질문을 시도하는 것이다. 자신이 희망하는 대답이 얻어지지 않는다는 게 분명하다면, 서툰 질문은 아예 하지 말아야 한다.

필자는 이것을 《리더스 다이제스트》에 몇 번이고 써 봤지만, 내성적인 사람을 위해 다시 한 번 그것을 이 책에 밝혀두겠다.

"메어리 양, 오늘 밤에 저하고 함께 만나 주실 수 있어요?"

라는 따위의 말은 하지 않을 것이다. 그 대신 이렇게 말하라.

"오늘 밤 저와 함께 만나는 데 몇 시가 좋을까요? 7

▶ 자기 암시:

시 반이 좋지 않을까요?"

만약 내성적인 소녀라면 이렇게 말하라.

"오늘 밤 어떤 영화를 볼까요? 액션물, 아니면 멜로 드라마?"

영화를 보자고 하는 게 어니라, 어떤 영화를 볼까 하고 말하는 것이다.

"이봐요 ○○○ 씨, 금주는 언제쯤 출발할까요?"

"수요일, 아니면 목요일이 어때요?"

하고 말하라. 즉,

"이 두 개의 모자 가운데 어느 것이 나에게 잘 어울릴까요?"

하고 말하는 것이다. 금주에 출발할까 해서도 안 되고, 모자를 사도 좋을까 해서도 안 된다. 언제나 '어느 쪽이냐?'를 묻는 것이다.

이 공식을 당신의 사고 방식에 적용시키는 신무기로 삼아야 하는 것이다.

상대를 잘 사귀는 요령을 알고 있는 사람은 비록 소심한 사람이라도 사람과 교제할 때의 주저스런 마음을 탈피하는 커다란 찬스를 가진 것이 된다. 남과 이야기하는 기술, 좋은 점은 이야기하고 나쁜 점은 숨기는 요령을 몸에 지니면 지닐수록 당신은 더욱더 능숙한 사교가로 발전되리라.

▶ 실천 사항:

영화를 보자고 하는 게 어니라, 어떤 영화를 볼까 하고 말하는 것이다.

따라서 상대에게 무엇인가 암시하는 방법을 몸에 익혀라. 그렇게 하면 그들도 언제나 자기들의 동료로 당신과 어울리고 싶다고 원하게 되리라. 이를테면 나쁜 날씨에 관해서 이야기하기보다도 좋은 날씨에 관해 이야기하도록 노력해야만 된다.

세일즈 맨이라면 누구라도 알고 있듯이,

"충치가 되는 걸 방지합니다."

라고 말하는 대신,

"이 칫솔은 이를 깨끗이 해 줍니다."

하고 말하는 편이 훨씬 좋다.

"수리비가 적어도 된다."

하는 사실을 강조하기보다도 구하신 차를 타고 다니면 얼마나 즐겁겠느냐고 예상 고객에게 말하는 편이 훨씬 좋은 것이다. 상대를 이길 수 있는 다음의 철학도 잘 기억해 두어야 한다.

'좋은 것은 이야기하고 나쁜 것은 숨겨라.'

상대에게
무엇인가
암시하는 방법을
몸에 익혀라.

▶ 자기 암시:

12. 대담하라, 그러나 지나치지 말라

분명 당신도 남을 밀어젖히고 앞으로 나서려 하는 사람들을 보았을 것이다. 그들은 대열의 끝자락에 서 있었지만, 앞쪽으로 나오기까지는 사납게 남을 밀어젖혔던 사람들이다. 그리하여 그런 사람들은 맨 먼저 열차에 뛰어오른다. 그들은 '인간이란 적극성을 갖고 있지 않으면 아무것도 못 한다'라고 생각하는 사람들이다.

그런데 남을 밀어젖히고 앞으로 나서려고 하는 자들에 관한 한 가지 문제는 그들이 잘못된 열차에 오르는 일이 곧잘 있다는 점이다.

그러므로 이런 사람들의 흉내를 내려고 해서는 안 된다. 보통의 '믿음'으로 만족하라. 자기 스스로 자청해서 인생의 뒷자리에 있어도 안 되겠지만, 그렇다고 해서 남을 밀어젖히고 우격다짐으로 정상에 오르려는 것도 안 된다.

잡초를 없애는 것과 같은 원리로, 그것이 급속한 기세로 지나치게 성장케 하는, '영양'을 보급해 주는 방법이 있다. 그렇게 하면 잡초는 매우 급속 성장하여 이

이런 사람들의
흉내를 내려고
해서는 안 된다.
보통의 '믿음'으로
만족하라.

▶ 실천 사항:

상 발육이 되므로 꾸부러지든가, 허약하게 자라든가 하여 곧 시들어 죽게 된다.

그들을 의기 양양하게 만들고, 그들의 자아를 부풀려 제 풀에 쓰러지게 하는 편이, 그들을 발로 짓밟든가 불태워 버리기보다도 훨씬 용이하다.

당신은 누군가 당신을 의기 양양토록 만들어 크게 발을 헛딛게 만들려 하고 있는지 자신을 돌이켜보며 경계하고 있지 않으면 안 된다. 당신은 당신의 자아를 지나치게 부풀린 결과 자기가 몰락하는 꼴이 되지 않도록 조심하지 않으면 안 된다.

보브 그린은 연수 1천6백 달러밖에 안 되는 내성적인 싼 월급쟁이 교사였었다. 그런데 그 뒤에 바로, 그가 만든 그린 건설 회사에 4백50만 달러나 돈이 들어오게 되었다.

그는 중고품인 흙 운반기를 잘 이용하는 방법을 발견함으로써 소심한 인간이 대담한 사람으로 바뀌었다.

그는 이느 날 이르바이트로 흙을 날랐고, 백 달러의 돈을 손에 넣었는데, 이것이 그에게 자신감을 주는 계기가 되었던 것이다.

반 셸드라는 이름의 아이오아 주의 농부는 주워모은 부품과 낡은 차를 이용하여 동력 셔블을 만들었다. 많은 농부에게서 곧잘 볼 수 있듯이, 그 또한 소극적이고

당신은 누군가 당신을 의기 양양토록 만들어 크게 발을 헛딛게 만들려 하고 있는지 자신을 돌이켜보며 경계하고 있지 않으면 안 된다.

▶ 자기 암시:

내성적이며 주저주저하는 사나이였으나, 그에게는 아이디어가 있었다.

지금은 대담한(그러나 지나치게 대담한 것은 아니다) 농부인 셸드는 아이오와에서 5백만 달러의 셔블 회사를 경영하고 있다.

이제 당신도 대담하게 전진하라. 그러나 발을 헛딛도록 서두르지는 말아라.

13. 대통령을 꿈꾼 사나이, 땅콩 지미 카터

길고도 지루한 '76년도의 미국 대통령 예비 선거가 시작되고, 전 조지아 주지사 지미 카터가 민주당의 대통령 후보로서 등장되었을 때, 미국의 일반 국민은 거의 그의 이름을 알지 못했었다. 그뿐만 아니라, 민주당 내에서도 카터의 존재를 시시하게 보았고, 이름을 팔기 위해 나타났다가 물거품처럼 사라질 후보들 중 하나로 여길 정도였다.

그러나 카터의 인기는 의외로 높았다. 아니, 그 인기를 만들어 내는 재주가 비상했다.

이제 당신도
대담하게 전진하라.
그러나 발을
헛딛도록
서두르지는 말아라.

▶ 실천 사항:

1976년 6월 16일, 카터는 이미 7월 전당 대회에서 1차 투표 지명선을 훨씬 넘는 대의원 표를 확보했음은 물론, 현직 대통령이라는 유리한 고지를 점령하고 있는 공화당의 포드를 위협하였다.

사실 미국에서도 권위 있는 갤럽 여론 조사에 의하면, '카터 후보는 지금까지 그의 당은 물론 공화당의 후보자들을 훨씬 앞지르고 있었으며, 대통령 선거가 당장 결과로써 카터 후보에게 일어날 것'이라고 예언하고 있었으며, 카터 후보는 포드 현 대통령보다 12%, 로널드 리건 전 캘리포니아 주지사보다 18% 더 많은 지지를 받고 있다는 것이었다. 그렇게 해서 그는 미국 대통령에 당선되었다.

이렇듯 경이적인 카터의 당선에 일반 국민은 물론이거니와, 민주당 내의 반발도 적지 않았다.

"그는 두 개의 얼굴을 가진 사나이이다."

물론 이것은 민주당 대통령 후보가 카터를 혹평했던 사람들의 말이었다. 그들은 카터가 국제 외교 문제나 국내 정치 문제에 분명한 소신의 피력을 피하면서 이렇게도 얘기했다가 저렇게도 얘기한다고 지적했다.

에드워드 케네디 상원 의원도 카터를 가리켜,

"분명하지 않은 정치인!"

이라고 했다. 정책에 관한 카터의 소신의 피력이 모호

민주당 내에서도 카터의 존재를 시시하게 보았고, 이름을 팔기 위해 나타났다가 물거품처럼 사라질 후보들 중 하나로 여길 정도였다.

▶ 자기 암시:

하다는 점을 지적한 것이다.

그러나 뒤집어서 해석한다면 카터의 인기가 그만큼 절대적이고, 어떠한 비바람이라도 흔들리지 않는 거목으로 단시일 동안에 성장한 것을 시샘하여 하는 말이라고도 할 수 있었다.

그럼 카터의 '성공' 비결은 무엇이었던가? 물론 인기몰이에 탁월한 능력을 발휘했던 점도 있었으리라. 그러나 그것보다도 카터 자신의 노력과 절묘한 선거 전략에 있다고 생각된다.

카터는 일찍이 주위 사람들로부터 자기를 가리켜 '남부의 땅콩 장사'라고 불렀다. 사실 그는 이미 다섯 살 때, 어깨에 땅콩 자루를 메고 거리에 나가 땅콩을 팔았다. 이 한 가지 사실로 봐서도 그는 절대로 내성적인 사람이거나 남 앞에 나서기를 주저하는 사람은 아니었다.

설령 내성적이고 수줍어하는 기질이 있었다 하더라도, 그는 적어도 다섯 살 때 벌써 그것을 극복했던 것이다. '위대한 사람'은 어딘가 싹이 다른 것이다.

그는 이미
다섯 살 때,
어깨에 땅콩 자루를
메고 거리에 나가
땅콩을 팔았다.

▶ 실천 사항:

14. 내성적인 성격도 성공할 수 있다

활동적이면서도 사교적이고 말 수단이 좋은 외교적인 사람이 아니면 안 된다고 정설처럼 일컬어져 온 세일즈 맨이라도, 판매 성적이 상위권에 속하는 사람을 조사해 보면 의외로 자신을 안으로 다져나간 사람들이 많다고 한다.

사실, 입사 직후나 갓 입사한 무렵에는 자신을 안으로 다져나간 사람이 별로 두드러진 존재가 못 된다. 그러나 몇 년쯤 지나고 판매에 자신을 갖게 되면, 이 사람들이 처음 한 해 동안 성적이 좋았던 활동적인 사람들을 착실하게 젖혀놓기 시작한다.

또한 정계·재계에서 활약하고 있는 사람들이라든가, 사회적으로 활동하고 있는 사람들에게도 외향적 성격자보다 내성적 성격자가 훨씬 많다. 내성적 사람들은 다음과 같은 장점이 있다.

1) 확고한 자아가 있다.

몇 년쯤 지나고 판매에 자신을 갖게 되면, 이 사람들이 처음 한 해 동안 성적이 좋았던 활동적인 사람들을 착실하게 젖혀놓기 시작한다.

▶ 자기 암시:

2) 유연한 사고를 할 수 있다.

3) 냉정한 관찰을 할 수 있다.

4) 상상력·독창력이 있다.

5) 명확한 목적 의식이 있다.

6) 경제 관념이 발달돼 있다.

7) 일하는 솜씨가 착실하다.

그러나 내성적 사람이 좋으냐 하면 그렇지도 않다. 이상과 같은 장점이 무엇인가의 조건으로 마이너스 효과를 발휘하게 되면 그야말로 비참한 인간이 되고 만다. 즉, 내성적 성격자의 결점으로서는 다음과 같은 것을 들 수 가 있다.

첫째, 내성적인 사람은 혼자서 끙끙 앓아가며 생각하는 성질이므로, 자칫하면 나쁜 사실만 생각하게 되고, 그 결과 그 압력에 스스로 눌려 노이로제가 되는 일이 있다.

장점이 무엇인가의 조건으로 마이너스 효과를 발휘하게 되면 그야말로 비참한 인간이 되고 만다.

▶ 실천 사항:

둘째, 사람과 이야기할 때 너무 긴장한 나머지 말을 떠듬거리든가, 극히 보통인 표현마저 잘못하는 표출 장애가 생기는 일이 있다.

셋째, 사람과 만나게 되면 곧 얼굴이 붉어지든가 하는 대인 공포증에 빠지는 일이 있다

넷째, 지나치게 민감하고 군걱정이 많으며, 항상 비관적으로 사물을 생각하고 염세적이며, 자책감에 사로잡혀 있는 피해 망상 증상에 걸리기 쉽다. 즉, 내성적인 사람에게는 이와 같은 결점이 있는 셈인데, 이 책을 통해서 그것을 극복하는 방법을 발견하라는 것이다. 아니, 이 항목을 읽을 때쯤이면 당신이 이미 내성적인 사람이 아닌 외향적인 사람이 되어 보다 '성공'에 가까워져 있을 것이다.

이 책에서도 풀이되어 있지만 내성적인 것은 결코 부끄러운 사실이 아니다. 선천적으로 정도의 차이는 있을망정 누구나 갖고 있는 것이며, 후천적으로 능히 고칠 수가 있는 것이다. 또 고침으로 해서 성공에의 계단을 오를 수가 있는 것이며, 성공의 영광을 차지할 확률도 높아진다. 이 점을 명심하고서 매사를 적극적이면서도 대담하게 처리해 나가기 바란다.

▶ 자기 암시:

제6장

정보를 활용하여 성공하는 방법

1. 정보 전략은
모두의 사활이 걸린 문제다

오늘날 세계는 정보 전쟁을 치열하게 벌이고 있다. 이 전쟁에서 살아남는 개인이나 사회 및 국가만이 존재할 수 있다. 따라서 우리는 더욱 정보화에 박차를 가해야겠다.

보통 기업에 있어서의 정보 전략은 생존이냐 파멸이

오늘날 세계는 정보 전쟁을 치열하게 벌이고 있다. 이 전쟁에서 살아남는 개인이나 사회 및 국가만이 존재할 수 있다.

▶ 실천 사항:

냐 하는 중대한 문제로서, 그 성질로 보아 크게 다음의
두 가지로 나눌 수가 있다.

1) 기업 내에 대한 정보 전략

기업 안팎에 발생하는 정보의 수집 · 정리 · 분석 · 활
용에 이르기까지의 전략이다. 이 가운데에는 정보의 전
략적인 가공, 정보에 의한 전략적인 의사 결정, 기획 개
발의 전략, 마케팅 전략 따위가 포함된다.

2) 기업 외부에 대한 정보 전략

이것은 기업 목표 달성을 돕는 데 대한 대외적인 정
보 전략이다. 특히 컨슈머리이슴(Consumerism;소비
자 주권주의) 시대에 있어서의 대외 전략은 지금까지
의 GNP 신장주의 아래에서와 같은 것과는 근본적으로
다르다. 마케팅은 물론이거니와 광고 · PR · 퍼블리시
티, 그 밖의 활동에 대하여 정보 전략이라는 점에서 다
시 생각할 필요가 있다.

그럼 실례를 들어보자.

우선 기업 내에 있어서의 정보 전략에 관해서인데,
대개의 회사에는 의사 결정에 필요한 정보를 제공하는
상황실, 또는 기획실이란 것이 있다. 여기서 말하는 의

사 결정이란 품신이 아니다. 품신이란 이미 완성된 안 (案)에 관해 결재를 올리는 수속에 불과하다. 하지만 이 책에서 말하는 의사 결정이란 몇 개의 안 가운데에 서 가장 적당한 것을 하나 선택하는 작업을 가리키기도 한다.

그러므로 이것을 실시하기 위해 필요한 정보로서는 마크로인 경제나 산업 동향의 파악, 기술 정보나 기업 활동의 각 방면에 걸친 정보가 있고, 이것들을 수집하 고 분석하고 가공하여 필요한 부분에 제공하지 않으면 안 된다.

보통 기업 내 정보로서는 컴퓨터에 입력할 수 있는 계수 정형 정보나 그것을 할 수 없는 비계수(비정형) 정보 두 가지 종류가 있다. 정보 센터에서는 전자는 물 론이거니와 후자에 보다 중점을 둔 수집과 가공을 실시 하고 있다.

기업의 외부에 대한 정보 전략에 관해서는 단순한 선 전 활동이 아닌, 기업 전체의 정보 정책의 일환으로서 넓은 시야로 생각할 필요가 있다. 지금까지는 상품이나 서비스를 팔면 되지 않을까 하는 정보 활동을 하고 있 으면 충분했었다. 그러나 앞으로는 기업이 어떻게 사회 에 공헌할 수가 있는가 하는 것이 정보 활동의 원점이 되는 것이다.

또한 정계·재계에서 활약하고 있는 사람들이라든가, 사회적으로 활동하고 있는 사람들에게도 외향적 성격자보다 내성적 성격자가 훨씬 많다.

▶ 실천 사항:

그 사용 수단으로서는 광고·PR·퍼스널 커뮤니케이션의 세 가지를 생각할 수 있다. 서비스나 상품 따위를 팔려고 할 경우에는 광고가 사용된다. 그리하여 기업 이미지나 지역 사회와의 밀착을 꾀하기 위해서 PR을 한다. PR(Public Relations)이란 본디 기업을 둘러싼 대인과의 우호적인 관계를 맺기 위한 활동이다.

또한 퍼스널 커뮤니케이션은 1 대 1의 커뮤니케이션이다. 기업에서는 매스컴 광고와 병용되는 경우가 많다. 이를테면 일종의 팬이나 모니터, 혹은 지식층 등 이른바 전문가들과, 이 같은 전문가에게 받아들여진 다음, 다시 퍼스널 커뮤니케이션으로 확산되는 경우도 생각될 수 있다.

2. 고객 공포 시대

세계의 민방 텔레비전업계에 있어 무엇보다도 무서운 것이 스폰서라고 일컬어졌던 시대가 있었다. 그런데 이 클라이언트(고객. 여기서는 광고 의뢰주)가 최근에 이르러 주눅이 들고, 마치 얌전한 처녀처럼 되어서 남

▶ 자기 암시:

의 눈치만 살피고 있다.

자신 상실도 이만저만이 아니어서 대체 어떤 CM을 만들면 좋은지 짐작도 못 할 만큼 겁을 내고 있는 실정이다. 그 직접 원인은 소비자 세력의 공격 앞에 이제까지의 무궤도성 또는 일방적인 프로 제공에 호된 비판을 받았기 때문인 것 같다. 사실인지 어떤지는 모르지만, 요즘에는 그런 경향이 두드러지기 시작했다.

이것은 일본의 예이지만, 얼마 전 '소비자를 위한 광고 콩쿠르' 라는 것이 있었다. 그 자리에서 주부 연합회 부회장이 다음과 같은 심사 보고를 하였다.

"자동차의 광고로 이것은 입선되었습니다만, 결코 나쁘다는 것은 아니지만, 가해자가 피해자에게 교통 조심을 하라고 당당히 주장하고 있다는 데에 나는 저항감을 느꼈습니다. 그리고 아무래도 참을 수 없는 것은, 품질이나 안전성에 관하여 소비자가 오인할 염려가 있는 표현을 쓰고 있는 것이 꼬리를 감추지 않고 있다는 사실입니다. 이번에도 이를테면 인스턴트 식품 따위라고 생각되는 것에 '진(眞)두부' '참 맛나니' 등이 있었는데, 대체 '진' 이니 '참' 이니 하는 것은 진짜란 뜻입니까?"

이 심사평에는 클라이언트의 얼굴이 붉어지지 않을 수 없었다.

후지 텔레비전에서 주부에게 열광적인 호평을 받는

내성적인 것은 결코 부끄러운 사실이 아니다. 선천적으로 정도의 차이는 있을망정 누구나 갖고 있는 것이며, 후천적으로 능히 고칠 수가 있는 것이다.

▶ 실천 사항:

만화 '무우민'의 캐릭터(등장 인물)를 사용하고,

"자녀들의 안전 교육에 이용해 주십시오."

하는 공공 광고까지 곁들였건만 형편 없는 혹평을 받았기 때문이다. 그래서,

"이렇다면 여러 사람에게 도움이 된다고 생각되는 광고도 만들 수 없게 된다."

라고 한탄 아닌 한탄을 하고들 있었다. 공해를 뿌리고 다니는 자동차를 만들고 있는 가해자라는 의식이 결여되어 있으므로 이와 같은 결과가 되었던 것인데, 스폰서의 입장이 역전되었다는 것은 이 한 가지 일만 봐도 알 수 있으리라.

IBA(국제 방송 광고상)의 심사 때에도 클라이언트측의 사람들은 스위스의 애니메이션의 뛰어난 작품 〈도로와의 투쟁〉이라는 보르보(자동차 이름)의 CM을 높이 평가하려 하지 않았다. 왜냐 하면 그것은 어떤 험로라도 지지 않는 튼튼한 구조의 자동차임을 노래했던 것이지만, 그런 차는 존재하지 않는다는 사고 방식 위에서 있었기 때문이다.

그러나 이 스위스의 보르보 CM은 만화이니만큼 과장이 있는 것은 당연하다. 자동차의 강인성을 지나치게 표현하고 있는 것이 아니라, 도로의 악조건을 코믹하게, 상상력도 풍부하게 과대 표현하고 있는 것이므로,

스위스의
보르보 CM은
만화이니만큼
과장이 있는 것은
당연하다.

▶ 자기 암시:

유머러스한 과장법은 인정해 주어도 좋으리라.

　이렇듯 CM 만들기에 있어 너무 신경질이 되면 딱딱하고 판에 박은 CM밖에 생산되지 않는다.

3. 상품 개발에도 정보를 활용하라

　오늘날 일본에서는 각 메이커가 새로운 상품의 개발을 보류하든가, 연기하든가 하고 있다.

　자원 부족이나 원가 상승 같은 점에서, 지금까지처럼 저돌적으로 나아갈 수 없는 상황이 되었기 때문이다. 이런 의미로서 이제부터의 시대만큼 정보의 활용이 중요한 때는 없을 것이다.

　일반적으로 새로운 상품이나 서비스의 개발에 필요한 정보는 마이크로적인 것과 미크로적인 것으로 크게 나눌 수가 있지만, 전자는 대국적으로 보아 필요한 것이고, 후자는 자기 회사의 입장에서 필요한 것이다.

　우선 대국적으로 필요한 정보로서는 다음과 같은 것이 있다.

이제부터의
시대만큼
정보의 활용이
중요한 때는
없을 것이다.

▶ 실천 사항:

1) 정치 · 경제 · 사회의 움직임

이를테면 이제부터 복지 경제로 나아가지 않을까 하는 움직임이다.

2) 업계의 움직임

업계 전체로서 어떠한 방향으로 향하고 있는가 등이다.

3) 자기 회사의 경영 · 상품 · 서비스의 움직임

현재 시장에 나와 있는 상품이나 서비스는 라이프 사이클의 어느 위치에 있는가, 마켓세어는 안정되어 있는가 등이다.

4) 경합 회사 상황 및 움직임

경합 회사에 관하여 성장과 위기 같은 것을 체크해 본다.

5) 소비자의 움직임

라이프 스타일은 어떠한 방향에 있는가, 가치관의 변화는 어떤가, 수입이나 가계비 지출의 움직임은 어떠한가 등이 있다.

라이프 스타일은 어떠한 방향에 있는가, 가치관의 변화는 어떤가, 수입이나 가계비 지출의 움직임은 어떠한가 등이 있다.

▶ 자기 암시:

이상과 같은 대국적인 정보에 덧붙여 이번에는 미크로적인 정보가 필요하게 된다. 그것을 다시 세 종류로 나눈다면 다음과 같다.

(1) 연구 정보

이것은 민간이나 공공을 불문하고 이제까지의 연구에서 공개된 것, 해외 라이센싱 정보 등이다. 이것들은 그 뒤의 개발 기간이 짧고 완성도의 여하에 따라서는 개발의 위험도가 작다는 점에서 귀중하다.

(2) 특허 정보

이것은 좋은 발명자를 발견한다는 것이 비결이라고 흔히들 말한다.

그러나 필자는 이것에 덧붙여서 특허 정보는 기본적인 것이라고 생각한다. 즉, 특허가 이미 되어 있는 일을 열심히 연구하더라도 의미가 없다. 또 상표 등록에 관해서도 체크해 두지 않으면, 막상 시장에 내놓을 단계가 되어 그것을 사용할 수 없는 비극을 불러올 수 있다.

(3) 시장 정보

세일즈 맨이나 공급자 또는 소비자로부터의 정보이다. 그리고 시장 정보의 기둥을 이루는 것은 최종 고객의 수중에 있으며, 그것은 니즈(Needs) · 넥(Neck;애로) · 클레임의 세 가지라고 한다.

세일즈 맨이나 공급자 또는 소비자로부터의 정보이다.

▶ 실천 사항:

필자가 손 댄 텔레비전의 케이스로서 클레임이 즉각 상품 개선에 활용된 일이 있다.

니즈의 발견에 대해서는 평균적인 소비자의 주일, 혹은 주말·휴일 등에 있어서의 생활 행동을 리스트 업하고 현존하는 상품이 어떻게 대응하고 있는가를 알아 본다. 이와 같이 해 보면 아직 상품이 충족해 주지 않고 있는 결함을 발견할 수 있다. 그 결함에 과연 니즈가 있나 없나 검토를 가하는 것이 좋을 것이다.

이상과 같이 상품 개발은 정보에 의해 이루어진다. 이제까지의 히트 상품을 보게 되면, 어느 것이나 시대의 조류를 타고, 게다가 소비자의 욕구를 충족시켜 준 것임을 알 수 있다. 물론 밑바탕으로서는 품질의 우수성과 가격의 적절성, 공급이나 아프터 서비스 등이 완벽해야 한다.

이제까지의 히트 상품을 보게 되면, 어느 것이나 시대의 조류를 타고, 게다가 소비자의 욕구를 충족시켜 준 것임을 알 수 있다.

4. 아이디어와 정보는 서로 짝을 짓게 하라

예컨대 잡지의 편집 작업에 관해서 보도록 하자. 편

▶ 자기 암시:

집이란 정보를 짝 지우는 작업이라고 필자는 생각한다. 그렇다면 몇 개의 보기를 들어보자.

1) 타이틀과 집필자를 짝 지운다.

2) 출석한 모든 사람들을 짝 지워서 좌담회를 연다.

3) 동일 토픽스에 관하여 온갖 사람의 의견을 인터뷰에 의해 모으고 짝 지운다.

4) 기사와 컷을 짝 지운다.

5) 기사와 사진을 짝 지운다.

6) 온갖 기사를 짝 지워 한 권의 잡지로 구성한다.

그리하여 이와 같은 짝 지움이 잘 되었을 때 훌륭한 것이 완성되지만, 만일 잘 되지 않는다면 시시한 것이 되고 만다는 사실에 주의하자.

특히 편집 기획을 할 때에는 충분히 이것들의 짝 지움을 검토해 보는 일이 중요하다. 모름지기 '기획-아이디어의 창조'라는 것은 온갖 정보의 짝 지움에 의해 태

동일 토픽스에 관하여 온갖 사람의 의견을 인터뷰에 의해 모으고 짝 지운다.

▶ 실천 사항:

어나는 것이기 때문이다. 이것이 잘 되었을 때 히트하는 아이디어가 태어난다.

필자는 작업상 온갖 기획을 하는 입장에 있다. 약 석 달 동안에 모아둔 정보를 활용하여 기획한 것이 있으므로 보기로 들어 보겠다.

필자가 소속된 연구원에서 〈미래 전략을 위한 기획 개발 연구 시찰단〉이라는 창립 기념 특별 기획을 발표했었다. 이것은 필자의 입안에 의한 것인데, 방송국의 광고주 15개사로 편성하는 시찰단을 미국에 파견하겠다는 내용이었다. 일정량의 전파를 구입한 광고주에 한하여 참가할 수 있는 것으로서, 일종의 매상 증진책이었다.

이 플랜을 발표한 순간, 모집 인원이 순식간에 대만원을 이루었는데, 대성공이었다고 평가되고 있다. 그래서 이 아이디어가 태어나기까지 필자가 모은 그 동안의 정보를 차례차례대로 돌이켜보며 예로 들어 보겠다.

1) 지난 해 7월 말에 A. 토플러가 《미래의 충격》이라는 책을 미국에서 발표했는데, 그야말로 폭발적인 인기를 얻었다.

2) 그 책이 9월 중순 번역되었다. 《미래의 충격》이라

▶ 자기 암시:

는 타이틀의 책은 각 신문·잡지의 서평을 보더라도 호
평이었다.

3) A씨를 단장으로 한 미래 산업 시찰단이 10월 중
순부터 3주간에 걸쳐 미국 시찰을 끝내고, 12월 시찰
보고회 겸 강연회를 열었다. 그 모임에는 필자도 참가
했는데, 생생한 현지 사정에 대하여 분명하게 알 수가
있었다.

4) 미국의 스탠퍼드 연구소는 매년 취리히에서 영어
에 의한 '연구 개발 집중 세미나'를 하고 있다.

5) 일본에 진출하고 있는 기업, 혹은 진출하려 하고
있는 기업 중에는 사회나 시장의 변화에 잘 대응하여
신장되고 있는 것이 많다.

위와 같은 정보를 바탕으로 정리함으로써 앞서의 기
획이 탄생한 셈이었다.

일본에 진출하고
있는 기업,
혹은 진출하려 하고
있는 기업 중에는
사회나 시장의
변화에 잘
대응하여 신장되고
있는 것이 많다.

▶ 실천 사항:

5. 모든 판매는 정보의 유통을
행하는 것이다

유통(Distribution)하면 곧 상품의 흐름을 연상하든가, 공급자에 대한 리베이트나 원조 따위를 떠올릴지도 모른다. 그러나 물자 부족이나 수요가 감퇴할 시기에는 단지 그 같은 일뿐만이 아니고, 좀더 중요한 것이 유통되어 나가지 않으면 안 된다. 그것은 한마디로 말해서 정보이다.

한 세일즈 매니저의 리포트에 의하면, 과거 석유 파동으로 인한 불황 때 어떤 슈퍼 마켓의 바이어는 다음과 같이 말했다고 한다.

"그 때는 누가 얼마나 많은 정보를 얻느냐가 승부였었다. 그 때만큼 정보의 중요성을 절감한 일은 없었다."

따라서 그 때 많은 유효한 정보를 제공한 메이커하고는 커뮤니케이션이 좋아지고 장사면에서도 순조롭게 전개되어 신장하였다고 한다.

이와 같은 수급 정보뿐 아니라, 메이커의 사고 방식

유효한 정보를
제공한
메이커하고는
커뮤니케이션이
좋아지고
장사면에서도
순조롭게
전개되어
신장하였다고 한다.

▶ 자기 암시:

혹은 기업의 정책이 유통 조직의 점유율을 확보할 수 있고, 또한 확대도 가능해지는 것이다. 이를테면 메이커의 매니지먼트 사상이 말단까지 도달했을 때, 그 상품의 매상이 보증되는 시대가 된 셈이다. 그러므로 이와 같은 상황에 즈음하여, 메이커측은 정보의 흡수에도 노력하지 않으면 안 된다.

그러자면 제1선의 세일즈 맨에 의해 정보의 수집이나 피드 백을 할 필요가 있다. 여기서 문제가 되는 것은 수집한 정보에 대한 평가이다. 이 문제에 관해서는 앞에서도 풀이한 바 있지만, 세일즈 매니저로서 실시해야만 할 평가로서는 다음과 같은 기준을 들 수가 있다.

1) 정보 제공처는 어디인가?

정보는 어떤 규모의 소매점에서부터인가, 소형인가 중형인가, 대형인가, 그것은 그 가게의 어떤 위치에 있는 사람들의 의견인가, 혹은 그 가게에 온 고객에게서 전해진 것인가, 어떠한 고객이었는가 등등. 이 같은 정보 출처의 체크가 필요하다.

2) 이제까지의 실적을 체크해 보라

과거의 기록을 조사해 보고 과연 타당한 것이었는지 어떤지를 체크해 본다.

과거의 기록을
조사해 보고 과연
타당한 것이었는지
어떤지를
체크해 본다.

▶ 실천 사항:

3) 다른 정보 제공처에서 얻은 정보와 대조해 보라

이를테면 다른 세일즈 맨이 어떠한 정보를 가져오고 있는가, 혹은 그 지역에 있어서의 같은 업계의 타사, 업계 전체로서는 어떠한 정보를 포착하고 있는 것인가?

이와 같은 다른 정보 제공처를 알아봄으로써 확인의 도움이 된다.

오늘날 톱 세일즈 맨의 그 활동을 분석해 보면, 상품 그 자체의 교환보다도 상품이나 서비스에 관한 정보 및 일반적인 정보를 예상 고객에게 주는 데 시간을 많이 소비하고 있다. 그리하여 그는 귀중한 정보를 흡수하고서 돌아온다. 이것이 다음 세일즈에의 활력으로서 활용된다.

그러므로 세일즈란 바로 정보의 유통을 하는 것이라고 할 수도 있는 것이다.

6. 계획의 궤도 수정을 어떻게 하는가?

세일즈란
바로 정보의
유통을 하는
것이라고 할 수도
있는 것이다.

'플랜 두 씨(Plan do see)'라는 매니저먼트 사이클

▶ 자기 암시:

내에서 '플랜'과 '두'는 과연 일치하는 것일까? 또 일치되지 않을 것 같으면 어떻게 해야만 좋을까?

이 문제에 관해서는 필자는 최근 2~3년 동안 씨름해 오고 있는 프로젝트를 중심으로 돌이켜보면서 생각해 보고 싶다.

이렇게 필자가 씨름하고 있는 프로젝트란 다름 아닌 방송국의 광고주들에게 특정의 테마에 의거한 해외 연수 여행에 참가시키려는 것이다. 여기서는 주어진 기간(대개 3주일)으로, 일정한 테두리 속의 예산으로 방문처나 세미나를 결정해 가는 작업이 가장 중요해진다.

이것을 이룩하기 위해서는 우선 평소부터 정보의 수집과 정리를 해 둔다. 그렇게 하면 비록 연구 개발을 테마로 한 연수 팀이라면, 그것을 전문으로 하는 연구소를 비롯하여 기업이나 대학을 몇 개인가 후보로 리스트 업 할 수가 있다.

그리하여 상대편과의 교섭을 개시하고 날짜나 사례금 따위를 결정한다. 이 때 계획대로 되지 않는다면 대체 후보로 교섭을 즉각 전환시키는 것이다.

이렇게 하여 완전히 계획이 서면 연수단이 출발한다. 그런데 때에 따라서는 무엇인가의 형편으로 예약이 별안간 취소되는 일이 있다. 예를 들면 지난해 봄 필자가 동행하기로 한 연수 팀의 경우, 모 자동차 회사의 일본

이것을 이룩하기 위해서는 우선 평소부터 정보의 수집과 정리를 해 둔다.

▶ 실천 사항:

진출이 별안간 전망이 흐려져 현지 확인 단계에서 취소된 일이 있다. 이런 때 어떻게 하면 좋은가?

결국에는 팀인 여러 사람에게 사정을 정직히 이야기하고 대체안을 제시할 수밖에 없다. 이 경우에는 자동차 박물관에 가는 그룹과 시내 관광을 하는 그룹으로 나누어서 행동했었는데, 아무튼 이런 예가 말해 주듯 계획이라는 것은 꼭 그대로 실시되는 것이 아니다. 그런 때에는 성의를 갖고, 또 온 힘을 다 하여 궤도의 수정을 할 수밖에 도리가 없는 것이다. 그 결과는 다시 다음의 플랜을 세울 때의 도움이 된다. 이른바 '보는' 단계에서 '계획'의 단계로 되돌아가는 셈이다.

이와 같이 계획이라는 것은 실시 단계에서 목적에 벗어나지 않는 범위로 수정을 하지 않을 수 없는 일이 있다는 걸 절대로 잊어선 안 된다. 그 단계에서 도움이 되는 것이 피드 백 정보이다. 이것에 의해 계획대로 추진하는가, 아니면 수정할 것인가를 판단한다. 그래서 계획을 실시할 경우에 중요한 것은, 정보 및 그것에 의해 재빨리 판단을 내리는 판단력이라고 생각한다.

이러한 계획의 궤도 수정은 세상의 변화와 스피드가 빨라지고 있는 시대에는 그만큼 기민성이 요구된다. 이를테면 투자 효율의 판정이나 매상고의 집계, 이익률의 계산 따위는 1개월마다 실시한다. 그것에 의해 계획과

팀인 여러 사람에게 사정을 정직히 이야기하고 대체안을 제시할 수밖에 없다.

▶ 자기 암시:

실제 사이의 차이를 발견한다.

　그리하여 필요하다면 적절한 대책을 강구하는 것이다. 이러한 체크의 사이클은 더욱더 빨라지기만 할 것이 틀림없다. 그 때 필요한 것이 가장 새롭고 정확한 정보임은 말할 필요도 없다.

　단순한 계획 입안뿐 아니라, 계획의 궤도 수정을 하는 작업에도 정보는 필요하다. 이것이 격동의 시대를 사는 모든 사람들에게 과해진 커다란 일인 것이다.

7. 정보 코디네이터를 등장시켜라

　오늘날 세계는 패널 디스커션이란 토의 방식이 유행되고 있다. 이 방식은 몇몇의 발언자가 저마다의 입장에서 발언을 하는 형식으로 전개된다. 거기에는 반드시 코디네이터가 존재한다.

　몇몇 대기업에서 조직하는 해외 연수 팀에도 반드시 코디네이터를 한 사람 딸려 보내기로 하고 있다. 테마에 따라 다르기도 하지만, 어느 것이나 그 방면의 베테랑이라고 일컬어지는 사람들이다.

▶ 실천 사항:

이 코디네이터라는 사람은 어떠한 일을 하는가? 패널 디스커션의 석상에서는 각 패널러의 발언은 테마에 따라 촉진하고 탈선하지 않도록 조정한다. 그리하여 최후로 각 패널러의 발언에 의거하여 종합을 한다. 해외 연수에 있어서의 코디네이터의 역할도 이것과 매우 비슷하다.

그는 방문처나 초빙하는 강사에 대하여 팀의 멤버가 원하는 테마를 미리 전해 둔다. 이것에 의거하여 이야기가 전개되고 있는지 어떤지를 확인하고, 만일 벗어나 있다면 궤도의 조정을 한다. 그리고 멤버에게서 제출되는 질문의 내용이나 수효, 전체적인 시간 배분도 조정하는 것이다. 이를테면 코디네이터란 정보의 트래픽 맨 (교통 정리자)이다.

이와 같은 정보 코디네이터에 의해 경영을 하려고 하는 움직임이 최근 엿보이기 시작했다. 매니지먼트를 '사람의 관리'에서 '정보의 관리'로 옮긴다고 하는 발상의 전환을 권하고 있는 것이 그것인데, 어떤 경영 컨설턴트는 이렇게 풀이하고 있다.

정보를 어떻게 활용하느냐를 생각했을 경우, 다음과 같은 것이 문제가 된다.

1) 어떠한 정보가 기업에 있어 필요한가?

▶ 자기 암시:

멤버에게서 제출되는 질문의 내용이나 수효, 전체적인 시간 배분도 조정하는 것이다. 이를테면 코디네이터란 정보의 트래픽 맨(교통 정리자) 이다.

2) 어디에 그 정보 출처가 있는가?

3) 어떻게 그 정보를 모으고 혹은 발견할 수 있는가?

4) 그 생정보를 누가 선별하는가?

5) 또 그것을 활용할 수 있는 것으로 만들자면 어떻게 해야 하는가?

6) 누구에게 그 정보를 전달하면 좋은가?

7) 어떻게 하면 필요한 시기까지 그 정보를 저장하는가?

8) 어떻게 하면 필요 시기에 필요 정보를 꺼낼 수가 있는가?

9) 어떻게 하면 필요한 관계자에게 정확히 그 정보를 팔 수 있는가, 또는 제공할 수 있는가?

이와 같은 문제를 해결하는 것이 종보 코디네이터의

어떻게 하면
필요 시기에
필요 정보를
꺼낼 수가
있는가!

▶ 실천 사항:

제도이다. 정보 코디네이터는 그 조직상 구성원을 동등케 만드는 임무를 갖지만, 명령이나 지시로 부하를 복종시키지는 않는다.

이제까지의 관리자는 모든 정보를 자기 중심으로 소화시키려고 했다. 부하로부터의 정보는 자기가 저장하고 좀처럼 위로 보내 주지도 않았고, 또 그런 기회도 없었다. 위로부터의 정보도 자기가 적당히 만들고, 게다가 횡적인 정보 교류에 이르러서는 파벌주의로 그것이 유통되기 어렵게 되어 있었다.

이와 같은 이제까지의 매니지먼트의 결함을 극복하는 데 등장한 것이 정보 코디네이터이다. 그는 과장과 같은 관리자를 대신하여 활약하는 역할을 담당하는 자이다.

8. 정보 코디네이터의 역할

정보 코디네이터는
그 조직상
구성원을 동등케
만드는 임무를
갖지만,
명령이나 지시로
부하를
복종시키지는
않는다.

마케팅의 개념이 본격적으로 전세계에 도입된 지 이미 50년이 지났다. 원래 마케팅이라는 활동은 소비자 조사나 상품화 계획 및 세일즈 · 광고 · 세일즈 프로모

▶ 자기 암시:

션과 같은 활동이 종합적으로 실시된다. 여기서 필요하게 되는 것은 시장의 가능성과 현실적인 세일즈 맨과의 사이의 갭을 발견하는 일이다. 그것을 조정하는 코디네이터의 역할을 전항의 문헌에 의해 간추려 본다면 다음과 같이 된다.

1) 담당 부문의 업무에 필요한 기업의 방침, 기타 기업 내의 정보를 모은다.

2) 담당 부문의 멤버에 대해서 각자가 하는 일의 수행에 필요한 기업 내의 정보를 전하고, 또는 새로이 타 부문에서 얻어지도록 원조한다.

3) 담당 부분의 멤버로부터의 정보를 해석하고 구별하며, 선별하고 평가하여, 해당 부문에 이것을 저장하거나 타부문의 관계자에게 본인이 직접 전하는 중개를 한다.

4) 담당 부분의 멤버가 특히 상층 간부하고 직접 정보 교환을 할 필요가 있다고 인정되었을 경우에는 그러기 위한 알선 내지 중개를 한다.

여기서 필요하게 되는 것은 시장의 가능성과 현실적인 세일즈 맨과의 사이의 갭을 발견하는 일이다.

▶ 실천 사항:

5) 담당 부문의 멤버로부터 업무 수행상의 상담을 받았을·경우에는 조언을 한다.

6) 담당 부문의 멤버가 어떤 종류의 의사 결정을 할 경우에, 저마다의 의사 결정의 방향이 다르고, 부문 그룹 전체의 힘의 결집이 부족된다 여겨지며, 멤버 역시 어느 쪽인가로의 결정을 통일할 것을 바랄 경우에 한해서, 코디네이터는 자기의 책임으로 부문 그룹의 행동 방식을 결정한다.

7) 기타 인사 고과 및 교육, 업무 계획과 예산 설정, 타부문과의 조정 등 이제까지의 관리자가 실시하고 있었던 것과 같은 직무도 수행한다.

이상 정보 코디네이터가 수행하는 직무 가운데, 1)에서부터 5)까지는 지금까지의 관리자에게서 볼 수 없었던 것이다. 그 차이로서는 나음과 같은 점을 들 수가 있다.

코디네이터는
자기의 책임으로
부문 그룹의
행동 방식을
결정한다.

(1) 원칙적인 업무상의 결정권은 정보 코디네이터가 아니라 전원이 갖는다.

(2) 멤버에 대하여 정보 코디네이터가 할 수 있는 일

▶ 자기 암시:

은 각자의 교육 기회와 정보의 제공 및 조언뿐이다. 그 활용은 본인에게 일임되어 있다.

(3) 부문의 계회과 예산의 수행 결과는 그 정보를 흘려보낼 뿐 조절은 행하지 않는다. 이것 역시 각자의 책임이 된다.

(4) 그러나 담당 부문의 모든 업적은 코디네이터의 책임이기도 하다.

(5) 정보 코디네이터 자신의 성적을 올리자면 부문 멤버의 한 사람 한 사람에 대해서 여하히 좋은 정보 코디네이터가 되고, 여하히 적절한 정보를 보내주고, 그리하여 충분한 활용을 해달라고 하는 일과 함께 여하히 필요한 정보의 제공을 받느냐에 달려 있다.

이상과 같이 정보 코디네이터의 역할은 지금까지의 관리자의 역할과는 약간 다르다. 그러나 이 제도를 기업에서 채용한다면, 조직 속의 멤버가 갖는 정보 조직과 조직의 사이에서 교류하는 정보를 활용하게 되므로 보다 효율적인 기업 경영을 할 수가 있다.

정보 코디네이터의
역할은 지금까지의
관리자의
역할과는 약간
다르다.

▶ 실천 사항:

9. 등록 카드를 활용하라

몇 년 전의 일이지만, 어떤 등록 카드에서 커다란 감명을 받은 일이 있다. 그것은 비즈니스로 내가 곧잘 숙박하는 N호텔에서의 일이었다. 세계 어느 호텔이라도 프런트에서 우선 등록 카드에 기입을 하게 된다. 이것은 보통 같은 호텔에 몇 번 가더라도 그 때마다 기입하게 되는 것이다. 그런데 N호텔에서는 처음인 때 한 번이면 된다.

그 뒤 몇 번 가더라도 최초에 쓴 카드가 잘 정리돼 있고, 프런트 맨이 그것을 즉시 뽑아내어 확인할 뿐이었다. 등록 수속도 불과 몇 초로 끝나고 방에 들어갈 수가 있다. 피로해 있을 때에는 정말로 고마운 서비스이다. 이 호텔에서는 이 카드의 뒷면에 고객의 이용 일시, 지불 금액 따위가 기록되어 있어서 어느 정도의 이용률인지 알 수 있게끔 되어 있다. 또한 이 카드에 의해 계절의 인사장 따위를 보낼 수도 있어서 오랜 고객으로 확보할 수가 있는 것이다.

위의 예는 카드가 정보를 제공해 주는 셈이다. 이와

조직 속의 멤버가 갖는 정보 조직과 조직의 사이에서 교류하는 정보를 활용하게 되므로 보다 효율적인 기업 경영을 할 수가 있다.

▶ 자기 암시:

같은 등록 키드에 의해 정보를 보낼 뿐 아니라, 정보를 피드 백 하는 케이스도 있다.

예컨대 미국의 팬 아메리칸 항공이 20년 이전부터 시작하고 있는 FT(Freguent Traveler) 시스템이 그것이다. 이것은 1년에 몇 번 해외 여행을 하는 사람들에게 ID 카드 등을 내주고 식별할 수 있게 한 시스템이다. 멤버에는 최신의 여행 뉴스가 보내어져 올 뿐 아니라, 질문표가 보내어진다. 이것이 피드 백 정보가 되어 즉각 필요한 조치가 강구되는 것이다.

그럼 그 요점을 들어 보자. 이 질문표에는 다음과 같은 난이 마련돼 있다.

1) 최근 이용한 항공편에서 얻은 경험을 기입하는 난

2) 뛰어난 서비스를 한 종업원의 이름과 소속과 그 이유를 기입하는 난

3) 실망스런 서비스를 했던 종업원의 이름과 소속과 그 이유를 기입하는 난

4) FT 멤버의 도움이 된다고 생각되는 의견을 기입하는 난

▶ 실천 사항:

따라서 이 용지는 여객 마케팅 담당 부사장한테 보내지고 검토되는 것이다.

몇 년 전 팬 아메리칸 항공을 이용했던 필자는 어떤 불유쾌한 경험에 관해 곧 질문표를 보냈다. 그 반응은 신속했었다. 즉각 필자가 지적한 잘못을 고치겠다는 취지의 회답이 돌아왔던 것이다. 미국의 기업에서 일컬어지고 있는 퀵 리스폰스의 모습을 피부로 느낀 감이 컸었다.

그것은 어쨌든 등록 카드가 사장되어 있지 않다는 것이다. 이를테면 보통 책에 끼어져 있는 독자 카드를 그 출판사로 나는 곧잘 보내고 있지만, 이것에 의거한 앙케트 따위가 온 일이 한 번도 없다. 오는 것은 신간 안내뿐이었다.

어째서 기획에 관한 의견을 모으기 위해 사용치 않는 것일까? 혹은 내구 소비재의 보증서에 관해서도 같은 말을 할 수가 있다. 이삼 년 경과한 시점에서의 사용 상황이나 무엇인가 개선할 점, 보급해 달라고 싶은 부품 등 귀중한 피드 백 정보가 얻어질 텐데, 참으로 아까운 노릇이다. 단지 등록하지 않으면 안 되기 때문이라든가, 보증서를 발송해 주지 않으면 안 된다고 하는 이유만으로 카드가 발행되고 있다고 생각하는 것은, 이른바 수직 사고에 불과하다.

미국의 기업에서 일컬어지고 있는 퀵 리스폰스의 모습을 피부로 느낀 감이 컸었다.

▶ 자기 암시:

10. 고객을 끄는 정보는
곧 사업의 성공을 낳는다

사업 중에서도 장사를 할 경우에는 온갖 요소가 성공·실패를 결정하는 법이다. 입지 조건, 가게 구조, 상품이나 서비스의 품질, 점원의 서비스 정신, 가격 등등이 바로 그것이다. 그러나 성공하고 있는 가게에는 공통된 점이 몇 개인가 있으므로 그것을 간추려 보자.

예로 음식점을 들어본다면, 우선 화장실의 관리가 잘 되어 있는지 어떤지가 커다란 포인트이다. 아무렇게 대충 청소를 해놓은 가게, 타월류가 준비돼 있지 않은 가게, 설비에 돈을 들이지 않고 있는 가게, 점원이 고객용의 화장실을 사용하는 가게, 이러한 가게는 반드시라고 해도 좋을 만큼 망하든가 주인이 바뀌고 있다.

음식점으로 성공하려고 할 경우에는 먼저 성공하고 있는 가게의 화장실을 관찰하고 그 정보를 모으는 일이 중요하다.

다음으로는 종업원 말투의 교육, 특히 경어의 사용법을 충분히 가르쳐야 한다. 일류인 호텔의 레스토랑에서

우선 화장실의 관리가 잘 되어 있는지 어떤지가 커다란 포인트이다.

▶ 실천 사항:

조차 묘한 경어를 만나는 일이 많다. 따라서 제2의 포인트로서는 성공하고 있는 가게의 점원들 말투에 관해 정보를 모아보는 것이다.

제3의 포인트는 손님의 기호에 관한 정보를 모아두고 활용하는 일이다. 필자가 곧잘 이용하는 단골 음식점에서는 이쪽에서 가만히 있더라도 좋아하는 음식이 나오게끔 되어 있다. 그것은 담당의 웨이트리스가 손님의 기호를 알고 있기 때문이다. 이것을 좀더 조직화하고 있는 가게도 있다고 한다.

여기서 일본인 가라쓰 하지메 씨의 이야기를 예로 보자. 요리가 맛있다는 정평이 있는 그의 음식점에서는 이제까지 찾아온 단골 고객의 카드가 질서 있게 정리되어 보관되어 있다고 한다. 손님의 식사가 끝났을 때 먹다 남긴 요리나 술 따위를 조사하여 카드에 기입 해 둔다. 그 카드는 정리되어 쿡의 가장 귀중한 데이터가 된다. 그 고객이 다음에 먹으러 왔을 때, 이것을 활용하면 그 고객이 좋아하는 것만 나오게 되므로 반드시 맛있다고 하는 셈이다.

장발족이 늘어 고객이 줄어든 이용업계에서는 카르테 작성이 한창이다. 매회 손님 쪽에서 좋아하는 헤어 스타일을 말하지 않더라도 거기서 보존돼 있는 카르테가 있다면, 설사 담당자가 바뀌더라도 언제나 똑같은

종업원 말투의 교육, 특히 경어의 사용법을 충분히 가르쳐야 한다.

▶ 자기 암시:

조발이 보증된다. 그것이 또 고정 고객을 늘리는 수단이 되기도 하는 것이다.

이것은 그대로 미장원에서도 응용할 수 있는 방법이다. 경쟁이 심한 업계, 더구나 어느 가게에 가거나 큰 차이가 없는 서비스를 받을 수 있는 업계에서는 이와 같은 사소한 정보의 관리와 활용이 커다란 격차를 낳게 하는 경우가 많은 법이다.

고객 카드는 단지 DM(다이렉트 메일)을 보내는 명부로 쓰기 위해 만드는 것이 아니다. 그것은 일상의 치밀하고도 친절한 서비스를 하는 데이터로서 보존되어 있는 법이다.

이와 같은 세밀한 배려가 고객에게 강한 인상을 주고, 어차피 가려면 그 가게로 가겠다는 심정을 일으킨다. 몇 번씩 찾아주면 그 때마다 마음 흐뭇한 서비스를 받을 수 있다. 이것이 고정 고객을 잡는 기본 조건이다. 그 비결은 뭐니 뭐니 해도 정보의 활용법이라는 것을 잊어서는 안 된다.

사소한 정보의
관리와 활용이
커다란 격차를 낳게
하는 경우가
많은 법이다.

▶ 실천 사항:

11. 사회의 변화를 재빨리 포착하라

앞에서 정보의 조그만 활용으로 장사에 성공한 케이스는 헤아릴 수 없을 만큼 많다는 것을 말했다.

먼저 어떤 섬유 취급점이 구입 상품의 전환을 한 케이스이다. 이 회사가 연말에 이르러 매출을 조사해 보았더니, 오버 코트가 지난해의 2할밖에 팔리지 않았다는 것을 알았다. 곧 무엇이 원인인지 추구하기 시작했고, 기획 담당자와 세일즈 맨을 내보내어 각 상점을 조사해 보았다.

그런데 어디서나 팔리지 않고 있었다. 그리고 거리를 걷고 있는 사람에게도 문의해 보았더니, 오버 코트를 입고 다니는 사람이 이 몇 년 내에 줄고 있었는데, 특히 금년 겨울은 더 적다는 정보가 입수되었다.

이 회사의 경영자는 필자가 말하는 거리의 정보를 모았던 것이다. 그 결과 오버 코트는 별로 입는 사람이 없게 되고, 코트에의 전환이 진척되고 있음을 발견했다. 곧 오버 코트를 반품하고 코트를 대량으로 구입한 결과 2배나 매상고를 기록했다고 한다.

▶ 자기 암시:

앞에서 정보의 조그만 활용으로 장사에 성공한 케이스는 헤아릴 수 없을 만큼 많다는 것을 말했다.

이 오버 코트로부터 코트에의 유행 변화는 온갖 원인이 있다고 생각된다. 그 한 가지는 빌딩은 물론이거니와, 가정 내에 있어서의 난방이 발달했다는 점이다. 출퇴근에 이용하는 교통 기관만 하더라도 히터가 있기 때문에 춥지 않다. 자동차로 통근하는 사람도 오버 코트를 입었다면 운전하기 불편하다. 이런 점이 가벼운 코트에 인기가 있게 된 원인이리라. 물론 바깥 공기에 접촉하는 기회가 많은 사람들에게는 오버 코트가 필요하느니만큼, 오버 코트의 수요가 전혀 없게 되었다고 보는 건 잘못이다.

다음의 예는 석탄 판매에서 가솔린 스탠드로 전진하고 다시 다각화시켜 성공한 케이스이다.

우선 서비스 스테이션에서 이제까지 무료 서비스가 상식이었던 세차를 유료로 했다. 이것에는 서독제인 LMO라는 자동 세차 장치를 도입했다. 그것과 더불어 이런 종류의 서비스를 하기 위한 컨설테이션(상담)까지 실시했다. 그러기 위해 세차 기계의 장래성에 관해서는 물론이고 입지 조건, 드라이버의 경향 따위도 조사했다. 그 결과에 의해 세차장을 이용하는 고객은 하이 레벨이기 때문에 모든 것을 고급화하는 일이 필요하다고 판명되었다.

이와 같은 정보의 활용에 의해 식탁 따위도 고급화시

이 회사의 경영자는 필자가 말하는 거리의 정보를 모았던 것이다.

▶ 실천 사항:

켰고, 스테레오 팩이나 액세서리 등에 관해서도 정선을 했다고 한다.

이 케이스에 관해서 필자의 의견을 보태어 본다. 이미 앞에서 말했던 것처럼 재산으로써 자동차를 소유하는 시대는 지나갔고, 생필품으로 바뀌어 가고 있다. 그것에 덧붙여 세금이나 기타 유지비가 높아졌기 때문에 자가용차의 소유자는 어떻게 하면 지출을 줄일 수 있나 애쓰고 있다.

이와 같은 상황 아래 앞서의 케이스는 고급 세차장을 중심으로 한 다각 경영에 의해 성공한 셈인데, 뜻밖의 사건이 발생하기 쉬운 현대 사회에서는 쉴새없이 사회의 움직임을 포착하지 않으면 장사가 어려워진다. 지금까지의 방식으로 염려 없을 것이라 믿고 있는 경영자일수록 움쭉달싹 못 할 가능성이 높아진다는 것을 잊어선 안 된다.

12. 상점 경영에도 정보를 활용하라

세차 기계의 장래성에 관해서는 물론이고 입지 조건, 드라이버의 경향 따위도 조사했다.

이미 앞에서 말했던 것처럼 장사에는 정보의 활용법

▶ 자기 암시:

이라는 것이 위력을 발휘한다는 걸 알았다.

　여기에서는 다시 구체적인 케이스를 몇 가지 들어보자.

1) 어느 귀금속 가게

　보석이나 귀금속 가공을 하고 있는 이 가게는 미국과 프랑스 등에 진출하고 있다. 진출할 때 특히 유의했던 점은, 우선 지점 개설 1년 반쯤은 가게가 번영할 수 있다는 비전의 선전을 신문·잡지·라디오. 텔레비전을 통해서 실시했다. 경영 방침이나 판매 정책 따위 정보를 광고하여 기업의 사고 방식을 전했던 것이다.

　다음으로, 경영 폴리시를 그 지역의 정보를 중심으로 하여 결정했다. 상대편의 생각이나 태도에 맞는 상법을 취하는 것이 필요하다고 생각했던 것이다. 이를테면 미국이나 일본에서는 사파이어보다 루비가 더욱 중시되고 있지만, 유럽에서는 그 반대이고, 그 같은 정보가 중요하다고 선전했다.

2) 어느 제화점 가게

　이 집은 패션과 구두 가게인데, 패션의 사이클이 짧아진 시대에는 히트 상품의 개발이 용이하지 않다. 그래서 패션의 보급차를 이용하여 팔리는 상품을 다른 가

상대편의 생각이나 태도에 맞는 상법을 취하는 것이 필요하다고 생각했던 것이다.

▶ 실천 사항:

게에 앞질러 발견하고 공급하려고 생각했다.

우선 상품에 달려 있는 가격표에 필요한 정보(형태 · 컬러 · 디자인 · 판매 · 가격 · 구입 · 시기 · 특징)를 숫자로 기입하고, 팔린 물건의 가격표를 세밀히 분석 검토하여 유행의 특징을 파악한다. 분석 리스트에는 ①복장과의 관계 ②구입층 ③물건을 해온 날부터 판매까지의 일수 ④거래 도매상에 대한 타점의 주문 상황 ⑤구매 의욕 환기의 포인트 ⑥차년도 판매의 가능성 ⑦오리지널 상품 개발에의 힌트 ⑧머천 다이징(merchandising)에 있어서의 비중 ⑨행사와의 관계 ⑩진열 · 광고 · POP 등이 있다.

이와 같은 패션 센스를 육성했다면, 이것을 유행의 징조 발견에 응용토록 하고, 장사에 활용해 나가는 것이다.

3) 어느 청과 주식 회사

과일류를 중심으로 한 다각 경영을 하고 있지만, 가정 배달에 의한 정보 수집에 중점을 두고 있다. 무료 가정 배달에 의해 밀도가 높은 정보를 확실하게 입수할 수가 있다. 그 응용으로서는 ①지명도 · 이미지 ②상품에 대한 불만 · 반품 ③희망하는 과일 · 요리 · 디저트 ④세계의 진미 · 진과 ⑤세계의 요리와 조리 방법 등을

패션의 보급차를 이용하여 팔리는 상품을 다른 가게에 앞질러 발견하고 공급하려고 생각했다.

▶ 자기 암시:

들고 있다.

이와 같은 정보는 본사의 기획실에 보내진다. 그리하여 고객의 만족을 목표로 한 상품 제조에 반영시키고 개선의 자료로 삼는 것이다.

이 시스템을 유효하게 운용하는 포인트는 다음의 세 가지에 있다.

첫째, 가정 배달은 외부에 위탁하지 않고 종업원이 한다.

둘째, 정보는 무리를 해 가면서까지 수집을 해선 안 된다.

셋째, 정보를 충실히 영업면에 반영시킨다.

13. 정보 활용 방법을 배워라

전항에 이어 상점 경영에 있어서의 정보 활용을 실제 케이스에서 찾아보도록 하자.

1) 어느 복식품점

▶ 실천 사항:

정보는 본사의 기획실에 보내진다. 그리하여 고객의 만족을 목표로 한 상품 제조에 반영시키고 개선의 자료로 삼는 것이다.

이 상점은 유행에 민감하며, 또한 수입에 의존하는 상품이 많다. 그래서 다음과 같은 정보 전략을 취하고 있다.

(1) 정보 제공처로 문화 복식 학원을 선정했다.

(2) 학교 안에 매점을 개설하고 패션 감각을 살려 메이커가 개발한 신제품·외국 수입품·위탁품과 같은 일반 점포에 없는 상품을 통해서 정보를 구체적으로 포착한다.

(3) 수집한 정보는 형·재질·색깔·무늬·기타로 세분한다. 수입 의존도가 높고 가격 변동이 큰 상점은 각 점장이나 단골 고객에게서 의견을 묻고 들은 후 개선한다.

(4) 소비자 정보를 패션 리더에게 검토해 달라 하고 어드바이스를 받는다.

그러므로 이와 같은 정보에 의거하여 수입을 해 가는 것이다.

2) 어느 가죽 제품 판매점

이것은 외국 메이커와 제휴하여 정보를 입수하고 있는 케이스이다. 가죽 제품의 애용자에는 패션에 민감한

소비자 정보를
패션 리더에게
검토해 달라 하고
어드바이스를
받는다.

▶ 자기 암시:

층이 많다. 그러나 천마다 다채로운 디자인을 하기가 어렵고, 코트로서 입는 일이 많다. 그 때문에 단순한 정통파로서 스포티하고 캐주얼한 모드를 도입하는 것이 중요하다. 그리하여 이 상점은 프랑스의 가죽 전문점 두 군데와 제휴하고, 거기서부터 정보를 입수하여 활동하고 있는 것이다.

3) 어느 잡화점

이 가게는 잡화 도매상인데, 아서테드 메이커(assorted maker)로서 활동하고 있다. 도매상이면서 스스로 정보를 수집하며, 메이커와 공동으로 제품의 개량과 개발을 실시하고, 소비자가 찾고 있는 상품을 공급하는 형태이다.

왜냐 하면 이것은 잡화라는 것이 그 기능뿐 아니라, 패션성(性)을 강력히 요구받기 시작했기 때문이다. 또한 가구·비품 등을 짝을 지어 종합적인 것으로서의 컬러·형태·디자인·기능 등이 요구되는 것이 잡화이기 때문이다.

그래서 먼저 정보의 수집에 있어서는 정보의 양과 질이 채워지도록 노력하고 있다. 양이라는 것은 각 계층의 사람들로부터 많은 정보를 모으는 일이다. 질이란 제품의 결함, 상품에의 주문, 원하는 상품의 컬러·디

▶ 실천 사항:

자인·가격·크기·무게 등의 항목으로 분류한 내용이다.

따라서 이 같은 정보는, 구체적으로는 정보를 청취하는 것이다. 그리하여 전국의 영업소에서 보내어 오는 정보는 본부의 담당자에 의해, ①즉각 개선할 상품 ② 되도록 빨리 개발할 상품으로 나누어지고 신중히 검토하여 개선하거나 개발하여 행동으로 옮기는 것이다.

이와 같이 하여 태어난 제품은 다시 소매점으로 보내지는데, 여기서도 정보를 활용한 지도가 꼼꼼히 베풀어지고 있다. 또한 판매 촉진 활동도 정보를 활용하면서 실시되는 것이다.

14. 세미나는 잘 선택하여 이용하라

특정 테마에 관해 정보를 모아 활용하는 매체로서 외부 단체에 의한 세미나가 있다. 세미나를 베푸는 단체의 수효는 많지만, 최근엔 도태되고 있는 실정이다. 개중에는 강사의 허락도 없이 이름을 도용하든가, 참가자가 모이지 않으면 중지해 버리는 등 엉터리인 것도 많

구체적으로는 정보를 청취하는 것이다. 그리하여 전국의 영업소에서 보내어 오는 정보는 본부의 담당자에 의해, ①즉각 개선할 상품 ②되도록 빨리 개발할 상품으로 나누어지고 신중히 검토하여 개선하거나 개발하여 행동으로 옮기는 것이다.

▶ 자기 암시 :

으므로 주의하지 않으면 안 된다.

그러한 가운데, 마케팅 그룹이 주최하는 세미나는 케이스 중심으로 실시하기 때문에 인기를 유지하고 있다. 실무자의 말에 의하면 경기의 소장에 좌우되는 일도 있지만, 세미나의 주최자 측은 테마와 조립, 참가비의 설정, 강사진의 편성, 운영 방법과 그 개최 시기와 타이밍 등에 기본적인 재검토와 반성을 가하지 않으면 안 된다고 한다. 특히 내용과 진행 상황 및 참가비의 설정에 있어서는 일반적으로 비판의 소리가 높으므로 발본적인 체크와 스스로 경계함이 필요하다고 한다. 그럼 세미나에 참가할 경우의 주의 사항은 어떤 것이있는가 살펴보자.

1) 주최 단체의 체크

이제까지 그 단체는 어떠한 방면의 세미나를 손대어 왔는가? 얼마만큼의 참가자가 있었는가?

여기서 주의할 점은 이제까지의 분야와는 다른 테마를 다루고 있는 경우이다. 이와 같은 경우에는 시류에 편승하겠다는 의도가 있으므로 별로 성과를 얻을 수 없는 법이다.

2) 예비 지식을 갖는다

▶ 실천 사항:

내용과 진행 상황 및 참가비의 설정에 있어서는 일반적으로 비판의 소리가 높으므로 발본적인 체크와 스스로 경계함이 필요하다고 한다.

테마가 뚜렷한 세미나라면 어느 정도의 예비 지식을 갖고서 임해야 한다. 그리고 이야기하는 사람이 어떠한 입장에 있는지 알아두면 좋다. 테스트는 이야기가 시작되기 전에 읽어두고, 특히 자기의 관심 있는 부분을 마크해 두면 편리하다.

3) 한숨 돌려가며 듣는다

이를테면 두 시간의 세미나인 경우, 처음부터 끝까지 귀를 기울이며 긴장하고 있을 필요는 없다. 강사가 포인트를 말할 때 정신을 바짝 차리든가, 노트를 하든가 하고, 자기로서 보아 중요치 않는 설명이나 강사의 탈선 부분에선 적당히 긴장을 푼다. 이렇게 하지 않으면 오히려 피로감을 느끼고, 정작 중요한 부분을 빠뜨릴 염려가 있는 법이다.

4) 폴로 업을 한다

그저 듣고만 있어신 안 된다. 노트의 기입이 부족한 부분에는 충분히 첨가해서 기입해야 한다.

더욱 중요한 것은, 이제부터 더 연구해야만 할 문제점을 명백히 해 두는 일이다. 그리하여 자기의 하는 일, 혹은 자기 회사의 전술이나 전략 따위에 어떻게 적용하는가 생각해 본다. 그래야만 비로소 세미나에 출석한

▶ 자기 암시:

의미가 있는 것이다.

15. 학교 교육에서 정보를 활용하라

어떤 초등학교에서는 학생들에 관한 정보를 매일 아침의 직원 조례 시간에 반드시 보고하도록 선생들에게 의무화시켰다. 그 때문에 선생들은 학교 내는 물론이거니와 방과 후에도 학구를 돌아다니며 정보 수집에 여념이 없었다.

어떤 선생은 일부러 목욕탕에 가서 아이들의 목욕하는 모습까지 관찰했다. 그랬더니 장난꾸러기 아이들 몇 명이 욕탕 안에서 물장난을 하고 있었다. 이 정보를 얻은 교장 선생은 전 아동에게 훈시를 하고, 발견자인 선생은 공중 목욕탕의 올바른 사용에 관해 지도를 했다고 한다.

학교는 교육의 자리이고, 또한 좋은 버릇을 길들이게 하는 장소이기도 하다. 특히 어린이 시절의 습관이나 교육이 어른이 되고 나서 크게 영향을 줌은 말할 필요도 없다. 이 이야기는 정보화 사회에 있어서의 교장 선

자기의 하는 일, 혹은 자기 회사의 전술이나 전략 따위에 어떻게 적용하는가 생각해 본다.

▶ 실천 사항:

생님의 노력을 약간 꼬집는 말이라고 사람들은 생각할지도 모른다. 그러나 이와 같은 지도야말로 정보를 활동하는 정신에 의거하는 것이라고 할 수 가 있다.

그렇다면 학교 교육에선 어떠한 정보가 정리되고 또한 활용되어야만 할까? 일본 교육 과학 연구소가 조사·연구를 위해 공모한 리포트인 〈나의 정보 정리학〉의 입선 작품에서 한 가지를 인용해 보자.

1) 학습 지도에 관한 정보

(1) 수업안과 교재 ; 이것들은 교내에서 만들거나 연구회 등에서 입수하는 것이 대부분이다.

(2) 생도에 관한 정보 ; 이것에는 ①성적 일람표 ②좌석표 ③개인별 학습 기록 ④ 자기 평가·상호 평가의 기록 등이 있다.

(3) 시청각 정보 ; 이것은 오버 헤드, 프로렉트용인 투명 시트에 의한다.

2) 학생 지도에 관한 정보

(1) 지도 내용. 지도 계획 등 ; 기본적인 사고 방식, 일상 발생하는 사상에 대한 지도 사항 해결책 등이 있다.

(2) 학생 관리의 명부 ; 이것에는 ①학급 학생 명부

어린이 시절의 습관이나 교육이 어른이 되고 나서 크게 영향을 줌은 말할 필요도 없다.

▶ 자기 암시:

②개인 지도 카드 ③카드에 의한 비공식인 개인 지도 메모 등이 있다

　(3) 학교 조직의 일원으로서의 정보 ; 학습이나 학생의 지도로써 직접 관련하는 정보 외에 학교의 환경·예산·사무 연락 등이 있다

　(4) 교양에 관한 정보 ; 변혁되는 사회 정세에 적응하여 항상 최신의 정보를 학생에게 주기 위하여 교사 자신이 전문서·전문 잡지·일반 도서 잡지·신문, 기타 간행물이나 텔레비전·라디오·연수회·강연회 등에서 교양으로써의 정보를 모은다.

　선생의 일이라는 것은 학생에 대해서 정보를 주고 교육을 실시하고, 그리하여 때로는 설득하는 일이다. 그 어느 것을 보더라도 정보를 모으고 정리해 두지 않으면 완전히 달성할 수가 없는 것이다. 교감이나 교장 같은 입장이 되면 계획·의사 결정·예측 등 기업에 있어서의 매니지먼트와 똑같은 작업이 생기고 정보는 더욱더 중요한 것이 된다.

가죽 제품의
애용자에는
패션에 민감한
층이 많다.

▶ 실천 사항:

16. 해외 정보를 모아 활용하라

기업의 성장에는 온갖 요소가 뒤얽혀 있다. 그러나 그 중에서도 정보의 수집과 활용이 커다란 비중을 차지하고 있는 것이 '중소 기업 성장 조건 조사'에 의해 판명되었다. 이 조사는 ××중소기업 진흥 사업단이 일곱 가지 업종을 대상으로 실시했던 것이다.

니트제(製) 외투·파운데이션·염색 정리업·전기 조명 기구·자전거 부품·포장 기계 등 일곱 가지이다. 성장을 한 기업은, 먼저 수요의 신장이 조건으로 되어 있음은 더 말할 나위도 없다. 경기의 상승에 의해 수요가 증대하면, 제품만 좋은 것이라면 성장하는 것이 보통이다.

다음으로는 제품 개발에 노력한나는 점이다. 이것은 다른 경합 기업과 차이를 두기 위해서도 꼭 필요한 일이다.

그렇다면 제품 개발을 위해서는 무엇을 하면 좋은가? 이것을 일반 사업계에서는 R&D(Research and Development)라고 하는데, 그 바탕이 되는 것이 정보

경기의 상승에 의해 수요가 증대하면, 제품만 좋은 것이라면 성장하는 것이 보통이다.

▶ 자기 암시:

의 수집과 활용이다. 한때 붐을 이루었던 팅크탱크라는 것도 결국 이 R&D를 위한 정보를 팔고 있다고 하여도 좋다. 필자가 소속한 회사는 SRI(스탠퍼드 연구소)와 관련이 있다.

흔히 일본에서 시찰단이 방문하지만, 그 대부분은 고작 연구소의 활동에 관한 슬라이드를 보여주는 데 불과하다. 그것은 무료로 방문한 사람들에 대한 당연한 대우인 것이다. 만일 유료로 교섭한다면 거의 온갖 분야의 테마에 관해서 정확한 정보를 제공해 준다. 물론 막대한 비용을 각오해야 한다.

그것은 그렇다 하고, 앞에서의 조사에 의하면, 특히 성장이 눈부신 기업은 제품 개발을 위한 정보를 해외 시찰이나 조사 기관을 사용한 자사 조사 등에 의해 입수하고 있음이 명백해졌다.

한편, 성장이 낮은 기업에서는 동업자나 카탈로그에 의지할 뿐으로, 창조성이 없는 정보의 수집을 하고 있을 경우가 많은 것이다.

예를 들면 전기 조명 기구인데, 해외의 정보 제공처를 활용하고 있다고 한다. 그러고 보니 얼마 전까지만 해도 획일적인 전기 스탠드나 전기 갓이 많이 눈에 띄었는데, 다양한 유럽풍의 것이 등장하고 있다. 플로어 스탠드나 식탁 등의 깊고 커다란 셰이드(갓) 등이 그

성장이 눈부신 기업은 제품 개발을 위한 정보를 해외 시찰이나 조사 기관을 사용한 자사 조사 등에 의해 입수하고 있음이 명백해졌다.

▶ 실천 사항:

전형이다.

이와 같은 작업을 구체적으로는 어떻게 하면 좋을까? 가장 확실한 것은 개발 담당자 스스로가 해외에 나가보는 것이다.

이 문제에 관해서는 다음 기회에 생각해 보겠지만, 만일 이것이 불가능하다면 대체로 매년 유럽에서 개최되는 견본시에서 수집하는 것이다. 이것은 담당자 자신이 갈 수가 없더라도 상사 또는 기타 인편을 통해서 구할 수가 있다. 거기에서는 실물뿐 아니라 각종의 카탈로그도 배포하고 있으므로 되도록 많이 모아서 보내 달라고 하면 되는 것이다.

그와 같은 견본시의 예에 관해서는 국제선인 항공 회사에 문의하면 일람표나 저마다의 안내서를 보내 줄 것이다.

17. 해외 시찰에 의한 정보도 활용하라

테마가 뚜렷한 세미나라면 어느 정도의 예비 지식을 갖고서 임해야 한다.

해외 출장으로 그 나라를 시찰하든가, 연수하든가 하는 사람들이 늘고 있다. 이제부터 갈 사람들을 위해 어

▶ 자기 암시:

떠한 점에 조심을 하며, 정보의 수집과 활용을 하면 좋은지 소개하겠다.

우선 첫째로 중요한 일은 목적 의식을 갖는 일이다. 피할 수 없는 출장을 할 기회가 왔으니까 그저 막연히 참가한다고 하면 아무 의미가 없다.

예컨대 자기의 하는 일에 직접 관계가 없는 연수 단체 여행이라 할지라도 무엇인가 하나라도 얻고서 돌아오겠다는 마음가짐이 필요하다. 말하자면 외국인의 사고 방식이나 걸음걸이, 여가 즐기는 법 따위만 해도 직접·간접 도움이 된다.

다음에 소개하는 것은 필자가 참가한 연수 팀의 리포트의 일부이다. 좀 길지만 인용하겠다.

9월 16일 오후(레이크·쥬네브·위스콘신 주)

P. 코틀러 교수(웨스턴 대학)를 초빙하여 〈자원 부족과 혼란기에 있어서의 마케팅〉이란 제목으로 강의와 토의를 하였다. 기업의 경영자는 오늘날의 환경이 몇 년 전의 그것과 현저하게 다르다는 것을 인식하고, 그것에 대응한 전략을 채택하지 않으면 안 되었다.

위기(클라이시스)의 의미는, '하나의 기업에 있어서의 위험은 타사에게 있어서는 기회이다' 라는 것을 생각하고, 새로운 기회의 발견을 하는 일이 중요하다. 특

▶ 실천 사항:

히 앞으로의 기업이 주목해야 할 라이프 스타일로서는
다음과 같은 것이 있다.

1)내셔널 브랜드에 대해서 프라이베이트(스토어) 브
랜드에 관심이 높아진다.

2) 상품의 재상품화, 즉 패키지나 장식을 생략한 상품
에서 가치가 발견된다.

3) 1랭크 내린 상품, 이를테면 쇠고기에서 돼지고기
로 격하된다.

4) 충동적 구매가 적어진다.

5) ‘Do it your self’ 가 온갖 분양에서 증가한다.

6) 중고품의 시장이 증가한다.

7) 물건의 내구성과 가격과의 관계가 재검토된다.

8) 새로운 내구성과 가격과의 관계가 재검토된다.

새로운 기회의 발견을 하는 일이 중요하다.

▶ 자기 암시:

이것을 한마디로 말하면, 경제적인 생활로 향하도록 소비자를 조정하는 것이 새로운 라이프 스타일이라는 셈이다.

9월 18일(레이크 · 쥬네브).

〈마케팅 매니지먼트와 전략에 있어서의 변화〉란 주제로 W.레이저 박사(미시건 주립 대학 A.M.A 회장)로부터 매니지먼트 전략 · 광고 · 판매 · 유통에 있어서의 변화와 앞으로의 전망에 대해서 강의가 있었다. 최근 마케팅의 재검토를 진지하게 행하는 기업이 증가되고 있다.

그러나 이것은 마케팅의 부정(Demarketing)이 아니라, 그 방향 또는 비중의 전환을 의미한다.

이제부터 유망하다고 생각되는 상품의 예로서는 다음과 같다.

① 소유권보다도 사용권이 문제가 되는 것, 다시 말해 렌트 방식이다.

② 하나의 상품으로 다면적인 기능을 갖는 것, 다시 말해 FM,AM이 딸린 컬러 텔레비전 등이다.

③ 편리성을 고려하고 게다가 좁은 스페이스에서 사용할 수 있는 디자인의 상품.

▶ 실천 사항:

④ 특정의 시그먼트 시장에 딱 맞는 상품.

⑤ 1일 24시간을 연장해 주는 듯한 상품.

⑥ 복잡한 상황에서 도피할 수 있는 상품.

⑦ 자기 실현을 시켜 주는 교육 상품.

⑧ 자녀들이 핵가족을 만들고 집을 나간 뒤 남는 노인 부부들에 만족을 주는 상품이나 서비스.

⑨ 환경을 개선할 수 있는 상품.

⑩ 안전·보안을 꾀하는 상품.

⑪ 셀프 서비스 상품, 또는 그 기기.

⑫ 부품만을 키트(Kit) 방식으로 교환할 수 있고 본체를 언제까지라도 시대에 뒤지지 않 도록 하는 상품.

18. 해외 시찰에서 얻은 힌트를 활용하라

앞에서는 해외 시찰에서 공식으로 배운 점을 간추린 케이스를 들어 보았다. 여기에서는 비공식, 즉 개인으로서 견문한 것을 간추려 소개하겠다.

이와 같은 일은 또한 새로운 시도를 생각하는 힌트가 되는 것이다. 예컨대 길거리에서 볼 수 있는 이동 음식

▶ 자기 암시:

점의 근대화나 자전거의 안전을 꾀하기 위해 이제부터
어떤 일을 해야만 하는가를 발견할 수 있는 셈이다.

　1) 뉴욕의 풍물시 중 하나는 길모퉁이의 핫도그 장수
이다. 아침 식사 시간이 되면 파라솔이 달린 손수레에
손님이 모인다. 이 구조가 어떻게 되어 있는지 알고 싶
었는데, 때마침 〈데일리 뉴스〉지의 신문 기자가 1일 판
매원으로서 쓴 체험기가 눈에 띄었다. 그것에 의하면
뉴욕에 3천 명의 핫도그 장수가 있고, 그 9할이 면허증
을 가지고 있다고 한다.

　그러나 교통 방해 혐의로 경찰에 연행되는 일이 많
다. 수레는 자기의 것으로 7백 달러에서 천 달러쯤 가
지만, 5년 정도는 사용할 수 있다. 그리고 핫도그 장수
는 이 수레를 1개월에 35달러에서 40달러로 차고에 보
관시켜 두지만, 재료 공급업자가 얼음·프랑크폴트·
소시지·롤 빵 등을 이 차고에 배달해 준다. 구입 가격
은 핫도그가 20센트, 소다수가 15센트인데, 판매 가격
은 각각 30~40센트가 된다. 하루 3백 개 구입하지만,
팔리는 것은 1백50개 정도이고, 장사꾼의 네트 수입은
연수익 7천 내지 8천 달러가 된다고 한다. 구매자로 볼
때에는 1달러 남짓으로 핫도그와 소프트 드링크가 수
입되므로 인플레 시대의 요기로서 안성맞춤인 셈이다.

▶ 실천 사항:

2) 레이크 쥬네브(위스콘신 주)라는 작은 읍에 있었을 때의 일이다. 호텔에 자전거가 있었고, 운동용으로 사용해도 좋다고 한다.

그러나 호텔의 부지 내에서만 탈 수 있다는 규정이라고 했다. 자전거는 기름의 가격 인상에 의해 더욱더 인기가 있는 교통 수단이 되고 있는데, 결코 아무렇게 취급되고 있는 것은 아니었다. 야간에는 1백80미터 후방에서도 확인되고, 보통의 운전 상태라면 1백10킬로의 스피드인 자동차라도 완전히 앞지를 수 있다는 효능서가 붙어 있다.

그것뿐만이 아니다. 지방 신문에 경찰이 광고를 내어, 경고서의 견본을 게재하고 있다. 그것에는 자전거를 타고 있는 사람이 위험한 짓을 하든가, 정비 불량의 것을 타면, 그 사실과 장소·일시가 기입되도록 되어 있다. 그리고 2회 이상 경고서를 발행하면 본인(어린이인 경우에는 부모)의 출두를 요구받는다고 한다.

'우리들의 본래 뜻은, 처벌하는 것이 아니라 안전을 지키고 보고를 하는 일입니다. 자녀들이 불구자가 되든가 죽어 버리기 전에 당신이 교정할 수 있도록 이 위반을 통지합니다. 협력을 부탁합니다.'

이렇듯 부모를 대상으로 한 상세한 내용이 강조되고 있다.

구매자로 볼 때에는 1달러 남짓으로 핫도그와 소프트 드링크가 수입되므로 인플레 시대의 요기로서 안성맞춤인 셈이다.

▶ 자기 암시:

제7장

부(富)를 자기 것으로 만드는 방법

1. 부자가 되는 지름길

부자가 되는 지름길은 있을까? 지름길이란 보통보다도 보다 직접적이고 보다 신속하게 어떤 일을 이룩하는 방법을 나타내고 있다. 즉, 일반적인 것보다도 더욱 직접적인 방법을 말한다.

그리고 이 지름길을 걷는 사람은, 그 목적지를 알고 있기 때문에 그는 보다 빠른 길을 알게 되는 것이다. 그

▶ 실천 사항:

러나 어떤 장해라든가 맞서오는 방해를 물리치고 오로지 목적지에 향하지 않는 한, 결코 그 곳에 도달할 수가 없음이 분명하다.

필자는 여기에 성공의 17가지 원칙을 소개하겠으니, 필히 활용해 주기를 바란다.

하나, 적극적인 마음가짐. 둘, 목적의 명확화. 셋,' 덤'을 덧붙일 것. 넷, 정확함. **다섯**, 자기 규율. **여섯**, 지도성. 일곱, 신앙심. **여덟**, 남에게 환영받는 성격. 아홉, 자발성. 열, 열성. 열하나, 컨트롤된 주의력. 열둘, 팀워크. **열셋**, 패배에서 배울 것. **열넷**, 창조적인 비전. **열다섯**, 시간과 돈의 예산을 세울 것. **열여섯**, 건강의 유지. 열일곱, 우주의 습성인 힘의 이용등이 바로 그것이다.

그럼 왜 필자는, 이 성공의 17원칙을 여기서 다시 반복하는 것일까? 그 이유는 필자가 당신에게 부에의 지름길을 제시하려 하고 있기 때문이다. 따라서 필자는 당신에게 좀더 직접적인 길을 택하도록 바라고 있는 것이다.

그런데 가장 직접적인 길을 취하기 위해서는 당신이 어떤 일이라도 적극적으로 생각하는 일이 무엇보다도

하나의 기업에
있어서의 위험은
타사에게
있어서는 기회이다.

▶ 자기 암시:

필요하다. 왜냐 하면 적극적인 마음가짐은 이들 성공의 원칙을 적용하는 데서 태어나는 것이기 때문이다. 생각한다는 말은 하나의 상징이다. 당신에게 있어서 그 의미는 당신이 누구냐에 따라 달라진다.

당신은 대체 누구냐? 당신은 당신의 유전·환경·육체·의식과, 잠재 의식·경험·시간과 공간에 있어서의 특정 위치와 방향, 그리고 기지의 힘을 포함한 그 밖의 어떤 소산인 것이다.

당신이 적극적으로 생각할 때에는 당신이 이 모든 것에 대하여 영향을 주고, 이용하고 컨트롤하고, 혹은 조화시킬 수 있는 것이다. 그리고 당신만이 당신을 위해 생각할 수 있는 것이다. 그러므로 당신에게 있어 부에의 지름길은 다음의 짧은 말로 나타낼 수가 있다.

"적극적으로 생각하고 행동하여 부를 만들어라!"

비록 당신이 누구이든, 당신의 연령이라든가, 교육이라든가, 직업이라든가에 관계 없이 당신은 부를 끌어당길 수 있다. 당신은 또 그것을 움켜쥘 수도 있다. 그러므로 필자는 다음과 같이 강조하는 것이다.

"부를 겁내지 말고 끌어당겨라."

이제부터 좀더 적극적으로 당신에게 돈을 버는 방법을 가르쳐 주겠다. 당신은 부자가 되기를 원하는가, 먼저 진지하게 대답해야 한다. 물론 당신은 원할 것이다.

부자가 되는 지름길은 있을까! 지름길이란 보통보다도 보다 직접적이고 보다 신속하게 어떤 일을 이룩하는 방법을 나타내고 있다. 즉, 일반적인 것보다도 더욱 직접적인 방법을 말한다.

▶ 실천 사항:

아니라면 부자가 된다는 것이 두려운가? 그렇지는 않을 것이다.

다음은 병원에 입원했던 조지 스테펙의 경험이다. 그는 어떻게 부를 끌어당겼을까? 그럼 다음으로 넘어가 좀더 확실히 알아보자.

2. 남아도는 시간을 활용하라

조지 스테펙은 병원에 입원하고 있었는데, 이제 그 병도 약간 차도를 보이기 시작하고 있었다. 그 병원에서 그는 우연히도 생각하는 시간의 가치를 발견했다. 그 무렵, 경제적으로 그는 무일푼이었다. 단지 조지는 입원하고 있는 동안, 시간이 남아 주체 못 할 정도였다. 책을 읽기나 생각하거나 하는 일을 제외한다면 그에게는 아무것도 할 일이 없었던 것이다.

그러고 있던 중 어떤 아이디어가 갑자기 그의 머리에 떠올랐다. 조지는 대부분의 세탁소에서 다리미질한 와이셔츠를 구겨지지 않게 종이 봉지에 넣어준다는 사실을 알고 있었다.

어떤 장해라든가 맞서오는 방해를 물리치고 오로지 목적지에 향하지 않는 한, 결코 그 곳에 도달할 수가 없음이 분명하다.

▶ 자기 암시:

두서너 군데에 편지를 써서 알아본 결과, 조지는 그 종이 봉지 1천 장을 1달러로 판다는 사실을 알았다. 그래서 그는 봉지마다 광고를 내면 어떨까 하는 생각이었다. 그러면 광고주는 마땅히 돈을 지불해야만 하고, 자신은 그것으로 이익을 올리게 된다.

조지는 이와 같은 아이디어를 생각해 내고, 그 실현에 들어갔다.

그는 퇴원하자마자 일을 곧 착수했다. 이것은 새로운 광고의 분야로서 그런 대로 여러 가지 문제가 있었으나, 마침내 그는 사람들이 '시행 착오'라 부르고, 우리들이 '시행 성공'이라고 부르는 것에 의해 효과적인 판매 기술을 몸에 익히도록 되었다.

조지는 매일 연구하고 계획하는 시간을 갖는다는, 입원 중에 시작한 습관을 계속 지켰다.

그의 사업이 급속히 성장되고 있을 때에도 그는 그 서비스 효과를 좀더 늘려줌으로써 매상을 올리고자 노력했다. 와이셔츠의 종이 봉지는 그 속에서 와이셔츠를 꺼내면, 버리고 마는 게 보통이다. 그래서 그는 다음과 같은 질문을 자기에게 스스로 해 보았던 것이다.

"어떻게 하면 광고가 인쇄된 이 종이 봉지를 오래오래 손님들이 보존하도록 할 수 있을까?"

이윽고 이 해결책은 그의 머리에 떠올랐다. 그것은

생각한다는 말은 하나의 상징이다. 당신에게 있어서 그 의미는 당신이 누구냐에 따라 달라진다.

▶ 실천 사항:

바로 이렇다. 종이 봉지 한쪽 면에는 지금까지와 마찬가지로 흑백이나 컬러 인쇄의 광고를 내었으나, 또 한쪽 면에는 새로운 연구를 시도했던 것이다. 이를테면 어린이들을 위한 재미있는 게임이라든가, 가정 주부를 위한 맛있는 요리법이라든가, 전가족을 위한 퀴즈풀이 등을 인쇄했다.

조지의 이야기에 의하면, 어떤 집에서 세탁비가 갑자기 많아져 이상하게 생각하고 남편이 조사해 보았더니, 조지가 인쇄한 요리법을 좀더 많이 수집하기 위해 그 집 주부가 세탁하지 않아도 될 와이셔츠를 세탁소에 맡긴 결과라는 것을 알았다.

그렇지만 조지는 여기서 중지하지 않았다. 그는 좀더 야심적인 인물이 되어 있었다. 그 사업을 더욱 발전시키려고 생각했던 것이다. 그래서 그는 이번에도 자기에게 물어 보았다.

"어떻게 하면 그 일이 가능할까?"

그리하여 이번에도 그 대답이 떠올랐다.

그는 세탁소에서 받는 천 매당 1달러의 돈을 전부 미국 세탁업 협회에 기부했던 것이다.

그 결과 협회에서는 조지에게 와이셔츠용 종이 봉지를 독점적으로 공급하게 해 주었던 것이다.

▶ 자기 암시:

3. 떠오르는 아이디어는 바로 기록하라

여기서 조지가 발견한 것은 과연 무엇일까? 좋고 바람직한 것을 많이 주면 줄수록, 당신도 보다 많은 것을 손에 넣을 수 있다는 진리가 바로 그것이다.

아무튼 주의 깊게 계획되어 생각하는 시간이 조지 스테펙에게 많은 부를 가져다 주었던 것이다.

가장 뛰어난 아이디어가 태어나는 것은 조용한 환경에서이다. 시끄러운 소란 속에서야말로 뛰어난 자아가 발견된다고 하는 그릇된 생각을 가져서는 안 된다. 왜냐 하면 사색은 그 위에 다른 모든 것이 조립되는 토대이기 때문이다.

그런데 뛰어난 동기 부여의 책을 읽거나, 생각하거나, 계획하거나 하는 습관을 기르기 위해, 당신이 병원에 구태여 입원할 필요는 없다. 또 생각하든가, 공부하든가, 계획하든가 하는 시간도 매우 길어야 할 필요도 없다. 공부하든가, 생각하든가, 계획하든가 하는 시간으로 당신이 시간의 불과 1%를 할애한다면, 당신의 목표에 도달하는 스피드에는 분명히 놀랄 만한 차이가 나

서비스 효과를 좀더 늘려줌으로써 매상을 올리고자 노력했다.

▶ 실천 사항:

타나리라.

당신에게 주워진 하루는 1천4백40분이다. 이 시간의 1%를 연구하고 생각하고 계획하는 시간으로 사용해 보아라. 그렇게 한다면, 이 14분이 당신을 위해 어떠한 일을 해 주는지 새삼 놀라게 되리라. 왜냐 하면 당신이 일단 이 습관을 몸에 지니기만 한다면, 언제 어떠한 곳에 있더라도, 식사를 하고 있든, 버스를 타고 있든, 목욕을 하고 있을 때이든, 항상 건설적인 아이디어가 태어나는 것에 스스로 깜짝 놀랄 것이기 때문이다.

토머스 에디슨 같은 천재가 사용한 도구, 즉 인류가 이제까지 발명한 가장 위대한, 그것도 가장 간단한 두 개의 도구인 연필과 종이를 잊지 말고 활용하라고 하고 싶다. 에디슨이 했던 것처럼 이것을 사용하여 아침이고 낮이고 떠올라오는 아이디어를 기록하는 것이다.

또 하나의 부를 끌어당기는 필요 조건은 자기의 목표를 세우는 방법을 배우는 일이다. 이것을 이해하는 것이 당신에게 있어 중요하다. 그 까닭을 살펴보면, 비록 그 사람이 그 일의 중요성을 인식하고 있었던 경우라도 목표를 설정하는 방법을 진실로 이해하고 있는 사람은 극히 적기 때문이다.

그럼 목표를 설정하는 방법인데, 여기에는 마음에 새겨둘 중요한 일이 네 가지 있다.

당신에게 주워진 하루는 1천4백40분이다. 이 시간의 1%를 연구하고 생각하고 계획하는 시간으로 사용해 보아라.

▶ 자기 암시:

첫째, 당신의 목표를 종이에 써 본다. 그렇게 함으로 써 당신의 생각이 구체화된다. 다시 말해 쓰면서 생각하는 것은 당신의 기억에 지워지지 않는 인상을 남기게 된다.

둘째, 기한을 정한다. 이것은 당신의 목표를 향해 출발하고, 내게 걸어가도록 당신에게 동기 부여한다는 점에서 중요한 일이다.

셋째, 기준을 높은 곳에 둔다. 목표를 달성하는 일의 용이함과 당신의 동기 세우기와의 사이에는 직접적인 관계가 있는 것처럼 생각된다. 일반적으로 말해서 당신의 주목표를 높은 곳에 두면 둘수록 그것을 달성하기 위해 하는 노력이 집중적이 된다.

넷째, 높은 것을 지향한다. 인생에 있어서의 성공과 번영을 목표로 해야 하는 것이다.

4. 우선 첫발을 내딛고 보라

무엇보다 중요한 일은 목표를 정한 뒤 곧바로 행동을 일으키는 것이다. 최근의 일이지만, 찰스 필립피아라는

▶ 실천 사항:

가장 뛰어난
아이디어가
태어나는 것은
조용한
환경에서이다.

63세의 할머니가 뉴욕으로부터 플로리다 주의 마이애미까지 머나먼 길을 걸어가는 계획을 세우고, 마침내 그것을 실현했다.

그래서 그녀는 신문 기자의 인터뷰를 받게 되었다. 기자들은 이와 같은 긴 도보 여행을 한다고 생각만 해도 그녀를 주저케 하지는 않았을까 하는 그 점을 알고 싶어했다. 걸어가겠다는 여행 방식을 택한 용기가 어떻게 생겼을까 하고 말이다.

"첫걸음을 내딛는 데는 용기가 필요했습니다."

필립피아 부인은 이렇게 대답했다.

"그리고 내가 한 일은 그것뿐이었습니다. 나는 우선 첫발을 내디디었습니다. 그래서 마침내 여기에 도착했지요."

그렇다. 당신은 무엇보다 먼저 그 첫발을 내딛지 않으면 안 된다. 당신이 얼마만큼 많은 시간을 생각하고 공부하느냐에 좌우되는 문제가 아니다. 실행이 그것에 따르지 않는나면, 그와 같은 일은 아무런 쓸모도 없을 것이다.

부를 끌어당기는
필요 조건은
자기의 목표를
세우는
방법을 배우는
일이다.

▶ 자기 암시 :

5. 부정적인 생각은 부를 달아나게 한다

적극적인 마음은 부를 끌어당기지만, 소극적인 마음가짐은 그 반대의 결과를 낳는다고 이미 귀가 아프도록 말해 왔다. 필자는 그 점을 다시 한 번 강조하겠다.

오스카라는 사나이가 있었다. 1929년 후반의 어느 날 그는 오클라호마 시티의 역에서 기차를 내렸다. 그는 거기서 동부행의 기차를 몇 시간 기다릴 필요가 있었다. 그는 작열하는 서부의 사막에서 몇 달인가 지내 왔다. 그는 어떤 동부의 회사를 위해 석유를 찾고 있었던 중이다.

그무렵 그는 광맥 탐지기의 발명에 성공은 했던 것이다. 오스카는 매사추세츠 공과 대학의 출신으로 석유 매장량을 발견하기 위한 광맥 탐지기를 개량하고 새로운 장치를 만들고 있었다.

그런데 그만 오스카는 그가 근무하고 있었던 회사가 파산했다는 통지를 받은 것이다. 파산의 원인은 사장이 거액의 회사 공금을 주식 시장의 투기에 유용했기 때문이었다. 그 당시 주식 시장은 1929년의 가을 대공황을

기준을 높은 곳에 둔다. 목표를 달성하는 일의 용이함과 당신의 동기 세우기와의 사이에는 직접적인 관계가 있는 것처럼 생각된다.

▶ 실천 사항:

만나 혼란에 빠졌다. 이리하여 오스카는 직장을 잃고 앞날에 아무런 희망도 없는 것처럼 보였다.

하지만 부정적인 사고의 힘이 그에게 강력한 영향을 미치기 시작했다. 그는 몇 시간 기다려야만 되었으므로, 그의 장치를 역 대합실에서 조립해 보리라고 생각했다. 그런데 그것이 좀처럼 뜻대로 되지 않았으므로 오스카는 화난 김에 그 장치를 발길로 차고 마침내 그것을 부수어 버렸다.

"석유 따위 알게 뭐냐! 석유 따위 알게 뭐냐!"

그는 저주스런 목소리로 외쳤다.

그는 소극적인 마음가짐의 영향으로 욕구 불만에 빠져 있었다. 이제까지 그것을 위해 그가 찾아온 기회가 바로 그의 발 아래 있었건만! 그것을 잡자면 발을 한 걸음만 더 내딛기만 하면 되는 것이었다. 그러나 부정적 사고의 영향 탓으로, 그는 그것을 인정하는 것을 거부했던 것이다.

그는 자기의 발명에 자신을 잃고 있었다. 만일 그가 긍정적 사고의 영향 아래 있었다면 부를 쉽게 포기해 버리지 않고 끌어당겼으리라.

신념을 갖는다는 것은 앞장에서 말한 중요한 성공의 17원칙의 하나이다. 당신의 신념을 테스트하는 방법은 가장 필요로 할 때에 그것을 사용할 수 있나 없나에 달

무엇보다 중요한 일은 목표를 정한 뒤 곧바로 행동을 일으키는 것이다.

▶ 자기 암시:

려 있다.

부정적 사고는 오스카를, 그가 믿고 있던 많은 일이 잘못되어 있었다는 방향으로 이끌어갔던 것이다. 어쩌면 당신도 기억할지 모르지만, 그 당시의 대공황은 많은 사람의 마음 속에 공포심을 심어 주었다. 오스카도 그 한 사람이었던 것이다. 이제까지 그토록 그 가치를 잘 실증해 온 기계도 고물 쇠붙이나 다름없었다. 오스카는 완전히 욕구 불만이 되어 있었던 것이다.

오스카는 그 날 오클라호마 시티의 역에서 기차를 탔을 때, 그 석유 탐지기도 버렸다. 그리하여 미국에서도 최대인 석유 매장지에서 영원히 작별한 것이었다. 그 뒤 얼마 후, 오클라호마 시티는 문자 그대로 석유 위에 떠 있는 섬이 되었다.

오스카는 다음과 같은 두 가지 원칙 적용의 산 실례가 되었다.

'적극적인 마음가짐은 부를 끌어당기지만, 소극적인 마음가짐은 부를 내쫓는다.'

적극적인 마음은 부를 끌어당기지만, 소극적인 마음가짐은 그 반대의 결과를 낳는다고 이미 귀가 아프도록 말해 왔다.

▶ 실천 사항:

6. 적은 급료에서도 부는 축적된다

여기서 당신은 이렇게 말할지도 모른다.

"적극적 마음가짐이나 소극적 마음가짐에 관해 일컬어지고 있는 이와 같은 모든 일은 백만 달러를 만들 능력이 있는 사람에게 있어서는 매우 훌륭한 일이겠지요. 그러나 나로서는 백만 달러를 만들겠다니 어림도 없는 일입니다."

"물론, 나 역시 경제적 안정은 바랍니다. 좋은 생활도 하고 싶고, 퇴직하고 나서 필요한 것을 준비하고 싶다고도 생각합니다."

"그럼 내가 한낱 월급쟁이라면 어떻게 합니까? 별로 많지도 않은 급료라면 어떻게 합니까?"

이 말들에 대한 필자의 대답은 다음과 같다.

"월급쟁이인 당신이라도 부를 손에 넣을 수 있다, 경제적 안정을 유지하는 데 충분한 부를. 그것은 당신의 염려에도 불구하고 부자가 되기에 충분한 부이다. 그러기 위해서는 당신의 증표인 긍정적 사고의 영향이 당신에게 바람직하게 작용되도록 하면 틀림없이 된다."

부정적인 사고의 힘이 그에게 강력한 영향을 미치기 시작했다.

▶ 자기 암시:

　이것이 가능하다는 것을 증명해 보인 사람이 있다. 오즈본이 한 행동이 바로 그것이었다.

　오즈본은 샐러리 맨이었는데도 불구하고 부를 손에 넣었다. 그러기 위해 오즈본이 사용한 원칙은 매우 뚜렷했었지만, 곧잘 그것은 누구의 눈에도 보이지 않았던 것이다.

　그가 배운 원칙, 그리고 당신도 또한 사용할 수 있는 원칙은 불과 몇 마디로 표현할 수 있는 것이다. 《바빌론 최대의 부호》라는 책을 읽고 있는 사이 오즈본은 부라는 것이 다음의 행동을 함으로써 손에 넣을 수 있다는 것을 발견했다.

　첫째, 당신이 쉽게 손에 넣을 수 있는 1달러 중에서 10센트를 저축할 것.

　둘째, 6개월마다 당신의 저축이나 투자로부터의 이익 배당금을 재투자할 것.

　셋째, 투자를 함에 있어서는 안전한 투자를 위해 전문가의 어드바이스를 청하고, 투기 따위를 함으로써 원금을 잃는 어리석은 짓은 하지 말 것.

　다시 한 번 되풀이 말한다면, 오즈본이 한 일은 바로 이것이었다. 이 점을 깊이 생각해 보라. 당신은 당신이 손에 넣은 1달러 중에서 10센트를 저축하고, 그것을 안전하게 투자함으로써 경제적 안정이나 부를 손에 넣을

▶ 실천 사항:

부정적 사고는 오스카를, 그가 믿고 있던 많은 일이 잘못되어 있었다는 방향으로 이끌어갔던 것이다.

수 있는 것이다. 그렇다면 언제 시작하면 좋을까? 지금 바로 당장이다!

그럼 오즈본의 경험을, 신체도 건강하고 사람을 발분시키는 책도 읽고 있었던 어떤 사나이의 경험과 비교하겠다. 이 사나이가 나폴레옹 힐과 만났을 때, 그는 50세였다. 이 사나이는 이렇게 말하며 미소를 지었다.

"저는 당신의《생각하라, 그러면 부자가 된다》라는 책을 몇 년 전에 읽은 일이 있습니다. 그러나 자는 지금껏 부자가 아닙니다."

나폴레옹 힐도 웃음을 터뜨리더니 진지한 얼굴로 이렇게 대답했다.

"그러나 당신은 부자가 될 수 있을 것입니다. 당신의 미래는 이제부터입니다. 당신은 그 준비를 하지 않으면 안 됩니다. 그리하여 당신의 당신에게 주어진 기회를 위해 준비할 경우에는 우선 첫째로 당신이 적극적인 마음가짐을 발전시키지 않으면 안 됩니다."

그러자 이 사나이는 그의 이 충고를 머릿속에 깊이 새겨 두었다. 그것은 지금부터 몇 년 전의 일이었다. 그는 아직도 부자가 되지는 않았지만, 지금은 적극적인 마음가짐을 몸에 지니고 부자가 되는 도상에 있다. 그 증거로 그에게는 수천 달러의 빚이 있었는데 지금은 그것을 깨끗이 갚아 버린 것이다.

당신의 증표인 긍정적 사고의 영향이 당신에게 바람직하게 작용되도록 하면 틀림없이 된다.

▶ 자기 암시:

그리하여 그는 저축한 돈으로 주식에 투자를 하려 하고 있다.

그는 이제 긍정적 사고를 가진 사람이 되었다. 그의 증표인 부정적 사고 쪽이 그에게 영향을 주고 있었을 때에는 그는 마치 자기 연장이 나쁘다고만 불평을 토하는 목수 같았다. 당신은 지금까지 연장에 대해 불평을 말한 일이 있는가? 만일 당신이 완전한 카메라를 가지고 있고, 적당한 필름을 사용하는 데도 사진이 잘 찍히지 않았다면 대체 결함이 어디에 있다고 생각는가? 카메라에 결함이 있을까?

이와 마찬가지로 당신은 당신의 인생의 전 코스를 바꿀 수 있는 책을 이미 읽기는 했지만, 그것을 이해하고 소화하고 그 원칙을 배워 적용하는 수고를 취하지 않았기 때문에 부를 얻지 못하였던 것이다.

지금이라도 배우면 되는 것이다. 지금까지 배우지 않았다면, 이제부터라도 배워서 할 수 있다.

당신은 당신이 손에 넣은 1달러 중에서 10센트를 저축하고, 그것을 안전하게 투자함으로써 경제적 안정이나 부를 손에 넣을 수 있는 것이다.

▶ 실천 사항:

7. 돈을 빌려서라도 활용하라

"비즈니스라고? 그것은 아주 간단한 일이지. 그것은 남의 주머니에 있는 돈을 말하는 거야!"

알렉산더 뒤마 2세는 〈돈의 문제〉라는 희곡에서 이렇게 말했다.

그렇다. 바로 그것은 OPM, 즉 남의 돈(other people's money)을 사용한다는 의미이다. 그것이 커다란 부를 손에 넣는 것이다. 벤자민 프랭클린도 그러했고, 윌리엄 니카슨도 그러했으며, 콘라드 힐튼도 그러했다. 또한 헨리 카이저도 그러했다. 그리고 만일 당신이 부자였다면 그러했었는지도 모른다.

벤자민 프랭클린은 다음과 같은 충고를 하고 있다. 《젊은 상인에의 충고》는 1748년 프랭클린에 의해 씌어진 것인데, OPM의 이용에 관해 다음과 같이 논하고 있다.

"돈이란 것은 자기를 늘리는 성질을 갖고 있음을 알아두어야 한다. 돈은 돈을 낳을 수 있다. 그리하여 그 결과가 더욱 돈을 낳는 것이다."

당신이 적극적인 마음가짐을 발전시키지 않으면 안 됩니다.

▶ 자기 암시:

다시 프랭클린은 이렇게 말을 잇는다.

"1년에 6파운드인 돈은 하루로 따진다면 고작 4펜스의 은전 한 닢에 지나지 않는다는 것을 기억해 두라. 이 작은 액수로(그것은 매일 아무렇게나 쓰여질지도 모를 소액이지만) 돈을 빌린 사람은 백 파운들를 가지고 그것을 쉴새없이 이용할 수 있는 것이다."

프랭클린의 이 말은, 돈을 빌리고 그것을 이용하는 일이 어떠한 것인지 말해 주고 있다. 그의 충고는 오늘날이라도 그것이 쓰여졌을 때나 마찬가지로 도움이 된다. 당신은 수 센트를 갖고 일을 시작하여, 그것을 사용함으로써 5백 달러의 돈을 항상 가질 수 있는 것이다. 또한 이 아이디어를 확대하여 수백만 달러를 항상 소유할 수도 있다. 콘라드 힐튼이 한 일도 그것이었다. 그는 신용을 활용한 사나이이다.

얼마 전에도 힌트 호텔스 코퍼레이션이 커다란 공항에·비행기 여행자용인 호화 호텔을 건설하기 위하여 2천5백만 달러의 신용 대출을 받았다. 그 때 그는 무엇을 담보로 했을까? 성실성의 대명사라고 할 힐튼의 이름이 바로 담보의 대부분을 차지했었다.

성실성이라는 것은 돈으로 바꿀 수가 없는 것이다. 귀중한 것이다. 그것은 다른 수많은 인격적인 특색의 어느 것보다도 인간의 마음에 깊이 파고드는 것이다.

부정적 사고 쪽이 그에게 영향을 주고 있었을 때에는 그는 마치 자기 연장이 나쁘다고만 불평을 토하는 목수 같았다.

▶ 실천 사항:

성실성이 있느냐 없느냐는, 말하는 자의 말 한 마디 한 마디에, 혹은 사상이나 행동 속에 틀림없이 나타나고, 얼굴에 나타나는 일도 많고, 성실성의 정도는 멍청해 있어도 대개는 알게 된다. 그렇지만 불성실한 인간은 목소리의 억양, 얼굴 표정, 화술이나 이야기의 내용, 서비스 태도 등에 그 결점이 나타난다.

"돈은 돈을 낳을 수 있다. 그리하여 그 결과가 다시 돈을 낳는 것이다."

윌리엄 니카슨도 이러한 진리를 깨닫고 신용과 명성을 얻은 사람 중 한 사람이다. 그는 자기가 펴낸 책 속에서,

"백만 장자를 소개해 주십시오. 반드시 크나큰 돈줄을 소개하겠습니다."

하고 말하고 있다.

그가 말하는 크나큰 돈줄이란 무엇일까?

8. OPM(남의 돈)으로 투자를 하라

돈이란 것은
자기를 늘리는
성질을 갖고 있음을
알아두어야 한다.

물론 말 그대로 크나큰 돈줄이란, 헨리 카이저라든

▶ 자기 암시 :

가, 헨리 포드라든가, 월트 디즈니 같은 대부호를 말한
다. 이제부터 소개하는 찰리 서민스도 은행에서 돈을
빌려, 10년간에 4천만 달러에 이르는 사업을 하게 된
사람이다.

그러나 그 전에 콘라드 힐튼, 윌리엄 니카슨, 찰리 서
먼스 같은 사람들에게 필요한 돈을 빌려주고 사업을 도
와준 사람들에 관해 설명을 하겠다.

말할 것도 없이 은행은 돈을 융통해 주는, 즉 장사하
는 기관이다. 되도록 성실한 사람에게 돈을 빌려주어
늘리고 있다. 상업 은행은 돈을 빌려주는 것이 기본적
인 사업 목표인 것이다. 그러므로 무익한 융자는 용서
되지 않는다.

은행은 돈의 전문가이다. 그런만큼 당신의 귀중한 한
편이다. 은행은 당신을 도와주고 싶어하고 있다. 왜냐
하면 당신이 성공하기를 간절히 바라고 있는 이웃의 하
나이기 때문이다.

자기의 할 일을 분별하고 있는 은행이라면 은행이 하
는 말에 귀를 기울이도록 하라.

상식이 있는 사람이라면 빌린 돈의 힘이나 전문가의
충고를 가볍게 보는 일 따위를 하지 않는다. 찰리 서먼
스라는 이름인 평범한 미국의 소년이 대부호가 된 것도
OPM과 성공에 이끄는 계획, 그리고 진취적인 기질 ·

성실성이라는
것은 돈으로
바꿀 수가 없는
것이다.

▶ 실천 사항:

용기 · 상식으로 구성되는 긍정적 사고의 성공 원리를 이용했기 때문에 비로소 가능했다.

텍사스의 몇몇 사람들과 마찬가지로 달라스의 찰리 서먼스도 천만 장자이다. 아니, 다른 몇몇 사람의 텍사스 인과 마찬가지로 그는 억만 장자이다. 더구나 그는 열아홉 살 때까지도 다른 많은 10대의 소년들보다 금전적으로 불우했는데, 일하여 조금이라도 돈을 예금하러 간 은행의 간부 한 사람이 그에게 흥미를 느꼈었다. 왜냐 하면 그는 꽤나 장래성이 있는, 이를테면 돈의 가치를 알고 있는 소년이라고 생각했기 때문이었다.

찰리가 자기 스스로 목화의 매매를 결심을 하자, 그 은행가는 그에게 신용 대부를 해 주었다.

이것은 찰리 서먼스가 OPM을 이용한 최초의 경험이었다. 말할 것도 없이 최초이지 최후의 경험은 되지 않았다. 그는 그 때 다음의 것을 배우고 확신하기에 이르렀던 것이다.

"은행은 당신과 한편이다."

그리하여 이 젊은이는 목화의 브로커가 되어 1년 반쯤 있다가 말과 나귀를 매매하게 되었다. 그가 인간의 본질에 관해 많은 것을 배운 건 이 무렵이었다.

따라서 돈에 관한 지식에 덧붙여서 이 은행 간부는 인간 이해가 마침내 현재 성공하고 있는 사람이나 장차

돈은 돈을 낳을 수 있다. 그리하여 그 결과가 다시 돈을 낳는 것이다.

▶ 자기 암시:

성공할 사람에게서 공동으로 볼 수 있는 극히 건전한 철학을 찰리 서먼스 속에 키워 갔던 것이다. 찰리는 젊었을 때 이미 이 철학을 몸에 익혔고, 두 번 다시 그것을 잃지 않았다.

9. OPM과 계획

수년 뒤, 찰리는 두 사람의 사나이와 설립한 보험 회사의 주식을 전부 매수했다. 그렇다면 그는 그 돈을 어떻게 조달했을까?

OPM과 저축한 돈을 사용한 것이었다. 그래도 부족한 많은 액수의 돈은 어디서 구했을까? 물론 은행에서 빌렸다. 그는 전부터 은행이 그와 한편이라는 것을 알고 있었기 때문이다.

이윽고 그의 회사가 연간 천만 달러 가까운 보험료를 모은 해에, 그는 마침내 오랫동안 찾아왔던지 급속 성장을 위한 성공의 공식을 발견한 것이었다. 그에게는 이것으로써 준비가 갖추어진 셈이었다.

1년간에 천만 달러의 보험료 징수를 낳은 것은 그 공

자기의 할 일을 분별하고 있는 은행이라면 은행이 하는 말에 귀를 기울이도록 하라.

▶ 실천 사항:

식과 OPM이었다. 서먼스는 시카고의 보험 회사가 리드에 의한 판매 계획을 개발하여 성공했다는 것을 알고 있었다.

다년간 세일즈 매니저가 사용했던 것으로 판로 개척을 위한 리드 시스템이란 것이 있다. 세일즈 맨은 충분한 리드를 얻어, 곧잘 다액의 수입을 얻는다. '리드'란 관심을 나타내는 개인으로부터의 문의를 말한다. 이것은 일반적으로 어떤 종류의 판매 촉진 계획에서 얻어지는 것이다.

경험으로도 알 수 있듯이 인간 본래의 성질로 보아 많은 세일즈 맨은 모르는 사람이나, 전에 개인적인 접촉이나, 커뮤니케이션이 전혀 없던 사람에게 판매를 하려고 하면, 겁이 나든가 부끄러움을 느끼든가 하는 법이다. 그러기 때문에 그들은 예상 고객에의 판매에 사용할 수 있는 많은 시간을 낭비하고 있다.

그러나 보통인 세일즈 맨이라도 리드인 예상 고객은 자청해서 방문할 마음이 드는 법이다. 그 까닭을 살펴보면 자기 자신은 세일즈 트레이닝을 받든가, 세일즈의 경험이 없더라도(충분한 리드가 얻어진다면) 많은 판매에 성공할 수 있음을 알고 있기 때문이다. 더구나 방문하는 장소나 만날 상대도 알고 있는 것이다. 그러므로 사전 준비를 조금도 하지 않고서 판매를 하지 않을

상식이 있는 사람이라면 빌린 돈의 힘이나 전문가의 충고를 가볍게 보는 일 따위를 하지 않는다.

▶ 자기 암시:

수 없는 경우만큼 두려움을 느끼는 일은 없다. 일부의 회사에서는 판매 계획, 그러나 광고에는 돈이 든다.

찰리 서먼스는 은행의 담보가 될 좋은 아이디어가 있을 때에는 돈의 조달을 위해 어디(달라스의 리퍼블릭 내셔널 은행)로 가면 좋은지 알고 있었다. 왜냐 하면 그 은행은 텍사스의 건설에 공헌했다는 것으로 텍사스에선 잘 알려져 있었기 때문이다. 그리고 계획을 가졌고, 그 활용법을 알고 있는 서먼스와 같은 성실한 인간에게 돈을 빌려 주는 것을 장사로 하고 있었다.

서먼스는 은행 간부에게 그의 계획을 설명했다. 그 결과 그는 리드 시스템에 의한 보험 사업을 쌓아올리기 위해 신용 자금을 얼마든지 사용할 수 있게 되었던 것이다. 다시 말해서 그는 미국의 크레탓 시스템 준비 덕분에 생명 보험 회사를 설립할 수 있었다. 이와 같은 조직으로 10년간이라는 단기간 내에 징수하는 보험료를 40만 달라에서 4천만 달러로 늘릴 수 있었던 것이다.

1년간에
천만 달러의 보험료
징수를 낳은 것은
그 공식과
OPM이었다.

▶ 실천 사항:

10. 신용이 화가 되는 일도 있다

지금까지 신용을 이용하는 이점에 관해 풀이해 왔다. 즉, 돈을 벌 목적으로 돈을 버는 실제에 관해서 풀이해 왔다. 돈을 벌기 위해 돈을 빌리는 일이야말로 자본주의이며, 좋은 일이다.

그러나 어느 쪽이 좋은가?

물론 부정적 사고에 의해 사람에게 해로운 면도 생기기 마련인 셈이다. 신용도 예외는 아니다. 신용이 성실한 인간을 불성실한 인간으로 만들어 버리는 일도 있을 수 있는 것이다. 왜냐 하면 신용의 오용(誤用)은 고뇌·욕구 불만·불행·불성실을 낳는 커다란 근원의 하나이기 때문이다.

여기서 말하는 신용은 신용 공여자가 자발적으로 주는 신용이다. 신용 공여자가 사람에게 신용을 줄 경우, 상대가 신용을 주기에 알맞은 인물이라 생각하고서, 혹은 그 성실성을 신뢰하고서 신용을 준다. 이와 같은 신뢰를 배신하는 자가 불성실한 인간이다. 이 같은 인간은 한번 승낙한 지불을 치르든가, 빚을 전부 갚든가 할

▶ 자기 암시:

생각도 없이 돈을 빌리거나 상품을 구매하거나 한다.

성실한 인간이라도 사정이 있어 지불 기일에 치르지 않고 빚돈을 갚은 일이나, 구매 상품의 지불을 게을리 하면 불성실한 인간이 되는 셈이다. 왜냐 하면 긍정적 사고의 표증이 효과를 발휘하고 있는 사람이라면 사실을 직시하는 용기를 갖고 있기 때문이다. 만약 사정이 있어 약속한 기일에 지불할 수 없게 되면, 되도록 빠른 기회에 그것을 채권자에게 통고하여야 한다. 그리고 채권자의 동의를 얻어 만족이 가는 계약을 다시 하여야 한다. 그 밖에 무엇이고 간에 부채가 완전히 없어질 때 까지는 채권자에게 성심 성의를 다 해야 한다.

상식을 갖춘 성실한 사람은 신용 공여의 은혜를 남용하지 않는 법이다.

상식이 결여된 불성실한 사람은 함부로 돈을 꾸어 쓰거나, 신용으로 물건을 사거나 한다. 그런 사람은 채권자에게 돈을 갚을 이렇다 할 수단을 강구하지 않기 때문에, 표증인 부정적 사고의 효험이 그를 불성실한 인간으로 만들어 버리는 무서운 효과를 낳는다. 또한 그런 사람은 난처하게 되었지만 어쩔 수 없다고 생각할지도 모른다. 그리고 빚이 있다고 해서 교도소에 들어가는 일은 없다고 알고 있을지도 모른다.

그러나 그가 아무리 처벌되는 일이 없다고 생각하더

은행은 계획을 가졌고, 그 활용법을 알고 있는 서먼스와 같은 성실한 인간에게 돈을 빌려 주는 것을 장사로 하고 있었다.

▶ 실천 사항:

라도, 실제로는 그로 인한 고뇌 · 불안 · 욕구 불만이 틀림없이 그를 처벌하고 있는 것이다.

그러한 사람은 그의 표증에 강한 긍정적 사고의 효험(그에게 부채를 깨끗이 갚을 수 있을 만큼의 효험)이 나타나기까지는 불성실한 인간임에 변함이 없다. 은혜의 남용은 문자 그대로 육체적 · 정신적 · 도덕적 병을 가져온다. 그러나 OPM의 이용은 가난하고 정직한 사람이 부자가 되는 수단인 것만은 틀림없다. 그리고 돈이란 사업을 성공으로 이끄는 중요한 열쇠인 것이다.

11. 당신의 직업에서 만족을 찾아라

당신의 직업이 어떤 것이든, 이를테면 경영자이건, 종업원이건, 공상상이선, 공장 노동사이건, 의사이건, 간호원이건, 교사이건, 학생이건, 무엇이든 관계 없이, 당신의 직업에서 만족을 찾아내는 것은 당신이 그 직업에 종사하고 있는 한 당신 자신에 의한 것이다. 말할 것도 없이 당신도 할 수 있는 일이다. 만족은 마음가짐이다. 당신 자신의 마음가짐은 당신이 소유하고 완전히

돈을 벌기 위해 돈을 빌리는 일이야말로 자본주의이며, 좋은 일이다.

▶ 자기 암시:

지배할 수 있는 것이다. 당신은 자기의 직업에서 만족을 찾아낼 결심을 하고 그렇게 하기 위한 방법을 찾아낼 수도 있다.

무엇이 '되기 위해서 된 직업(자연스런 태도를 취할 수 있고 애착도 느끼는)'에는 만족을 발견해 내기가 쉽다. 무엇이 '되기 위해서 되지 않은 직업'에 종사했을 경우는, 정신적·감정적 갈등이나 욕구 불만을 경험하게 된다. 그러나 긍정적 사고를 활용하고 직업에서 숙달하기 위한 경험을 쌓는 느낌을 일으키면, 그와 같은 갈등이나 욕구 불만은 중화되어 극복할 수 있다.

제리 아삽은 긍정적 사고를 가지고 있었다. 그리하여 자기가 하는 일에 애착을 느꼈다. 자기의 직업에서 만족을 찾아낸 것이다.

제리는 하와이 왕가의 자손이다. 그가 진심으로 사랑하고 있는 직업이란 국제적인 대회사의 하와이 사무실 세일즈 메니저였다.

제리가 자기의 일을 사랑하고 있는 것은 자기의 일을 잘 알고 있고, 또 그것에 숙달하고 있기 때문이다. 그러므로 그가 하고 있는 일에는 무리가 없다.

그러나 이와 같은 제리에게도 무엇인가 언짢은 날이 있었다. 세일즈의 일에서는 이러한 날은 곤란을 극복하고 긍정적 사고를 잃지 않도록 한다면 그 언짢은 기분

상식을 갖춘 성실한 사람은 신용 공여의 은혜를 남용하지 않는 법이다.

▶ 실천 사항:

을 방지할 수 있다. 그래서 제리는 의욕을 일으키게 하고 원기를 북돋아 주는 책을 읽었다.

제리는 책에 씌어져 있는 교훈을 믿었고, 그대로 실행했다. 그뿐만 아니라 스스로 그것을 시도해 보았던 것이다. 그는 회사의 판매 메뉴얼을 연구하고 실제의 판매 활동에서 배운 것을 실행에 옮겼다. 그는 목표(높은 목표)를 설정하고 그것을 달성했다. 그리고 매일 아침 자기 자신한테 이렇게 들려 주는 것이었다.

"나는 매우 건강하다. 행복하다. 컨디션이 좋다."

실제로 그 날의 그는 건강하고 행복하고 컨디션이 좋았다. 그의 판매 성적도 매우 좋았다. 제리는 세일즈의 일에 자신감이 생기자, 세일즈 맨들을 모아놓고 그가 배운 것을 그대로 교육하게 되었다. 훈련은 회사의 훈련 매뉴얼에 나와 있는 가장 새롭고 가장 뛰어난 판매 방법을 사용하여 실시했다.

그는 그들 개인에게 올바른 방법을 사용하고 계획을 세워 긍정적 사고로 매일 접근하면, 세일즈가 쉽사리 된다는 걸 실제로 보여 주었다. 그리고 높은 판매 목표를 내걸고 긍정적 사고로 그것을 달성하도록 가르쳤다.

제리의 그룹은 매일 아침 모여 전원이 힘차게,

"나는 건강하다. 나는 행복하다. 나는 기분이 좋다."

하고 되뇌인다. 그런 뒤 모두들 웃고 어깨를 서로 토

OPM의 이용은 가난하고 정직한 사람이 부자가 되는 수단인 것만은 틀림없다.

▶ 자기 암시:

닥거리며 격려한 뒤 저마다 그 날의 판매 할당을 달성
하기 위해 나아가는 것이다.

12. 마음가짐에 따라 차이가 생긴다

제리와 그 그룹이 내세우는 이들 목표는 미국 본토의
노련한 세일즈 맨이나 세일즈 매니저가 깜짝 놀랄 만큼
높은 것이다. 따라서 매주 주말에는 세일즈 맨이 전원
제리의 회사 사장이나 세일즈 매니저를 기쁘게 만드는
보고서를 제출한다. 제리와 그 부하들은 자기들의 직업
에 행복을 느끼고, 또한 만족을 느끼고 있는 것이다.
　그 까닭은 다음과 같다.

　첫째, 그들은 자기들의 일을 충분히 연구하고 있고,
법칙이나 기술, 그리고 그 응용 방식을 잘 알고 있으며
이해하고 있으므로, 자기들이 하고 있는 일에 부자연스
런 느낌이 없다.
　둘째, 목표를 또박또박 정하고 그것을 달성할 수 있
으리라 믿고 있다.

긍정적 사고를
활용하고 직업에서
숙달하기 위한
경험을 쌓는 느낌을
일으키면,
그와 같은 갈등이나
욕구 불만은
중화되어 극복할
수 있다.

▶ 실천 사항:

셋째, 자기 동기 부여를 사용하여 적극적인 마음 가짐을 지속시키고 있다.

넷째, 일이 잘 되기 때문에 만족감을 느낀다. 즉, 제리 아삼과 그의 부하인 세일즈 맨들에게, 그들의 직업에 대한 만족을 찾아내게 했던 것도 마음가짐이었다.

당신의 주위를 둘러보라. 자기의 하는 일에 만족하고 있는 사람과 만족치 않고 있는 사람을 비교해 보라. 양자의 차이는 과연 무엇일까?

행복하고 흡족해하는 사람들은 자기의 마음가짐을 컨트롤한다. 그들은 놓여져 있는 상황에 대하여 적극적인 태도를 취한다. 그리하여 좋은 것을 구하지만, 좋지 않은 것이 있으면 우선 스스로 잘 될 수 있나 없나를 알아본다.

그들은 또한 자기의 일에 아주 열성적이므로 그만큼 일에 깊이 숙달할 수 있고, 자기 자신은 물론 경영자에게도 보다 만족을 주는 일을 할 수 있게 된다.

그러나 불행한 사람들은 부정적 사고에 한사코 매달려 있다. 마치 자기 스스로 불행을 소원하고 있는 듯한 느낌마저 있다. 닥치는 대로 불평거리를 찾고 있는 것이다. 시간이 너무 길다든가, 점심 시간이 너무 짧다든가, 상사가 심술궂다든가, 회사가 충분한 휴가나 그것

▶ 자기 암시:

에 어울리는 보너스를 주지 않는다든가, 그 무엇이든지 불평의 씨앗이 된다. 혹은 여자 사원이 매일 똑같은 드레스를 입고 있다든가, 부기 계원인 남자 사원이 알아보기 힘든 글씨를 쓴다든가 하는 이처럼 엉뚱한 것에까지 불평이 많다. 그러므로 그들은 불행한 인간이 되어 버리는 것이다.

그들이라도 훌륭한 성공을 거두는 일이 있기는 하다. 그러나(직업 기타의 점에 있어서도) 불행한 인간임에는 변함이 없다. 그들은 완전히 부정적 사고에 사로잡혀 있는 것이다.

이것은 직업에 관계 없이 진리인 것이다. 당신이 행복하고 만족을 찾아내고 싶다면 그렇게 할 수가 있다. 마음가짐을 컨트롤하여 표증을 부정적 사고에서 긍정적 사고로 뒤집고 행복을 낳는 방법을 찾으면 되는 것이다.

행복과 열의를 일터에 끌어들일 수 있다면, 당신은 다른 사람들이 할 수 없는 활동을 할 수 있을 것이다. 그리하여 일이 즐거운 것이 되고 직업에 대한 만족감은 미소에도 생산성에도 나타날 것이다.

마음가짐에 따라
차이가
생긴다

▶ 실천 사항:

13. 명확한 목표가 열의를 낳게 된다

최근 있었던 일인데, 필자가 주재하는 '성공의 과학' 교실에서 자기가 하는 일에 열의를 갖도록 하는 이 법칙에 관해 이야기하려고 하자, 교실 뒤쪽에 있었던 젊은 여성이 손을 들었다. 그녀는 일어서며 이렇게 말했던 것이다.

"저는 남편을 따라 이 곳에 왔습니다. 여러분이 말씀하시는 업무의 직장에서 일하고 있는 사람에게는 적용될지 모르지만, 가정의 주부에게는 적용되지 않습니다. 여러분은 매일 새로운 도전이나 흥미를 끄는 도전에 부닥치고 있습니다. 그러나 가사에는 그러한 일이 없습니다. 가사에 따르는 문제라고 하면 매일이 너무나도 우스꽝스럽습니다."

행복하고 흡족해하는 사람들은 자기의 마음가짐을 컨트롤한다. 그들은 놓여져 있는 상황에 대하여 적극적인 태도를 취한다.

우리에게는 이것이야말로 진정한 도전인 것처럼 생각되었다. 왜냐 하면 '매일이 너무나도 우스꽝스런' 직업에 종사하고 있는 사람이 많이 있기 때문이다.

이 젊은 여성을 돕는 방법이 발견된다면, 일은 매일 똑같다고 생각하고 있는 사람들도 구할 수가 있을지도

▶ 자기 암시:

모른다.

필자는 무엇이 가사를 그와 같은 '매일'로 만들고 있는가를 물어 보았다. 그랬더니 침대가 어지럽혀져 있으니 침대를 정돈해야 하고, 접시가 더러워져 있으니 접시를 닦아야 하며, 마룻바닥이 흙투성이가 되어 있으니 마룻바닥을 닦아야 하는, 그와 같은 일의 반복이라는 대답이었다. 그녀는 말했다.

"여러분에게 그런 일을 하라고 해도 못 할 것입니다."

"잘 안 되겠지요."

강사도 그녀의 의견에 동의했다.

"그래도 가사를 즐겁게 하고 있는 여성은 있겠지요?"

"물론 있다고 생각합니다."

"무엇 때문에 가사를 재미있다 생각하고 가사에 대한 열의를 잃지 않는 것일까요?"

강사의 물음에 그 젊은 여성은 잠깐 생각한 다음 이렇게 대답했다.

"아마 그것은, 태도의 탓이라고 생각합니다. 그러한 여성은 자기의 하는 일을 좁게 국한시켜 생각하지를 않고, 일상적인 것을 초월한 무엇인가를 보고 있는 것 같습니다."

이것이 문제의 중심점이다. 직업에 만족을 느끼는 비

마음가짐을 컨트롤하여 표증을 부정적 사고에서 긍정적 사고로 뒤집고 행복을 낳는 방법을 찾으면 되는 것이다.

▶ 실천 사항:

결의 하나는 '일상적인 것을 초월해서 보는 것'이다. 그것은 자기의 일이 자기를 어디로 이끌어가주는 것인가를 아는 일이다. 이것은 당신이 가정의 주부이든, 장부 계원이든, 대기업의 사장이든, 누구에게나 마찬가지인 진실이다. 일상의 자질구레한 일도 디딤돌이라고 간주한다면 그 중에서 만족감을 찾아낼 수 있을 것이다. 자질구레한 일의 하나하나가 저마다 한 개의 돌이고, 그것이 선택한 방향으로 당신을 이끌어 주는 것이다.

결국 그 젊은 여성에 대해서는 정말로 달성하고 싶다고 생각하는 목표가 무엇인가를 찾아내고, 매일 되풀이하는, 판에 박은 듯한 가사를, 그 목표를 달성하는 데 있어 도움이 되는 방향으로 이끄는 방법을 찾아내는 데 있다는 회답이 주어졌다.

14. 디딤돌 이론의 활용

젊은 그 여성은 그 목표에 대하여,

"가족을 데리고 세계 일주 여행을 하고 싶다."

라고, 언제나 가슴 속에 새겨두고 있다고 털어놓았다.

명확한
목표가 열의를
넣게 된다

▶ 자기 암시:

그러자 필자는 말했다.

"좋습니다. 그렇다면 그걸로 목표를 삼으십시다. 자신이 직접 기한을 정해 주십시오. 언제쯤 떠나고 싶습니까?"

아이가 열한 살이 되었을 때입니다. 그러니까 지금부터 6년 후입니다."

"그렇기는 하지만 이것은 좀 곤란한 문제입니다. 우선 돈이 듭니다. 일 년 동안 회사에서 휴가를 얻지 않으면 안 됩니다. 여행 계획도 세우지 않으면 안 됩니다. 방문할 나라들에 대해서도 조사하고 싶겠지요. 그걸로 접시닦이나 마룻바닥 청소 따위로써 목표를 달성하는 디딤돌로 하는 방법이 발견된다고 생각하십니까?"

그러고 나서 몇 달 뒤, 이 이야기의 여성이 우리의 교실에 찾아왔다. 그녀가 교실에 들어선 순간, 그녀가 성공한 것을 자랑스럽게 여기고 있다는 것을 우리는 금방 알았다.

"디딤돌 이론의 놀라운 효과에 정말 감탄했어요."

그녀의 말이다.

"디딤돌이 되지 않은 잡다한 일은 하나도 없게 되고 말았어요. 저는 청소하는 시간을 생각하든가, 계획을 세우든가 하는 시간으로 사용하고 있습니다. 장 보기 시간은 시야를 넓히는 데 안성맞춤인 시간입니다. 저는

가사를 재미있었다고 생각하는 그러한 여성은 자기의 하는 일을 좁게 국한시켜 생각하지를 않고, 일상적인 것을 초월한 무엇인가를 보고 있는 것 같습니다.

▶ 실천 사항:

여행 중에 먹게 될 거라고 생각되는 음식을 수입품으로 사도록 하고 있기 때문이죠. 식사 시간은 교육 시간으로 쓰고 있습니다. 중국의 달걀을 풀어 넣은 우동을 먹으려고 할 때에는 중국이나 중국 사람에 관해 써 있는 것을 되도록 읽고, 그것을 식사때 식구들에게 이야기합니다. 저에게는 이미 지루한 일이나 재미 없는 일이 하나도 없습니다. '디딤돌 이론' 덕분에 다시 그전 상태도 돌아가는 일은 없을 거예요".

그러므로 당신의 직업이 아무리 단조롭고 지루한 것이라도 최후에 목적하는 목표가 있다면 그 직업은 당신에게 만족을 줄 수가 있다. 이것은 어떤 직업에 한해서뿐 아니라, 많은 사람에 대해서도 할 수 있는 말이다.

어떤 젊은이가 의사가 되겠다고 생각하면, 그러기 위한 학교 교육을 받지 않으면 안 된다. 그가 선택한 직업은 시간·개업 장소·보수 정도 등 많은 요인에 의해 좌우된다. 소질 등은 거의 관계가 없다.

아무리 머리가 좋고 야심적인 젊은이라도 한평생 커피 스탠드 안에 서거나, 차를 닦거나, 도랑을 파든가 하다가 끝날지도 모른다. 직업은 도전하거나 자극을 주든가 해 주지 않는다. 목적을 달성하기 위한 수단에 불과하다.

더구나 자기의 소원대로 진행하고 있는 것만은 틀림

직업에
만족을 느끼는
비결의 하나는
'일상적인 것을
초월해서
보는 것'이다.

▶ 자기 암시:

이 없으므로, 직업에 의해 어떤 고생이 따르는 최종 결과는 그 사람에게 어울리는 것이다.

하지만 때로는 주어진 직업에 치러야만 할 희생이 지향하는 목표에 비해서 지나치게 높을 경우도 있다. 우연히 그와 같은 직업에 종사하게 되었다면, 직업을 바꾸어라.

비참한 생각을 하며 일하고 있으면, 그 불안의 독소가 생활의 온갖 면에 퍼지고 만다.

15. 영감을 주는 불만을 키워라

그만큼의 희생을 치러도 자기의 직업이 그래도 싫어서 견딜 수가 없을 경우에는 '번뜩임을 주는 불만'을 키워라. 불만이라는 것도 조건 나름으로서 플러스가 되기도 하고 마이너스가 되기도 하고, 잘 되기도 하고 나쁘게 되기도 한다. 적극적인 마음가짐은 주어진 상황에 알맞은 마음가짐이라는 것을 상기하도록 하라.

프랭클린 생명 보험 회사의 찰스 베커 사장은 이렇게 말한다.

일 년 동안 회사에서 휴가를 얻지 않으면 안 됩니다. 여행 계획도 세우지 않으면 안 됩니다.

▶ 실천 사항:

"나는 사람들에게 항상 불만을 갖도록 권하고 있습니다. 불만이라고는 하지만 불평 불만인 의미로서의 불만이 아니고, 세계의 전역사를 통해서 온갖 참된 진보와 변혁을 낳고 있는 '성스러운 불만'이라는 의미로서의 불만입니다. 만족을 갖는다는 것은 금물입니다. 쉴새없이 자기 자신뿐 아니라 자기를 둘러싸는 세계를 개혁하고, 완벽한 것으로 만들고 싶다는 충동에 사로잡히도록 하는 편이 좋다고 생각합니다."

번뜩임, 즉 영감을 주는 불만은 죄많은 인간을 성자로, 실패를 성공으로, 빈곤을 부유로, 패배를 승리로, 불행을 행복으로 바꾸는 동기를 사람에게 줄 수가 있다. 나폴레옹 힐은 이렇게 말하고 있다.

"어떤 불운에도 그것과 맞먹는 이익을 낳는 씨앗이 있다."

과거에 있어 굉장한 고생이나 불행한 경험으로 생각된 것이, 성공이나 행복을 목표로 하여 노력하는 용기를 준다는 것은 사실이다.

알버트 아인슈타인은 뉴턴의 법칙이 모든 문제에 해답을 주지 못하는 데 대하여 불만을 가지고 있었다. 그래서 그는 자연이나, 보다 고차적인 수학에의 탐구를 계속하고, 마침내 상대성 이론을 발견했다. 그리하여 이 이론을 바탕으로, 세계는 원자를 파괴하는 방법을

과거에 있어 굉장한 고생이나 불행한 경험으로 생각된 것이, 성공이나 행복을 목표로 하여 노력하는 용기를 준다는 것은 사실이다.

▶ 자기 암시:

개발했고, 에너지를 물질로, 물질을 에너지로 바꾸는 비밀을 알았으며, 우주에 도전하여 정복하는 데 성공했다. 경이적인 것은 어떠한 것이라도, 아인슈타인이 번뜩임을 주는 불만을 키우지 않았다면 태어나지 않았을 것이다.

물론 하나서부터 열까지 아인슈타인의 덕분이라고 하는 것은 아니며, 번뜩임을 주는 불만에서 생겨난 것이 세계를 바꾼다고 하는 것은 아니다. 그러나 자기의 세계를 바꾸어 자기가 가고 싶은 방향으로 나가게 할 수는 있다.

클러렌스 난추아가 자기의 직업에 불만을 가졌을 때, 그에게 어떠한 일이 생겼는지 이야기해 보겠다. 클러렌스 난추아는 다년간 오하이오 주 칸턴에서 시내 전동차의 차장 노릇을 하고 있었다.

어느 날 아침, 그가 잠을 깨자, 자기가 지금의 직업에 싫증을 내고 있다는 것을 알았다. 그의 직업은 똑같은 일의 반복이었다. 그는 진저리를 내고 있었다. 그것을 생각하면 생각할수록 불만이 치밀 뿐이었다. 생각하는 것을 그만두려고 했으나 그만둘 수가 없었다. 불만이 높아져 강박 관념에 사로잡힐 것만 같았다. 클러렌스가 품고 있었던 불만은 이처럼 매우 강했던 것이다.

직업에 의해
어떤 고생이 따르는
최종 결과는
그 사람에게
어울리는 것이다.

▶ 실천 사항:

16. 불만을 성공으로 이끌어라

사람이란 물론 누구나 자신이 회사에 근무하고 있었던 것만큼 오랫동안 한 회사에 근무하고 있으며, 그리고 자기가 불행하다고 믿어 버리게 되면 좀처럼 그것이 머릿속에서 떠나지 않는 법이다.

더구나 클러렌스는 'PMA(성공의 과학) 강좌를 강의받고 있었으며, 그럴 생각만 있다면 어떠한 직업이라도 만족할 수 있는 일을 배우고 있었던 것이다. 그가 해야 할 일은 올바른 태도를 취하는 일이었다.

일의 상황을 클러렌스는 똑똑히 파악하고, 거기서 무엇이 될 수 있는가를 생각하기로 했다.

"어떻게 하면 일이 즐거워질 수 있을까?"

그는 자기 자신에게 스스로 물었다.

그는 그리하여 아주 현명한 대답을 생각해 냈다. 예컨대 그는 남을 행복하게 말들어 주면, 자기도 행복해질 수 있다고 생각했던 것이다.

그리고 그의 주위에는 행복하게 해 줄 수 있는 사람이 많이 있었다. 왜냐 하면 매일 전동차 안에서 많은 사

쉴새없이
자기 자신뿐 아니라
자기를 둘러싸는
세계를 개혁하고,
완벽한 것으로
만들고 싶다는
충동에
사로잡히도록 하는
편이 좋다고
생각합니다.

▶ 자기 암시:

람들과 그는 만나고 있었기 때문이다. 그는 언제라도 누구하고라도 쉽사리 친구가 될 수 있는 성질이었기 때문에 이렇게 생각했다.

"이 특기를 살려, 전차를 이용하는 사람들의 매일을 조금이라도 명랑한 걸로 만들어 주자."

클러렌스의 아이디어는 훌륭한 것이라고 승객들은 생각했다. 왜냐 하면 그의 꾸밈없는 명랑한 인사는 그들을 매우 즐겁게 만들었기 때문이다. 그들이 즐겁게 되자 클러렌스는 당연히 즐거워졌다.

그런데 그의 감독자는 반대인 태도를 취했다. 감독자는 클러렌스를 불러다가 필요 이상으로 친절을 베푸는 일을 일체 하지 못하도록 경고했다. 클러렌스는 그런 경고에 귀를 기울이지 않았다. 그 후에도 남을 행복하게 해 주는 데 힘을 기울였다. 그리하여 그와 승객들에 관한 한 그는 일하는 데 있어서 대성공을 거두었다.

그러나 클러렌스는 해고를 당하고 말았다. 회사 측에서 볼 때는 그 자신에게 문제가 있었던 까닭이다. 그것은 오히려 좋은 일이었다. 적어도 '성공의 과학' 강좌에서 배운 바로선 그것은 좋은 일이었다. 클러렌스는 이렇게 된 이상 나폴레옹 힐(당시 나폴레옹 힐은 칸턴에 살고 있었다)을 찾아가 이 문제를 어떻게 하면 좋은지, 그 이유를 뚜렷한 것으로 하는 편이 좋다고 생각했

경이적인 것은 어떠한 것이라도, 아인슈타인이 번뜩임을 주는 볼만을 키우지 않았다면 태어나지 않았을 것이다.

▶ 실천 사항:

다. 그는 힐에게 전화를 걸고 이튿날 오후 만날 약속을 했다.

그는 다음날 만나자 그 자초지종을 나폴레옹 힐에게 이야기했다.

"힐 씨, 저는 《생각하라, 그러면 부자가 된다》를 읽고 성공의 과학을 공부했습니다만, 어딘가에서 길을 잘못 든 것 같습니다."

그리고 그는 끝으로 말했다.

"나는 지금 무엇을 하고 있는 것일까요?"

17. 불만을 역이용하라

위의 이 물음에 대해 나폴레옹 힐은 미소를 지으며 말했다.

"당신의 문제를 잘 생각해 봅시다. 당신은 하던 일에 불만을 갖고 있었습니다. 그것은 확실히 옳은 일입니다. 거기서 당신은 붙임성이 있고 정다운 성격이라는 당신의 최고의 성격을 살려서 하는 일을 보다 좋은 걸로 만들고, 일에서 만족을 얻음과 동시에 남에게도 만

그가 해야
할 일은
올바른 태도를
취하는
일이었다.

▶ 자기 암시:

족을 주려 하고 있었던 것이겠지요. 문제는 당신의 상사가 당신이 하는 일에 대해서 보는 눈을 갖고 있지 않았다는 점에서부터 생기고 있습니다. 하지만 그것은 아주 훌륭한 일인 것입니다. 왜냐 하면 지금의 당신은 더한층 큰 목표를 위해 그 훌륭한 개성을 살릴 수가 있기 때문입니다."

그리고 나폴레옹 힐은 시내 전동차의 차장으로보다도 세일즈 맨으로서의 길이 훌륭한 능력이나 붙임성 있는 성격을 살릴 수 있다고 클러렌스 난추아에게 가르쳐 주었다. 이리하여 클러렌스는 뉴욕 생명 보험 회사의 세일즈 맨으로서의 직책을 얻었다.

클러렌스가 최초로 방문한 예상 고객은 그가 근무하고 있었던 시내 전동차 회사의 사장이었다. 클러렌스는 그 사장에게 자기의 개성을 충분히 발휘하여 부딪쳐 보았다. 이윽고 사무실에서 그가 나왔을 때에는 10만 달러의 생명 보험에 들겠다는 신청서를 갖고 있었다.

그 뒤 힐이 난추아를 만났더니, 그는 뉴욕에서도 일류인 보험 세일즈 맨이 되어 있었다.

하나의 환경 속에서 당신을 행복하게 하든가, 성공시키든가 하는 개성이나 재능이나 능력은 서로 반대 작용을 미치는 일이 있다. 당신에게는 하고 싶다고 생각하는 일을 능숙히 하는 성벽이 있는 것이다.

그는 언제라도 누구하고라도 쉽사리 친구가 될 수 있는 성질이었기 때문에 이렇게 생각했다.

▶ 실천 사항:

순조롭게 할 수 없는 일이나, 웬지 마음 내키지 않는 일을 하고 있으면 당신은,

"둥근 구멍에 네모진 나무못이다."

하는 소리를 듣게 된다. 이와 같은 불행한 입장에 놓여져 있을 때에는 직업을 바꾸어야만 당신 자신을 즐거운 환경으로 옮길 수가 있는 것이다.

그런데 우리는 직장을 바꿀 수가 없을 경우도 있다. 그 때는 당신의 개성·재능·능력에 맞도록 환경을 조정할 수가 있기 때문에 역시 즐겁게 일할 수가 있을 것이다. 즉, '구멍을 네모지게' 만드는 셈이다. 이 해결법은 태도를 소극적인 태도에서 적극적인 태도로 바꾸는 데 도움이 될 것이다.

그렇게 하겠다는 불타는 듯한 소망을 끌어내어 계속 품고 있으면, 당신의 성벽이나 관습을 없애든가 바꾸든가 하여 새로운 성벽이나 습관을 몸에 지닐 수 있다. 진심으로 그럴 생각이면 '나무못을 둥글게' 할 수도 있는 것이다. 그러나 성벽이나 습관을 바꾸는 일에 성공하기 전에 정신적·도덕적 갈등에 견딜 각오를 해 두자. 그만한 대가를 치를 의지가 있으면, 갈등은 극복할 수 있다. 그것을 분할해서 치른다 해도 당신에게는 각 회에 필요액만, 특히 최초의 몇 회는 치르는 일이 매우 어려울지도 모른다.

그것은 오히려 좋은 일이었다. 적어도 '성공의 과학' 강좌에서 배운 바로선 그것은 좋은 일이었다. 클러렌스는 이렇게 된 이상 나폴레옹 힐을 찾아가 이 문제를 어떻게 하면 좋은지, 그 이유를 뚜렷한 것으로 하는 편이 좋다고 생각했다.

▶ 자기 암시:

　그러나 전부 치르고 나면 새롭게 몸에 익힌 특성이 두드러지게 될 것이다. 그렇게 되면 틀림없이 당신은 행복해질 뿐만 아니라 부자가 된다.

지금의 당신은
더 한층 큰 목표를
위해 그 훌륭한
개성을 살릴 수가
있기 때문입니다.

▶ 실천 사항:

성공을 위한 자기 점검

년   월   일

성공을 위한 자기 점검

년 월 일 점검

메 모

년 월 일

메 모

년 월 일

카네기 인생론

삶에 대한 모든 물음은 우리 스스로 체득할 수밖에 없을 것이다.

삶에 대한 어떤 설명도 우리 자신의 삶에 지침이 되기에는 어렵기 때문이다.

이 책은 막연한 설명이 아니라 구체적인 제시를 한다.

우리가 어디에서나 부딪히는 삶의 현장에서 함께 이야기하고자 하기 때문이다.

카네기 자서전

노동자들은 온정에 보답하려는 깨끗한 마음을 갖고 있다. 적어도 진실로써 다른 사람을 대하고 어떤 문제가 발생했을 때 성의를 다해서 전력한다면 그들이 사용자에게 어떻게 대할 것인가 하는 염려 같은 것은 전혀 할 필요가 없다. 그러므로 덕은 외롭지 않다. 덕을 베풀면 반드시 그에 대한 결과가 있기 때문이다. 그리고 사업에 성공할 수 있는 가장 큰 원인은 완전한 계산을 통하여 금전과 자재 등의 책임을 충분히 인식시키는데 있다

카네기 출세론

이 세상을 살면서 주어진 삶에 충실하다는 것은 모든 이들의 소망이다.

그리고 가능한 모든 일을 이루어 낸다는 것은 유능한 사람들의 의무이다.

이 책은 유능한 사람들이 나아가야 할 바를 참으로 절실하게 제시해 주고 있다.

또 유능해지고자 하는 모든 이들의 삶을 위하여 봉사하고자 하고 있다.

신념의 마력

인간은 마음 먹기에 따라서 세상의 모습을 바꾸어 놓을 수 있다.

인간이 지닌 많은 힘 가운데 가장 큰 힘이 마음의 힘인 것이다.

신념은 일상생활을 통하여 우리의 이상을 그려낼 수 있는 강한 추진력이다.

이 추진력을 바탕으로 우리는 우리의 생활을 삶을 뜻대로 이루어 갈 수 있는 것이다.

카네기 지도론

참다운 지도는 함께 나아가는 것이다. 무엇을 제시하거나 지시하기 전에 피지도자가 무엇을 하고자 하는가, 무엇을 할 수 있는가를 알아서 그것을 이끌어주고, 또 그것이 이루어지도록 함께 노력하는 것이다.

이 책은 무엇이 참다운 지도인가를, 즉 어떻게 함께 나아갈 것인가를 그려내 보여주고 있다.

정상에서 만납시다

미국의 유명한 저술가이며 자기개발 성공학의 권위자인 지그지글라가 진정한 성공에 다다를 수 있는 가장 빠른 방법을 제시하고 있다.

29년에 걸친 판매 경험과 인간개발 경험을 살려 각계 각층에서 활약하고 있는 최고 전문가들의 성공철학을 파악, 여섯 단계로 그 비결을 밝혔다.

카네기 대화술

올바른 언어의 선택은 의사소통을 보다 원활하게 한다. 훌륭한 대화는 인간행위의 가장 순화된 형태라고 할 것이다.

이 책은 청중을 향하여 효과적으로 이야기하는 방법이 제시되어 있으며, 화술 훈련에 임하면서 경험한 실례를 중심으로 쓰여졌다.

현재를 출발점으로 당신은 효과적인 화술 방법을 통해 자신의 무한한 능력을 깨닫게 될 것이다.

머피의 마음만 먹으면 당신도 부자가 된다

당신이 만약 풍족하지 않다면 행복하고 만족한 생활을 결코 영위할 수 없을 것이다. 여기에 풍족한 삶을 누리기 위한 과학적인 방법이 있다. 당신이 성공과 행복과 번영이라는 달콤한 과일을 얻고 싶다면, 이 책에서 이야기하는 것을 정확하게 되풀이해 배우라. 그러면 당신의 앞날을 보다 아름답고, 보다 행복하고, 보다 풍족하고, 보다 고귀하고, 보다 웅장하고 큰 규모로 펼쳐질 것이다.

카네기 처세론

최고의 처세라는 것은 우선 최선의 목표를 정하고 그 성취에 이르는 길을 갈고 닦는 것이다. 거기에다 자기를 세우고, 삶을 키워내고, 세상을 이끌어 갈 수 있는 힘을 닦는 것이다.

이 책은 거기에 있는 불후불굴의 조언을 새겨주고 있다.

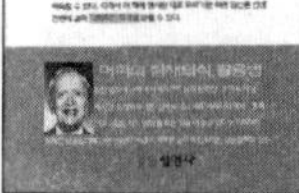

머피의 잠자면서 성공한다

머피의 이론을 바탕으로 하면 자기가 바라는 바 지위나 돈을 어떻게 얻을 것인가, 또는 우호적인 인간관계를 어떻게 실현할 것인가를 터득할 수 있다. 따라서 이 책에 명시된 대로 따르기만 하면 당신은 인생 전반에 걸쳐 기적적인 효과를 얻을 수 있다.

머피의 인생을 마음대로 바꾼다

이 책 속에는 당신의 인생을 변하게 하는 마법과도 같은 방법이 제시되어 있다. 다시 말해 기적이라고 할 만한 이야기들이 가득 차 있다. 당신의 마음속에 내재되어 있는 마법과도 같은 잠재의식을 어떻게 사용해야만 당신이 인생에서 성공할 수 있는지 흥미진진한 실례들을 통해 상세하게 알려주고 있다.

오사카 상인의 지독한 돈벌기 76가지 방법

오사카 상인의 13대 후손이며 미쓰비시 은행의 상무를 역임한 저자가 오늘날 일본 경제를 일군 오사카 상인들의 정신을 분석 수록했다. 무일푼으로 출발하여 그들만의 돈벌이 노하우와 끈질긴 생존능력, 아이디어를 바탕으로 세계적으로 유명한 유태상인과 어깨를 겨룰만큼 성장한 오사카 상인들의 경영비법을 바탕으로 부와 성공을 이룰 수 있는 방법이 자세히 제시되어 있다.

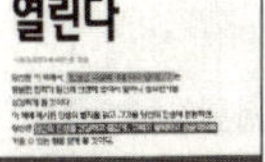

머피의 승리의 길은 열린다

당신은 이 책에서, '인생은 마음먹기에 따라 달라진다'는 평범한 진리가 당신의 인생에 있어서 얼마나 중요한가를 실감하게 될 것이다. 이 책에 제시된 인생의 법칙을 읽고 그것을 당신의 인생에 응용하면, 당신은 당신의 인생을 건강하고 즐겁게, 그리고 유익하고 성공적으로 가꿀 수 있는 힘을 얻게 될 것이다.

중국 상인의 성공하는 가질 74가지

미국, 일본의 뒤를 이어 세계 3대 경제대국으로 뛰어오른 중국의 숨은 잠재력, 서서히 일본의 경제를 위협하는 존재로까지 급부상한 그들에게 끈질긴 생명력과 강력한 경제력을 지닌 화교 사회는 중국 대륙의 비밀 병기였다.

그들이 성공하기까지 철저히 지켜지는 상인정신의 기본 자세를 배워 현재의 어려움을 극복하는 지혜를 배운다.

머피의 인생에 기적을 일으킨다

마음의 힘에 관해서는 많은 책 속에 여러 가지로 쓰여 있으나, 이 책에서는 당신의 모든 생활을 변환하기 위하여 이 힘을 어떻게 이용할 것인가, 건설적이며 성공할 수 있는 사고방식, 그리고 자신의 생활을 보다 풍족히 할 수 있는 방법 등을 기록했다.

유태상인의 지독한 돈벌기 74가지 방법

유태인들은 화교와 함께 세계 제일의 상인으로 손꼽히고 있다.

그것은 2천 년 동안 국가도 없이 흩어져 살면서 수없이 쏟아지는 박해와 압박을 견디며 일군 끈질긴 민족성의 승리였다. 그들은 열악한 환경 속에서도 자신들만의 독특한 상술을 발휘하여 오늘날 세계 경제를 좌지우지하는 지위에까지 오르게 된 것이다.

머피의 100가지 성공법칙

인생에서 성공한 사람들을 보면 하나같이 이 잠재의식의 법칙을 실천했던 사람들이다. 만일 당신이 지금 충분히 행복하지 않고, 충분히 부유하지 않으면, 충분히 성공하지 못했다면 그것은 당신이 잠재의식을 충분히 이용하지 못하기 때문이다. 이 책에는 당신이 가고자 하는 성공의 길, 부자가 되는 길, 인생을 한껏 즐길 수 있는 기술이 감추어져 있다.

임어당의 웃음

우리의 심리적 소질 가운데는 진보와 개혁을 저해하는 어떤 요소가 존재하고 있다. 즉 모든 이상을 웃어넘기고 죄악 그 자체조차 인생의 필요한 부분으로 미소로서 바라보는 유머임을 발견한다.

중국인의 특성의 장점과 단점이 흥미진진한 소재와 감동적인 문체로 전해지는 임어당 문학의 진수!

오늘 같은 내일은 없다

동화 속 샘처럼 맑은 영혼을 가진 헤세가 열에 들뜬 내 눈동자에 가까이다가와 옛 노래의 추억을 속삭여 줍니다.

가장 달콤하고 이상적인 충고, 세월이 흐른 지금도 그의 이야기는 멋진 동화책처럼 우리들 앞에 펼쳐져 생생하게 될살아납니다.

인디언 우화

동물과 인간의 구분도 없고 생물과 무생물도 구별할 줄 모르는 그래서 어쩌면 첨단을 달리는 현대과학의 분위기와 맛을 그대로 간직한 채 우주 속에서 살았던 북아메리카 인디언들의 이야기들은 오늘날 잊혀져버린 인간의식의 고향을 찾을 수 있는 오솔길이 될 것이다.

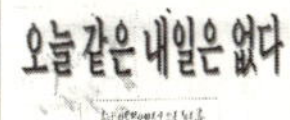

주역 김승호 ●대하소설

1권/연진인의 천명재판

세상과는 멀리 떨어진 깊은 산, 범상한 신통력과 전생을 간직한 사람들의 마을, 지존한 신선들의 은밀한 행보는 지상으로 향하고, 정마을은 상상조차 할 수 없었던 기이한 사건의 소용돌이 속으로 휘말려 드는데……. 연이은 긴박한 사건 속에 속세에서 폭력애 맞섰던 한 사나이가 정마을로 숨어든다.

2권/평허선공, 염라전에 들다

정마을 촌장의 기이한 행적으로 인한 의문은 쌓여만 가고, 건영이의 신비한 힘이 주역을 통해서 서서히 드러난다. 이 때 천계에서는 우주의 이상현상에 대한 답을 구하기 위해 특사가 파견되지만 요녀들의 방해로 죽임을 당해 뜻을 이루지 못한다. 한편 정마을을 떠난 촌장 풍곡선은 천계에서 심문을 받고 …….

3권/종잡을 수 없는 천지의 운행

천계에서 서선 연행이었던 전생의 기억을 회복한 남씨는 숙영이 어머니와의 이루지 못한 슬픈 사랑에 가슴 아파한다. 우주의 이상현상의 하나로 나타난 혼마 강리는 정마을 사람들을 위협하고, 천계의 대선관 소지선은 평허선공을 피해 하계로 숨어 버린다.

4권/단정궁의 중요 회의

우주의 혼란을 바로잡을 방법을 구하기 위해 단정궁에 파견된 특사는 아리따운 총관 본유의 유혹에 넘어가 정력을 소진한 채 자멸하고 만다. 한편 지상에 나타난 혼마 강리는 땅벌파에게 무술을 가르쳐 세상을 지배하려 한다. 그러나 풍곡선의 부탁을 받아 그를 뒤쫓던 검의 명수 좌설과 일전을 치르는데 …….

5권/선혈로 물든 인연의 늪

정마을 주변에서는 또 한번의 기이한 일이 발생한다. 빗자루를 든 괴노인이 나타나 닥치는 대로 사람을 죽이고 서울로 향하는 인규를 위협한다. 정마을이 지원하는 조합장측과 혼마 강리가 지원하는 땅벌파 간의 오랜 이권 다툼 끝에 드디어 협상이 이루어져 새로운 전기가 마련된다. 천계에서는 동화궁과 남선부 간에 전쟁이 일어나 아수라장이 되어 버린다.

6권/옥황부의 긴급 사태

건영이는 하루가 다르게 도를 깨우치고 혼마 강리도 극강의 힘을 얻기 위해 땅벌파를 동원해 여체를 찾아 나선다. 그들은 드디어 무척 날쌔며 힘이 장사인 미친 여자를 만난다. 그러나 혼마는 뒤쫓던 좌설과 능인의 일격을 당해 중상을 입는다. 이 결투로 능인도 목숨을 잃을 위기를 당하지만 때마침 천계에서 건영이를 만나러 내려온 염라대왕의 도움으로 살아난다.

7권/여인의 숭고한 질투

빗자루 괴인은 마침내 정마을로 쳐들어오고 이를 미리 알아챈 건영이는 마을 사람들을 산으로 대피시킨다. 건영이는 염파를 보내 괴인을 자신에게로 이끌어 전생에 역성 정우였음을 밝히며 주역에 대해 문답을 나누어 위기를 넘긴다. 한숨 돌린 건영이는 또다시 천계에서 내려온 염라대왕을 만나 우주의 이변에 대해 상세히 진단을 내려준다.

8권/기습당한 옥황상제

좌설과의 결투로 중상을 당한 혼마 강리는 거지 무덕의 덕으로 목숨을 구했을 뿐만 아니라 극강의 힘을 향해 치달렸다. 이에 강리는 조합장측에 도움을 주고 있는 정마을의 위치를 알아내 단번에 섬멸해 버리기 위해 땅벌파들을 지방으로 내려 보낸다. 한편 정마을의 남씨는 전생에 천계에서 친구였던 수지선의 방문을 받는다.

9권/다가오는 정마을의 위기

풍곡선은 평허선공의 추적을 뿌리치기 위해 옥황부의 특사가 되어 요녀들이 들끓는 단정궁으로 향한다. 평허선공은 염라전에 나타나 염라대왕과 일전을 벌이는데 ……. 지상의 혼마 강리는 드디어 무덕의 신통력으로 극강의 힘을 얻고 정마을을 정복하기 위해 땅벌파와 함께 춘천으로 떠난다.

10권/슬픈 운명

정마을로 침투하려던 강리 앞에 수지선이 나타나 결투를 벌인다. 극강의 힘을 발출하며 강물 위에서까지 혈투를 벌인 끝에 강리가 생을 마감하여 바람처럼 사라져 버린다. 한편 천계에서는 평허선공의 사주를 받은 동화궁의 선인들이 옥황부로 쳐들어가고, 살상은 계속되었다. 지상과 천계의 이변을 수습할 방법은 없는 것일까? 그리고 단정궁으로 떠난 풍곡선의 운명은 …….

주역의 진리를 과학적으로 밝혀 놓은 세계 최초의 책

주역 원론

1. 시간과 공간

공자가 평생을 두고 연구했던 주역의 신비가 오늘날에 와서 차츰 풀리고 있는 중이다. 이는 주역에 대한 인류의 관심이 증대된 데 기인하지만, 실은 20세기에 들어서서 인류의 지성이 발전했기 때문일 뿐이다. 인류는 이제서야 주역을 이해하기 시작했다.

주역에는 오늘날 인류의 첨단 과학인 양자 역학·위상 수학·카오스 이론·프렉탈, 카타스트로피·생명 창발 등 모든 것이 들어있으며, 우주의 시작과 끝, 그리고 그 과정을 낱낱이 설명하고 있다. 이로써 신의 섭리를 엿볼 수 있을 것이다.

20세기 최대의 과학자인 아인슈타인은 그의 과학적 원리의 핵심을 주역에서 얻었고, 양자 역학의 창시자인 닐스 보어도 그 원리를 주역에서 얻었다. 먼 옛날, 신출 귀몰했던 제갈공명도 그의 위대한 병법 원리를 바로 주역을 통해 깨달을 수 있었던 것이다. 주역을 알면 귀신도 부릴 수 있다는 말이 있는데, 어찌 귀신 뿐이겠는가. 주역의 섭리에 따라 인간이 앞서면 하늘도 이를 어기지 않는 법이다.

2. 질서와 혼돈

시간이라는 존재는 인류의 최대 관심사가 아닐 수 없다. 시간의 세계는 공간의 세계처럼 망원경 등으로 내다볼 수 없는 신비의 영역인바, 이러한 세계를 다루는 것이 주역이다. 주역은 당초 시간의 비밀을 풀어 인류의 생활에 이바지하도록 만들어진 것이다.

주역을 이해하기 위해서는 발달된 과학적 지성이 절대로 필요하다. 이로써 시간의 비밀은 그 모습을 드러낼 것이다. 과학적으로 바르게 규명된 주역이 인류 발전에 크게 이바지할 것은 더 말할 나위가 없다. 주역은 원자 문명만큼이나 인류에게 중요한 학문인 것이다. 그것은 바로 시간의 문제이기 때문이다. 앞으로 인류는 시간을 이해하고 정복해야 한다. 시간을 이해하는 데에는 주역만큼 심오한 학문이 없다.

인류는 주역을 통해 시간을 정복할 것이다. 과학자인 닐스 보어는 노벨 물리학상을 타는 자리에 8괘 무늬의 옷을 입고 등장했는데, 그는 자연의 모든 법칙이 주역에서 나온다는 것을 알았던 것이다. 만일 초문명을 가진 우주인이 등장한다 하더라도 그들의 문명 원리는 반드시 주역의 원리와 합치할 것이다.

3. 자연의 대조직

주역이 만들어진 지는 실로 7천 년이나 된다. 그 당시 인류는 글자도 없었고, 농사도 지을 줄 몰랐으며, 집도 없이 동굴이나 숲에 살았었다. 이러한 시대에 돌연 주역이 등장했던 것이다.

주역에는 온 우주의 원리와 성인의 섭리, 초자연의 비밀이 담겨 있는데, 이 같은 신의 지혜가 인간에게 다급히 전해진 까닭은 무엇일까?

우리는 인류와 우주에 있어 우선 이 까닭을 규명하여야 할 것이다. 주역은 하늘이 내린 것인지 성인이 만들었는지, 또는 초문명의 우주인이 남겨둔 것인지 증명할 수는 없다. 하지만 우리 앞에 일찍이 출현한 주역은 엄청난 내용을 전개하고 있다. 그것은 과학의 극한을 넘어서 있으며 인간을 초월하여 신의 세계를 깨닫게 한다. 주역은 하늘이 인간에게 베푼 최대의 은혜가 아닐 수 없다.

인간은 주역의 지혜를 획득하여 영원한 세계를 보다 행복하고 안전하게 살아갈 수 있을 것이다.

4. 신의 지혜

아인슈타인은 언젠가 인류의 지혜가 좀더 발전한다면 시간의 미래를 완전히 알 수 있는 해법을 찾을 수 있을 것이라고 생각했다. 하지만 이미 수천 년 전에 그러한 해법이 존재했던 것이다. 주역이 바로 그것이다. 오늘날 인류는 주역의 지혜를 통해 시간의 미래를 예측하는 것이 가능한 시점에 이르고 있다. 만일 현대의 초고속 슈퍼 컴퓨터의 기능과, 주역의 이론이 합쳐진다면 일기 예보처럼 사건 예보가 이루어질 수 있을 것이다. 물론 주역의 이론이 당장 시간의 미래를 세세하게 예보하는 데 이르지 않는다 해도 주역이 갖는 광대한 지혜는 인류의 복지를 크게 증진시킬 것이 틀림없다.

현대에 와서 세계의 많은 과학자들이 주역의 연구에 몰두하는 것은 실은 이러한 배경이 있는 것이다. 이는 인류의 급격한 지성 발달을 위해 크게 바람직한 일이 아닐 수 없다. 다만 애석한 일이 있다면 오늘날 우리 나라의 경우 주역의 과학적 연구가 이루어지고 있지 않다는 것이다. 이러한 상황에서 본 저서는 우리 나라의 주역 과학 발전에 원동력을 제공해 줄 것이라고 믿는다.

5. 사물의 운명

인류의 문명에는 수많은 신비가 있다. 피라미드를 필두로 해서 스핑크스·모아이·잉카제국·만리장성 등등이 그것이다. 그런데 그것들은 모두 건축물에 국한되어 있다. 인류에게 건축물 말고 다른 신비는 없단 말인가. 결코 그렇지 않다.신비란 원래 물질보다는 정신에 존재하는 법이다. 그렇다고 할 때 인류의 모든 신비를 통틀어 주역에 필적할 만한 것이 없다. 주역의 섭리는 성인의 지혜나 과학자의 지혜를 능가하고 있는 것이다.

신이 우주를 창조했다 하더라도 그 원리는 주역의 법칙을 넘어서지 않는다. 실로 주역은 자연의 모든 비밀을 함유하고 있는바, 이를 떠나서 더한 신비는 있을 수 없다. 인류는 5천 년간이나 주역의 깊은 비밀을 모르고 있었지만 이제서야 그것이 풀리고 있다.

이 책은 현대의 첨단 과학을 통해 주역의 신비를 파헤치고 있다.

6. 무한을 넘어서

오늘날 인류는 물질의 궁극에 도전하고 있는 중이다. 이는 우주가 어떻게 만들어져 있는지, 또한 그 안에 있는 물질의 구조가 어떻게 되어 있는가를 완전히 파헤치려는 것이다. 그렇게 되면 우주 자연의 비밀이 모두 풀리게 되는 것일까? 실은 그렇지 않다.

우리가 사는 이 세계는 물질뿐 아니라 초물질·생명·영혼·세계이전, 시공의 끝, 초법칙 등 알 수 없는 신비로 가득 차 있다.

인류는 아직 이러한 영역에 발을 들여놓지 못하고 있는 것이다. 하지만 주역은 오천 년 전부터 이미 자연과 초자연의 모든 비밀을 간직하고 있었다. 인류는 주역을 통해 극한적인 지혜를 습득할 수 있을 것이다. 우리가 사는 세계에 주역이 있다는 것은 하늘의 더할 수 없는 축복이다.

인간의 마음을 탐구하는 총서
선영심리학선서

프로이트 심리학 해설

INTERPRETING
FREUD PSYCHOLOGY
S.프로이트 / C.S.홀

1 프로이트심리학 해설

마음의 행로를 찾아나서는 이들을 위하여, 인간과 그 심리 세계를 탐구하려는 이들을 위하여 인간심리의 틀을 밝혀 주는 프로이트심리학의 해설서.

인간이 인간답게 살아갈 수 있도록, 심리학에 입문할 수 있도록 인도하는 최고의 해설서.

정신분석과 유물론

PSYCHOANALYSIS
AND MATERIALISM
E.프롬 / R.오스본

6 정신분석과 유물론

인간의 정신을 의식·무의식의 메카니즘으로 파악하는 프로이트사상과 철저한 일원론적 자세로 설명하는 마르크스 사상이 어떻게 영합하며, 어떻게 상반되며, 그리고 무엇을 문제로 빚는가를 사회사상사적입장에서 논한, 우리시대 최대의 관심사에 관한 해설서.

융 심리학 해설

INTERPRETING
JUNG PSYCHOLOGY
C.S.홀 / J.야코비

2 융 심리학 해설

인간의식의 뿌리를 찾아서 아득한 무의식의 세계까지 탐색하고, 그 심대한 체계를 세운 융 사상의 깊이와 요체를 밝혀 주는 해설서. 무의식의 세계까지 헤아리는 융 심리학의 인간생활에서의 실제와 응용을 설명해 주는 정신세계에 대한 최고의 입문 참고서.

인간의 마음
무엇이 문제인가?(Ⅰ)

THE HUMAN MIND (Ⅰ)
K.메닝거

7 인간의 마음 무엇이문제인가? (Ⅰ)

현대 정신의학의 거장 K. 메닝거박사가 이야기형식으로 밝혀주는 인간심리의 미로, 그 행로의 이상(異常)과 극복의 메시지. 소외와 불안과 갈등과 알력과 스트레스 속에서 온갖 마음의 문제를 안고 사는 모든 이들의 자아발견과 자기확인과 정신건강을 위한 일상의 지침서.

C.G.융
무의식 분석

ANALYSIS OF
UNCONSCIOUSNESS
C.G.융

3 무의식분석

프로이트의 「정신분석 입문」과 쌍벽을 이루며, 또 그것을 능가하는 폭과 깊이를 담고 있는 융의 '무의식의 심리'에 관한 최고의 해설서.

인간의 정신세계의 연구에 있어서 끝없는 시야를 제시하는 그리고 미지의 무의식 세계를 개발하려는 융심리학의 핵심 해설서.

인간의 마음
무엇이 문제인가?(Ⅱ)

THE HUMAN MIND (Ⅱ)
K.메닝거

8 인간의 마음 무엇이문제인가? (Ⅱ)

제1권에 이어 관능편·실용편·철학편 등이 실려 있는 K.메닝거박사의 정신의학 명저.

필연적으로 약점과 결점을 지닐 수 밖에 없는 인간의 마음에서 빚어지는 갖가지 정신적 문제들에 대처할 수 있는 메닝거식(式) 퇴치법이 수록되어 있다.

프로이트심리학 비판

CRITICISM
FREUD PSYCHOLOGY
H.마르쿠제 / E.프롬

4 프로이트심리학 비판

인간의 정신세계의 틀을 제시하는 프로이트 사상의 근거와 사회적 영향을 검토하고 검증하려는 비판서.

이 책을 통하여 우리는 프로이트심리학의 출발과 실제와 한계를 생각할 수 있다. 우리가 프로이트심리학에 무엇을 기대하며 무엇을 문제시해야 할 것인가를 말해주는해설서.

S. 프로이트
정신분석 입문

VORLESUNGEN ZUR EINFÜHRUNG
IN DIE PSYCHOANALYSIS
S.프로이트

9 정신분석 입문

노이로제 이론에 있어서 새로운 영역을 개척함과 아울러 거기서 획득할 수 있는 놀라운 입장과 견해를 프로이트는 스물 여덟 번의 강의에서 총망라해 다루고 있다. 인간의 외부생활과 내부생활의 부조화로 인해 빚어지는 갖가지 문제점들을 경이롭게 파헤친 정신분석의 정통 입문서.

아들러 심리학 해설

WHAT LIFE
SHOULD MEAN TO YOU
A.아들러 / H.오글러

5 아들러심리학 해설

프로이트 본능심리학 및 융의 분석심리학과 함께 꼭 주지되어야 하는 것이 아들러의 개인심리학이라고 할 때 그 개인심리학이 논구하여 설명하려는 개개인의 의식세계를 또 다른 시각으로 설파해 주는 해설서.

개인 의식세계에 대한 간결하고도 이해하기 쉬운 참고서.

S. 프로이트
꿈의 해석

DIE
TRAUMDEUTUNG
S.프로이트

10 꿈의 해석

꿈이란 어떤 형태의 것이든 욕구충족의 수단이며, 꿈을 꾸는 사람은 그 자신이면서도 현실의 자기 자신과는 완전히 단절되어 있다는 꿈의 '비논리적' 성질을 예리하게 갈파해 주는 꿈 해석 이론의 핵심 이론서.

************ 자신있게 권합니다./ ************

◇ **선영사**가 가장 자랑하는 양서 **선영심리학선서**는 기초심리학의 정수만을 엄선해서 편역한 알기쉬운 심리학서로서, 독자 여러분의 지적 만족과 정신문제 해결에 도움이 될 것입니다.

도서영사
Sun Young Publishing Co.

선영사
Sun Young Publishing Co.